FASCINANT
FASCINATING · AFFASCINANTE
MONTE CARLO
PRINCIPAUTÉ DE MONACO

© Copyright 2015 by ÉPI s.a.m.
(Éditions & Promotions Internationales)

Tous droits réservés. Les photographies et textes de ce livre ne peuvent être
reproduits sous aucune forme, même partiellement, sans l'autorisation de l'éditeur.

*All rights reserved. The photographs and texts of this book, or parts thereof,
may not be reproduced in any form without permission of the publisher.*

Tutti i diritti sono riservati. Le fotografie ed i testi di questo libro non possono essere
riprodotti, anche parzialmente, senza l'autorizzazione dell'editore.

FASCINANT
FASCINATING • AFFASCINANTE
MONTE CARLO

PRINCIPAUTÉ DE MONACO

Treizième édition

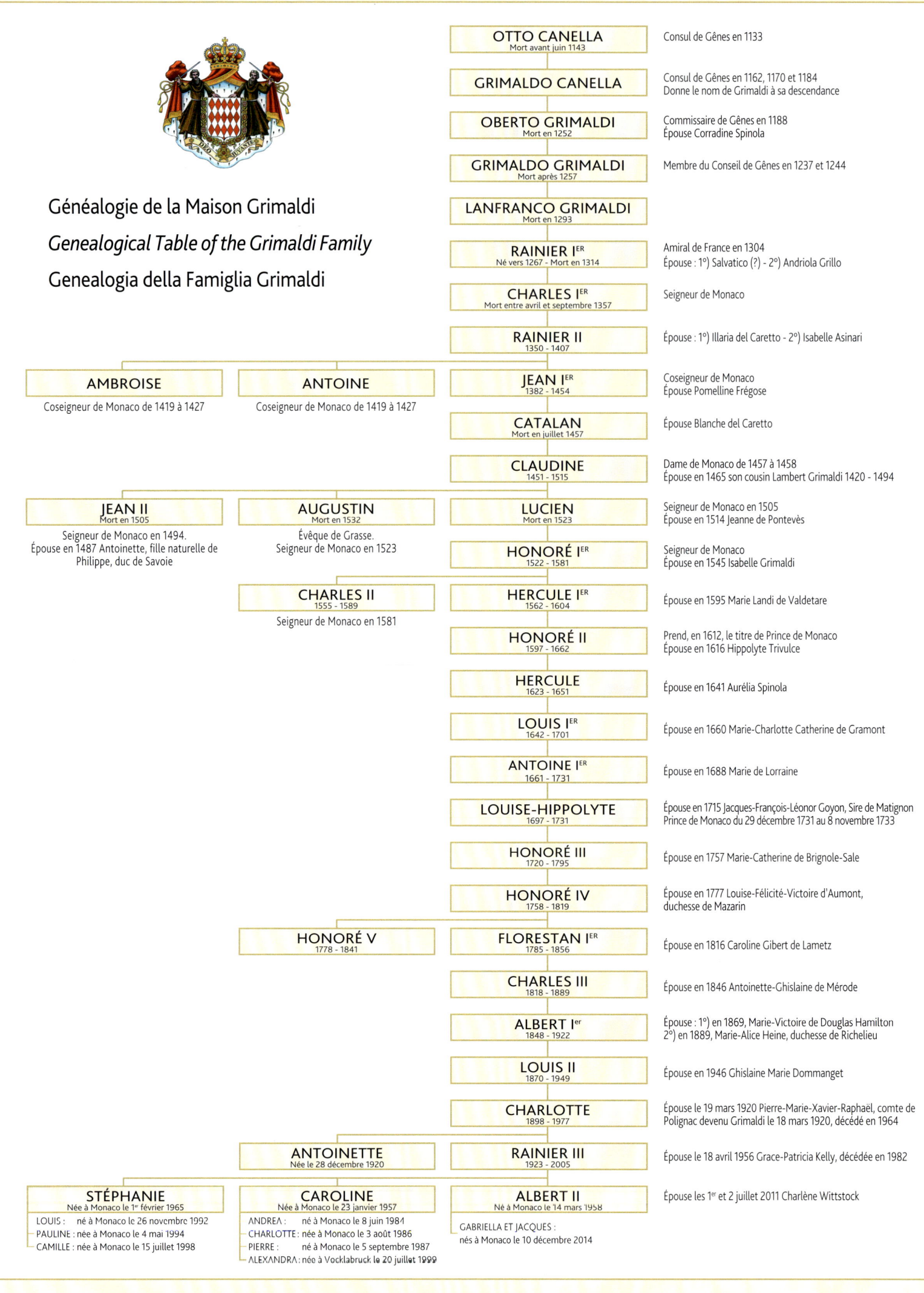

Portrait officiel des fiançailles de S.A.S. le Prince Albert II de Monaco et Charlène Wittstock
Official portrait of the engagement of H.S.H. Prince Albert II of Monaco and Charlene Wittstock
Ritratto ufficiale di S.A.S. Il Principe Alberto II di Monaco e Charlene Wittstock

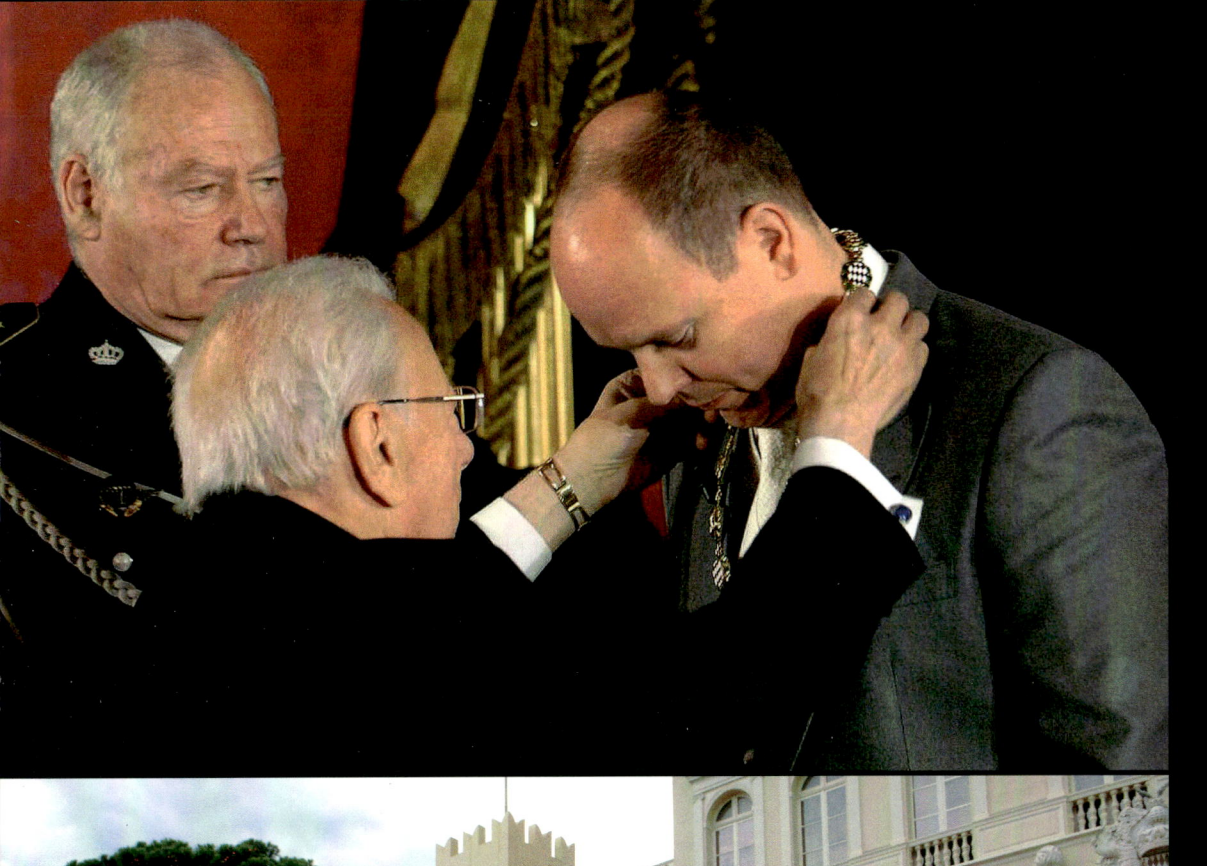

S.A.S. le Prince Albert II, le Souverain du troisième millénaire

S.A.S. le Prince Albert II accède au trône à la mort de Son père. Le 12 juillet 2005, jour de son avènement, Il prononce un discours donnant la tonalité de Son règne, qu'Il souhaite placer sous le signe de l'éthique, de l'humanisme et de l'environnement ainsi que les grands principes qui ont fait la réussite de Monaco : diversité de l'activité économique, unité nationale et politique, ouverture sur le monde.

H.S.H. Prince Albert II, the Sovereign of the third millennium

H.S.H. Prince Albert II came to the throne after His Father's death. On 12 July 2005, the day of his accession, he gave a speech highlighting the overall themes for his reign, which he wishes to be based on ethical, humanistic and environmental considerations as well as the key principles that have contributed to Monaco's success: economic diversity, national and political unity and openness to the world.

S.A.S. Il Principe Alberto II, il Sovrano del terzo millennio

S.A.S. Il Principe Alberto II accede al trono alla morte di suo padre. Il 12 luglio 2005, giorno del suo avvento, pronuncia un discorso indicando il tono del suo regno, che augura sia condotto sotto il segno dell'etica, dell'umanismo, dell'ambiente e i grandi princìpi che hanno fatto la riuscita di Monaco: diversificazione dell'attività economica, unità nazionale e politica, apertura sul mondo.

Trois actions fortes marquent le début de Son règne :
- La création de la Fondation Prince Albert-II de Monaco prouvant Son engagement pour l'environnement et la protection de la planète.
- Le développement des relations diplomatiques et des représentations de Monaco à l'étranger.
- Le lancement d'un ambitieux projet d'urbanisation et d'extension du territoire sur la mer.

The start of his reign was marked by three major actions:
- *Creation of the Prince Albert II of Monaco Foundation proving his commitment to the environment and protection of the planet.*
- *Development of diplomatic relations and representation of Monaco abroad.*
- *Launch of an ambitious urbanization and expansion programme for the territory by claiming land from the sea.*

Tre forti azioni marcano l'inizio del suo regno:
- La creazione della "Fondation Prince Albert-II de Monaco" che conferma il suo impegno per l'ambiente e la protezione del pianeta.
- Lo sviluppo delle relazioni diplomatiche e delle rappresentanze di Monaco all'estero.
- L'avvio di un'ambizioso progetto di urbanizzazione e di estensione del territorio sul mare.

Le 1er juillet 2011, 16 heures :
de nombreuses personnalités s'installent
dans la Salle du Trône, impatientes d'assister
au mariage civil de Charlène Wittstock et du
Prince Albert II.

A 17 h, Charlène, très élégante en tailleur
pantalon bleu ciel de la maison Chanel,
s'avance avec le Prince Souverain. Le directeur
des Services judiciaires, Philippe Narmino,
dirige la cérémonie ; l'assemblée est émue
par ses derniers mots :

"L'Afrique et l'Europe se sont rejoints à
travers votre parcours (…). Charlène, vous
épousez un Prince, mais aussi un Pays".

On 1 July 2011, 4 pm:
many VIPs settle in the Throne Room, eager
to attend the civil wedding
of Charlene Wittstock and Prince Albert II.

At 5 pm, Charlene, very elegant in a sky blue
Chanel pant suit, advances with the Sovereign
Prince. The Director of Judicial Services, Philippe
Narmino, directs the ceremony; the audience is
moved by his last words:

"Africa and Europe came together across
your path (…). Charlene, you marry a Prince,
but also a Country".

Il 1° luglio 2011, ore 16:
le personalità si stabiliscono nella Sala del
Trono, desiderose di assistere al matrimonio
civile di Charlene Wittstock e il Principe
Alberto II.

Alle 17, Charlene, molto elegante in
tailleur Chanel blu cielo, avanza con il Principe
Sovrano. Il direttore dei Servizi giudiziari,
Philippe Narmino, dirige la cerimonia;
l'assemblea si emoziona alle sue ultime parole:

"L'Africa e l'Europa si sono incontrate
attraverso il vostro percorso (…). Charlene,
voi sposate un Principe, ma anche un Paese".

Un mariage plein d'émotion...

Le samedi 2 juillet 2011 Mgr Bernard Barsi, Archevêque de Monaco, célèbre l'union religieuse du Prince Albert II et de Charlène dans la Cour d'honneur du Palais princier.

La mariée, vêtue d'une robe en satin duchesse blanc à longue traîne signée Giorgio Armani, fait son entrée au bras de son père, Michael Wittstock, sur un tapis rouge allant de la Caserne des Carabiniers au Palais. Ils sont accompagnés par sept demoiselles d'honneur vêtues du costume traditionnel monégasque. Les deux époux échangent ensuite leur consentement devant un parterre de célébrités. De nombreuses têtes couronnées assistent à la cérémonie comme le Prince Emmanuel-Philibert de Savoie et son épouse Clotilde Courau, ou l'ancienne impératrice d'Iran Farah Pahlavi. À la fin de la messe, le ténor Andréa Bocelli interprète l'Ave Maria.

Le couple sort sous une pluie de pétales de roses, au même moment les cloches des six paroisses de Monaco retentissent.

Cinquante-cinq ans après le mariage du Prince Rainier III et de Grace Kelly, la Principauté est inondée de bonheur.

A wedding full of emotion ...

On Saturday, July 2, 2011 Mgr Bernard Barsi, Archbishop of Monaco, celebrates the religious union of Prince Albert II and Charlene in the courtyard of the Prince's Palace.

The bride, dressed in a white satin dress with a long train signed Giorgio Armani entered on her father's arm, on a red carpet lying from the barracks of the Carabiniers to the Palace. They are accompanied by seven bridesmaids wearing the traditional costume of Monaco. The couple then exchange their consent before a celebrity audience. Many royals attend the ceremony such as Prince Emmanuel-Philibert of Savoy and his wife Clotilde Courau, or the former Empress of Iran Farah Pahlavi. At the end of the Mass, tenor Andrea Bocelli interprets the Ave Maria.

The couple releases under a shower of rose petals at the same time the bells of the six parishes of Monaco sound.

Fifty-five years after the marriage of Prince Rainier III and Grace Kelly, the Principality is flooded with happiness.

Un matrimonio ricco di emozioni...

Sabato 2 luglio 2011 Monsignor Bernard Barsi, Arcivescovo di Monaco, celebra l'unione religiosa del Principe Alberto II e di Charlene nel Cortile d'Onore del Palazzo del Principe.

La sposa, vestita in un abito di raso bianco con un lungo strascico firmato Giorgio Armani, fa il suo ingresso al braccio del padre, Michael Wittstock, percorrendo un tappeto rosso dalla Caserma dei Carabinieri a Palazzo. Sono accompagnati da sette damigelle d'onore che indossano il costume tradizionale di Monaco. I due sposi scambiano il loro consenso davanti ad un parterre di celebrità. Numerosi i reali che assistono alla cerimonia come il Principe Emanuele Filiberto e la moglie Clotilde Courau, o l'ex imperatrice dell'Iran Farah Pahlavi. Al termine della Messa, il tenore Andrea Bocelli interpreta l'Ave Maria.

La coppia esce sotto una pioggia di petali di rosa, ai rintocchi delle campane delle sei parrocchie di Monaco.

Cinquantacinque anni dopo il matrimonio del Principe Ranieri III e di Grace Kelly, il Principato è inondato dalla felicità.

Le 10 décembre 2014, le Peuple de Monaco est en liesse, à l'annonce de la naissance des jumeaux princiers. Gabriella, Thérèse, Marie, est née la première à 17h04, suivie de près par son frère Jacques, Honoré, Rainier, 2 minutes plus tard. Ce dernier, selon l'usage historique établi par le traité de Péronne (1641) reçoit le titre de Marquis des Baux (en Provence). Sa sœur, deuxième enfant dans la ligne de succession, est Comtesse de Carladès (en Auvergne).

Le 10 mai 2015, exactement 5 mois plus tard, tous les yeux étaient rivés sur un Rocher en fête pour le baptême princier de Gabriella et Jacques. C'est tout de Dior vêtus que la princesse Charlène de Monaco et ses jumeaux aux grands yeux bleus se sont présentés devant une foule nombreuse.

Au son de 21 coups de canon pour chaque enfant, la famille princière franchit le seuil d'une cathédrale parée de plus de 6 000 fleurs blanches, roses, lys, muguet et pivoines. Souriant, S.A.S. le Prince Albert II tient dans Ses bras Sa fille Gabriella, Son épouse Charlène le Prince héréditaire né quelques instants après sa sœur. Un premier bain de foule et des premiers pas réussis pour Gabriella et Jacques.

On December 10, 2014, the People of Monaco is jubilant at the news of the birth of the princely twins. Gabriella, Therese, Marie, was born first at 5:04 p.m., followed closely by her brother Jacques, Honore, Rainier, 2 minutes later. The latter, according to historical usage established by the Treaty of Péronne (1641) received the title of Marquis of Baux (in Provence). His sister, second child in the line of succession, is Countess of Carladès (Auvergne).

On May 10, 2015, just five months later, all eyes were on the Rock in celebration for the princely christening of Gabriella and Jacques. Princess Charlene of Monaco and her twins with big blue eyes appeared before a large crowd, all three dressed in Dior.

At the sound of 21 cannon shots for each child, the princely family enters a cathedral decorated with more than 6,000 white flowers, roses, lilies and peonies. Smiling, H.S.H. Prince Albert II holds in his arms his daughter Gabriella, and his wife Princess Charlene holds the hereditary prince born shortly after his sister. A first experience in the crowd and successful first steps for Gabriella and Jacques.

Il 10 dicembre 2014, il popolo di Monaco è giubilante alla notizia della nascita dei gemelli principeschi. Gabriella, Teresa, Maria, è nata per prima alle ore 17 e 4 minuti, seguita 2 minuti più tardi da suo fratello Jacques, Honore, Ranieri. Quest'ultimo, secondo l'uso storico stabilito dal trattato di Péronne del 1641, riceve il titolo di Marchese di Baux (in Provenza). Sua sorella, seconda nella linea di successione è contessa di Carladès (in Auvergne).

Il 10 maggio 2015, solo cinque mesi più tardi, tutti gli occhi sono sulla Rocca in festa per il battesimo reale di Gabriella e Jacques. Tutta vestita Dior la Principessa Charlene di Monaco e i suoi gemelli dai grandi occhi azzurri si presentano davanti a una grande folla.

Al suono di 21 colpi di cannone per ogni bambino, la famiglia pricipesca varca la soglia di una cattedrale adornata con più di 6.000 fiori bianchi, rose, gigli, mughetti e peonie. Sorridente, S.A.S. il Principe Alberto II tiene in braccio la figlia Gabriella, sua moglie, la Principessa Charlene, il Principe Ereditario. Un primo bagno di folla e i primi passi riusciti per Gabriella e Jacques.

Depuis le XIIIe siècle de notre ère, le Palais des Grimaldi domine le Rocher abrupt dont l'importance stratégique permit à l'une des plus anciennes dynasties du monde d'asseoir son indépendance politique et de fonder, au fil des siècles, l'État moderne et la cité de rêve qu'est devenue la Principauté de Monaco.

Since the thirteenth century, the Palace of the Grimaldis has dominated the steep Rock whose strategic importance enabled one of the world's oldest dynasties to establish its political independence and in the course of the centuries to found the modern State which the Principality of Monaco has now become.

Dal XIII secolo della nostra era il Palazzo dei Grimaldi domina la Rocca, luogo strategico che permise a una delle più vecchie dinastie del mondo di assicurarsi una vera indipendenza e di fondare, durante i secoli, lo stato moderno e la città di sogno che è ora il Principato di Monaco.

Les plages du Larvotto, gagnées artificiellement sur la mer, permettent toutes les variations sur le thème des loisirs et dans la douceur de l'été, chacun savoure la légèreté de l'air et ces accents de fraîcheur venus de l'horizon.

All the variations are possible on the theme of relaxation on the beaches of Larvotto, reclaimed by man from the sea and during warm summer days, everyone appreciates the light quality of the air and the freshness that appears on the horizon.

Le spiagge del Larvotto, guadagnate artificialmente sul mare, permettono ogni tipo di svago. Nel tepore dell'estate ognuno assapora la leggerezza dell'aria e la brezza fresca proveniente dall'orizzonte.

Sur le Rocher, au pied du Palais quasi millénaire, s'étend l'antique cité, capitale administrative où la vie, d'une étonnante diversité, s'écoule lentement dans les souvenirs d'un passé qui n'a rien perdu de ses couleurs.

On the Rock, at the foot of the centuries-old Palace, lies the ancient city, the administrative capital where life of an extraordinary diversity is lived slowly amid reminders of a past that has lost nothing of its colourful attraction.

Sulla Rocca, ai piedi del Palazzo quasi millenario, si trova l'antico borgo, centro amministrativo, in cui la vita, con stupefacente diversità, vi si svolge con un ritmo lento, ricordo di un passato che non ha perso i suoi colori.

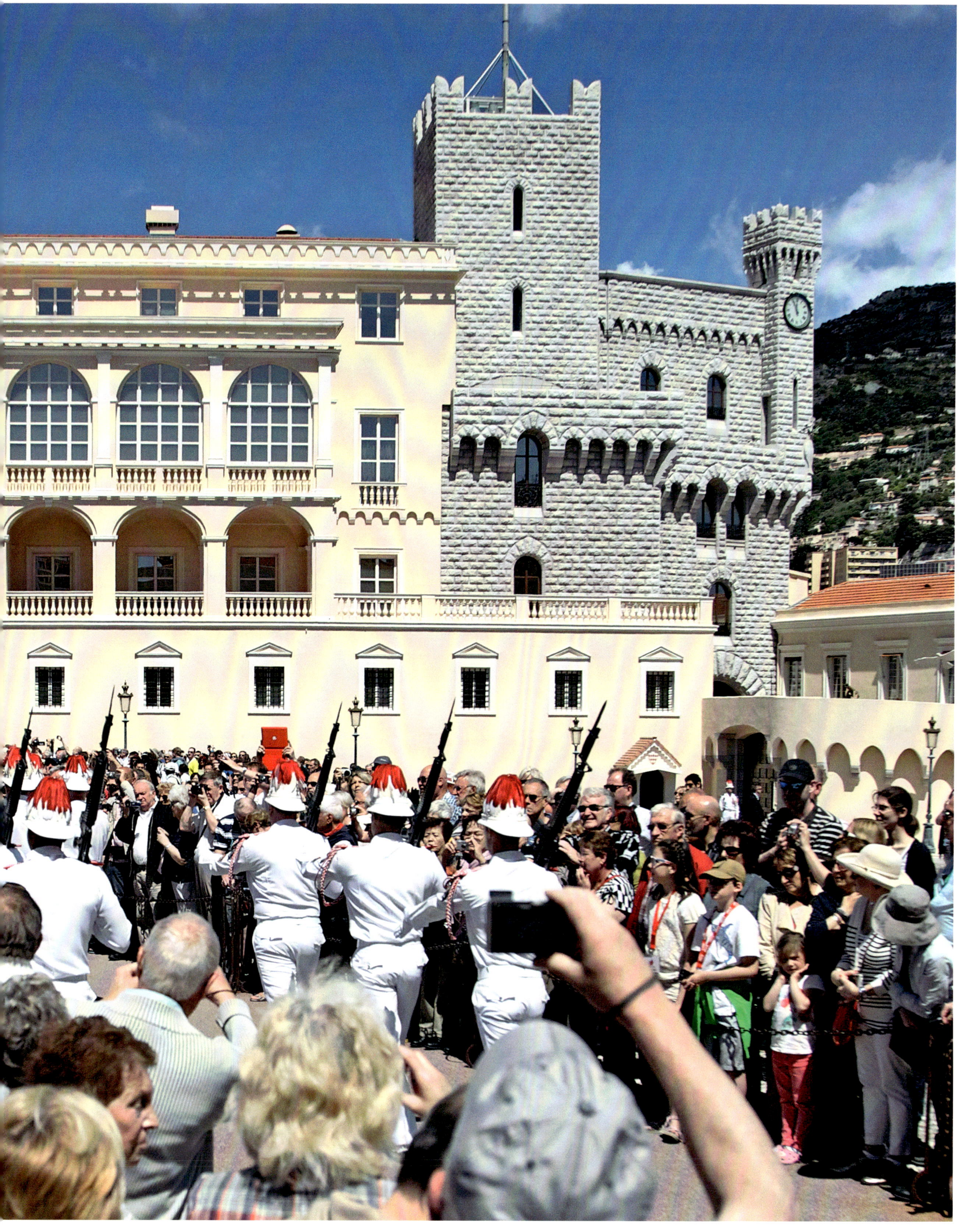

36

En symbiose avec le Rocher qu'il domine, le Palais de Monaco fut édifié par les Génois, en 1215, puis ceinturé de remparts jadis inexpugnables.

Il est, depuis lors, le centre et le cœur de la vie monégasque, étroitement et sentimentalement rythmée sur celle de la Famille Souveraine.

Ainsi, la Fête du Prince est-elle jour de Fête Nationale. Son cérémonial immuable est toujours accompagné de joies populaires spontanées.

In symbiosis with the Rock which it dominates, the Palace of Monaco was built by the Genoese in 1215 and later surrounded with impregnable ramparts.

Ever since, it has been the center and heart of Monegasque life which is closely and sentimentally linked to that of the ruling family.

The Prince's festival day is the national holiday, featuring the unchanging ceremonies with spontaneous popular celebrations.

In simbiosi con la Rocca, il Palazzo di Monaco fu edificato dai Genovesi nel 1215 e in seguito fortificato con mura un tempo inespugnabili.

Da allora è il centro e il cuore della vita monegasca, strettamente e sentimentalmente ritmata con quella della Famiglia Sovrana.

Così la Festa del Principe coincide con la Festa Nazionale, il cui cerimoniale, immutabile, è tuttora accompagnato da spontanee gioie popolari.

Restauré et modernisé, le Palais de Monaco a retrouvé son ancienne splendeur, la majesté qu'il tenait des princes du XVIIe siècle (Honoré II et Louis Ier) et le faste qui règne dans les Grands Appartements.

Restored and modernized, the Palace of Monaco has regained its former splendour, the majesty bestowed on it seventeeth-century Princes Honoré II and Louis I, and the sumptuousness of its interior.

Restaurato e modernizzato, il Palazzo di Monaco ha ritrovato il suo antico splendore, la stessa magnificenza dei principi del XVII secolo (Onorato II e Luigi I) e lo stesso fasto che regna nei Grandi Appartamenti.

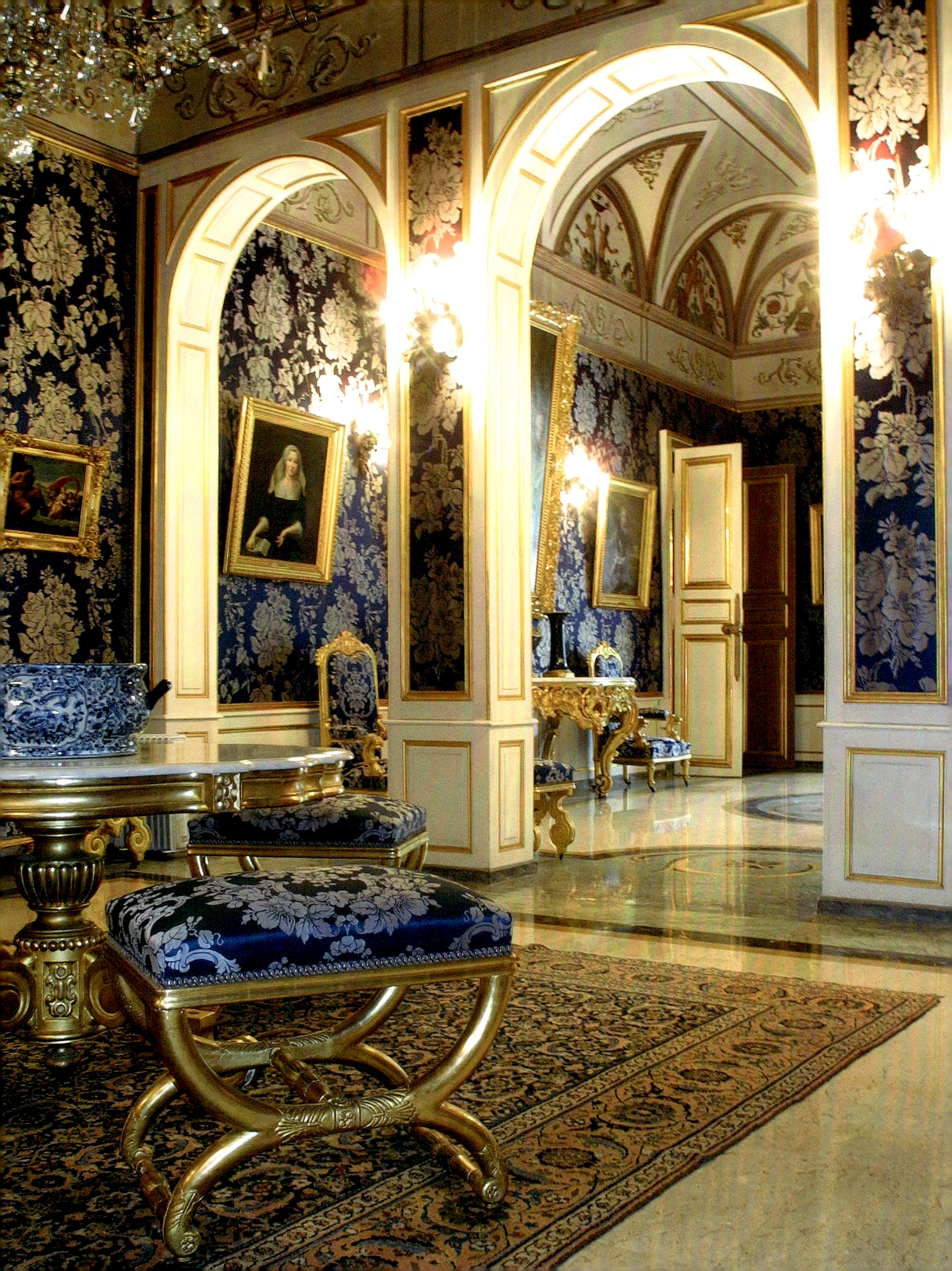

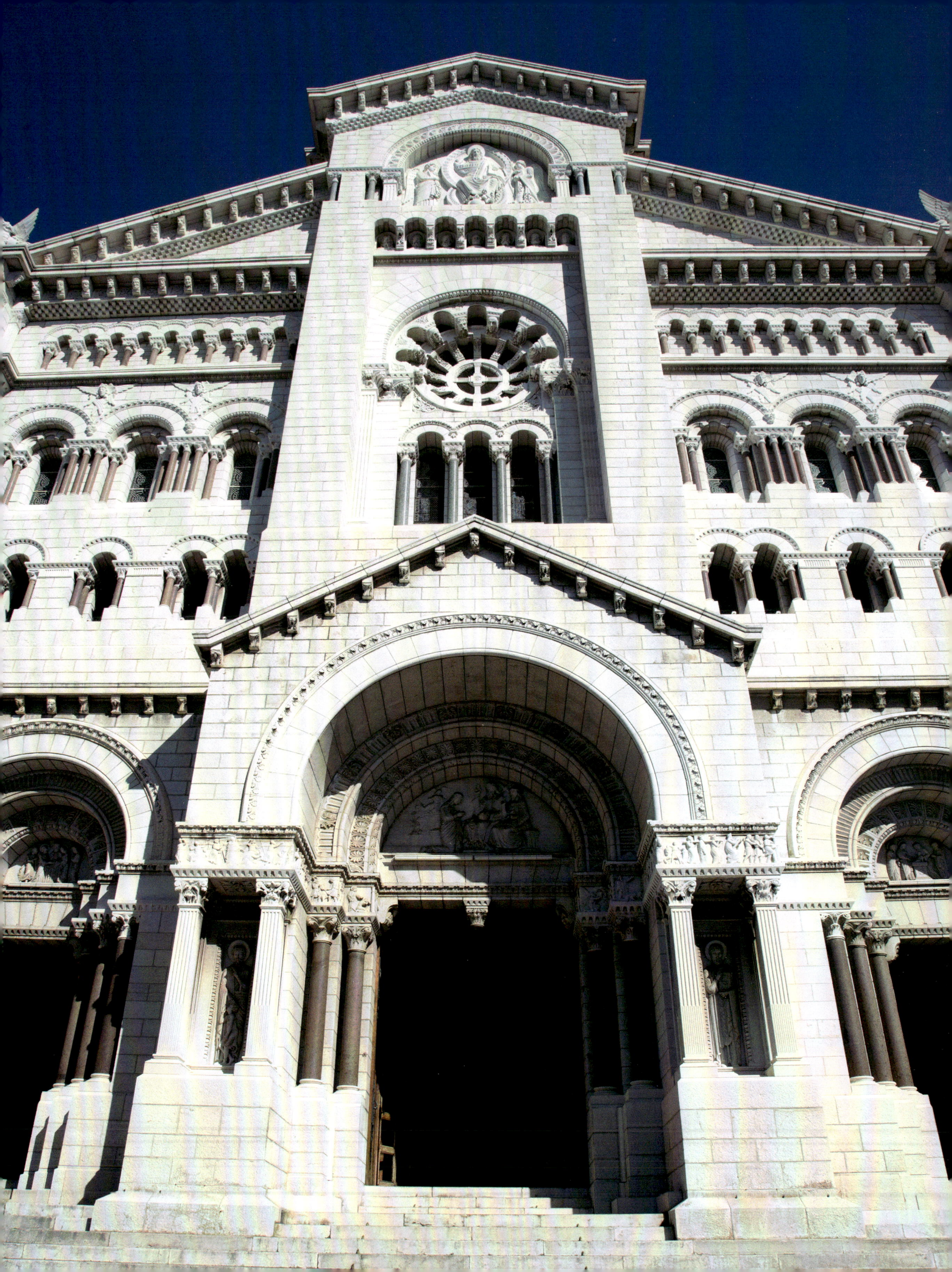

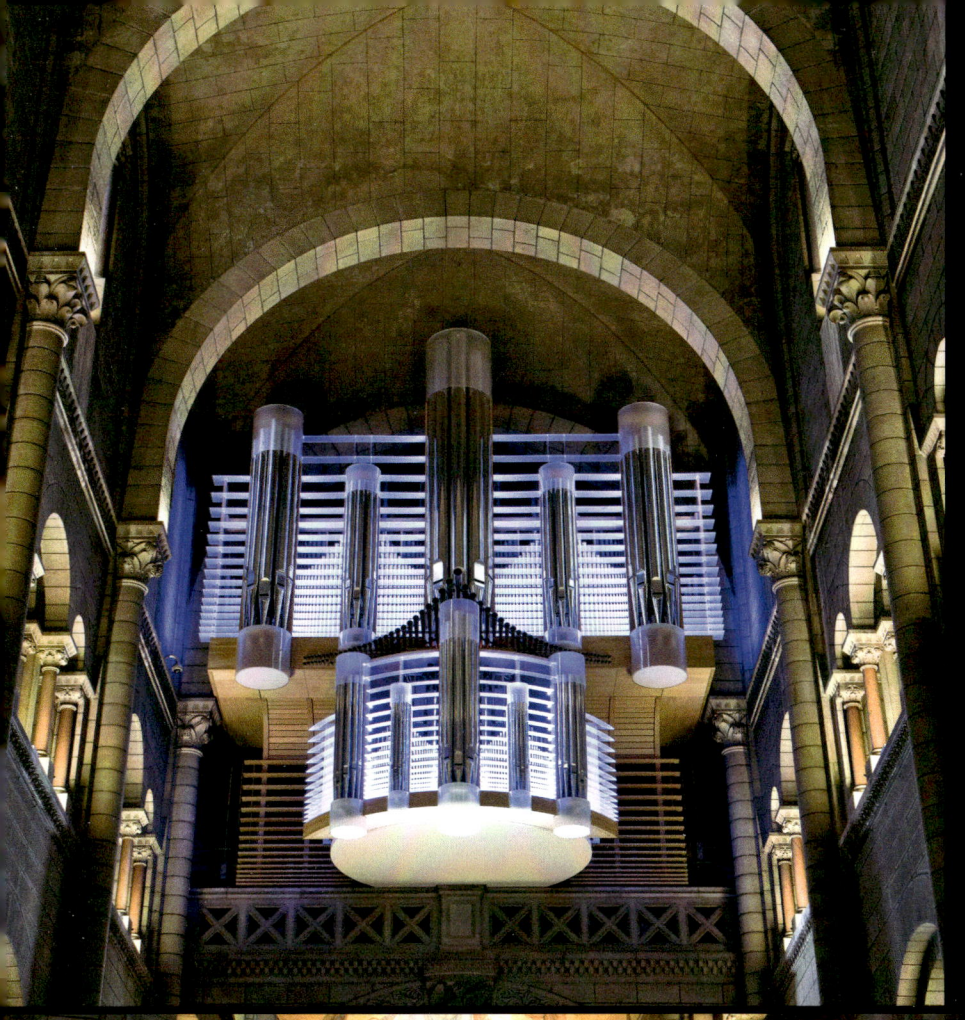

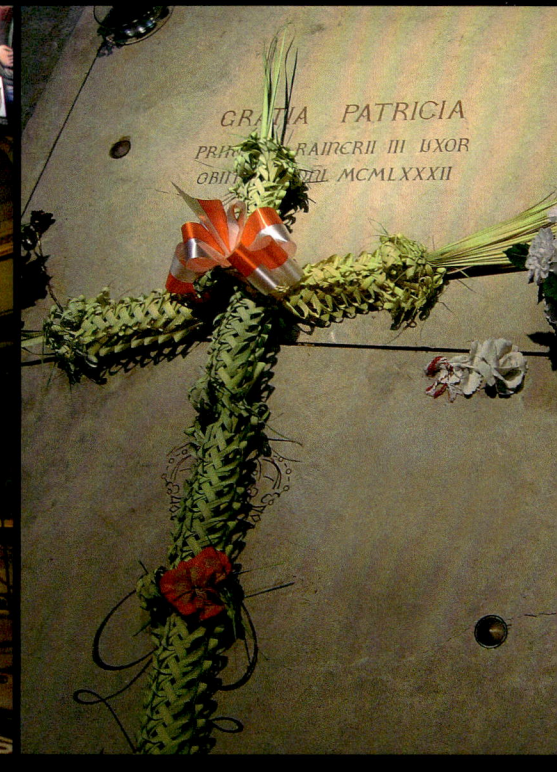

La Cathédrale, construite de 1875 à 1884, abrite quelques trésors comme le retable de Saint-Nicolas réalisé par Louis Bréa en 1500.

Les tombes des Princes, dont celles de Rainier III et de la Princesse Grace, y sont présentes.

De grands concerts d'orgue et les voix des enfants de la Maîtrise envahissent ce lieu sacré de leur rumeur printanière alors que l'été venu, la Principauté résonne çà et là, des spectacles de rue baptisés "le Fort Antoine dans la ville".

Built from 1875 - 1884, the cathedral houses some real treasures such as the Saint Nicholas altarpiece designed by Louis Bréa in 1500.

The Princes' tombs, including Rainier III and Princess Grace's tombs, are also found in the cathedral. Grand concerts are performed, where organ music accompanying children's voices fill the sacred place with the sound of springtime, although when summer comes, the streets of Principality resounds with concerts during an event called "le Fort Antoine dans la ville".

La Cattedrale, costruita dal 1875 al 1884, raccoglie alcuni tesori come la pala d'altare di S. Nicola, realizzata da Louis Bréa nel 1500.

All'interno si trovano le sepolture dei Principi, tra cui quelle di Ranieri III e della Principessa Grace. In questo luogo sacro sono dati grandi concerti d'organo e del coro di voci bianche.

In estate il Principato risuona nei vari quartieri degli spettacoli di strada battezzati "Fort Antoine dans la ville".

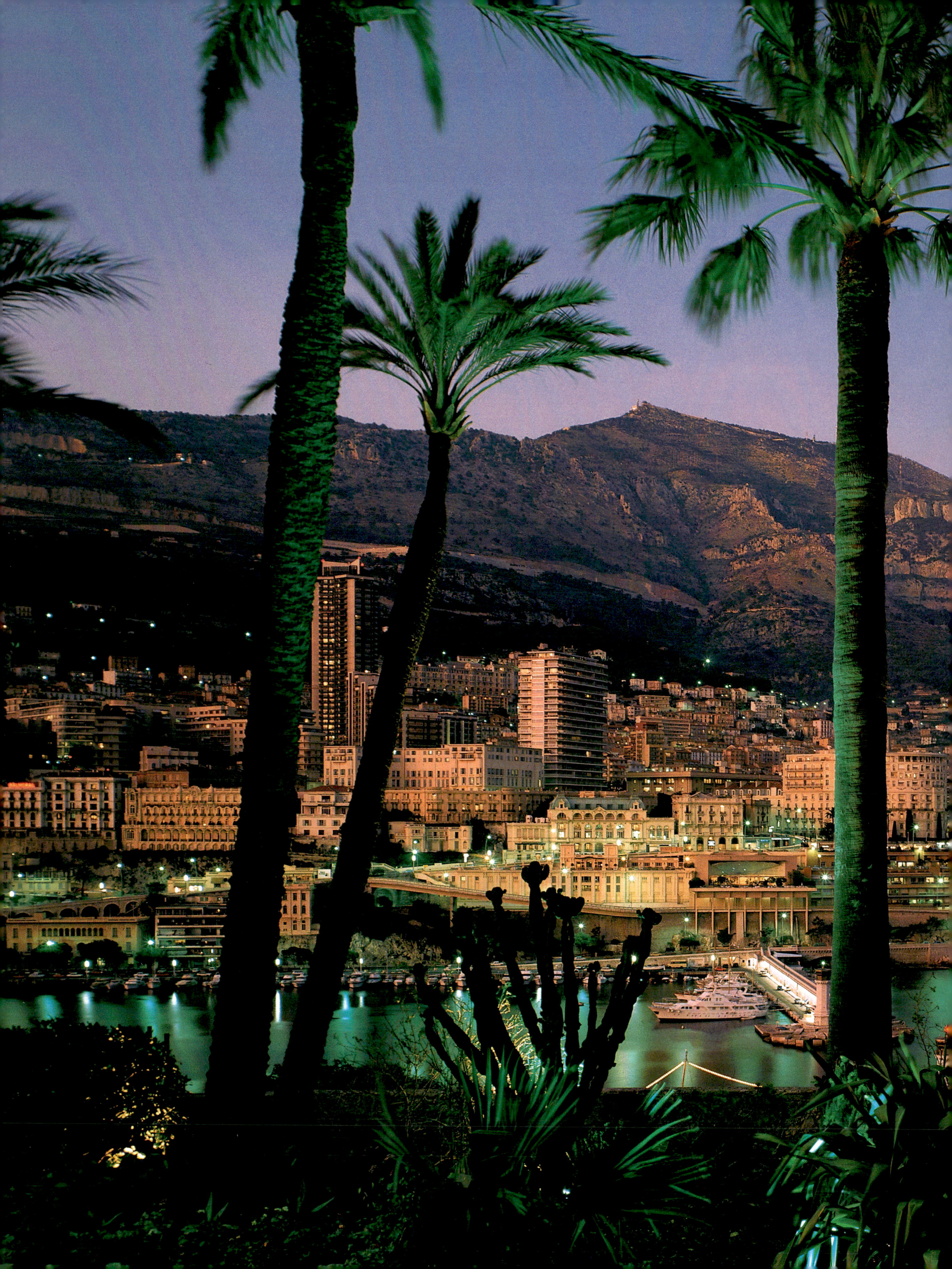

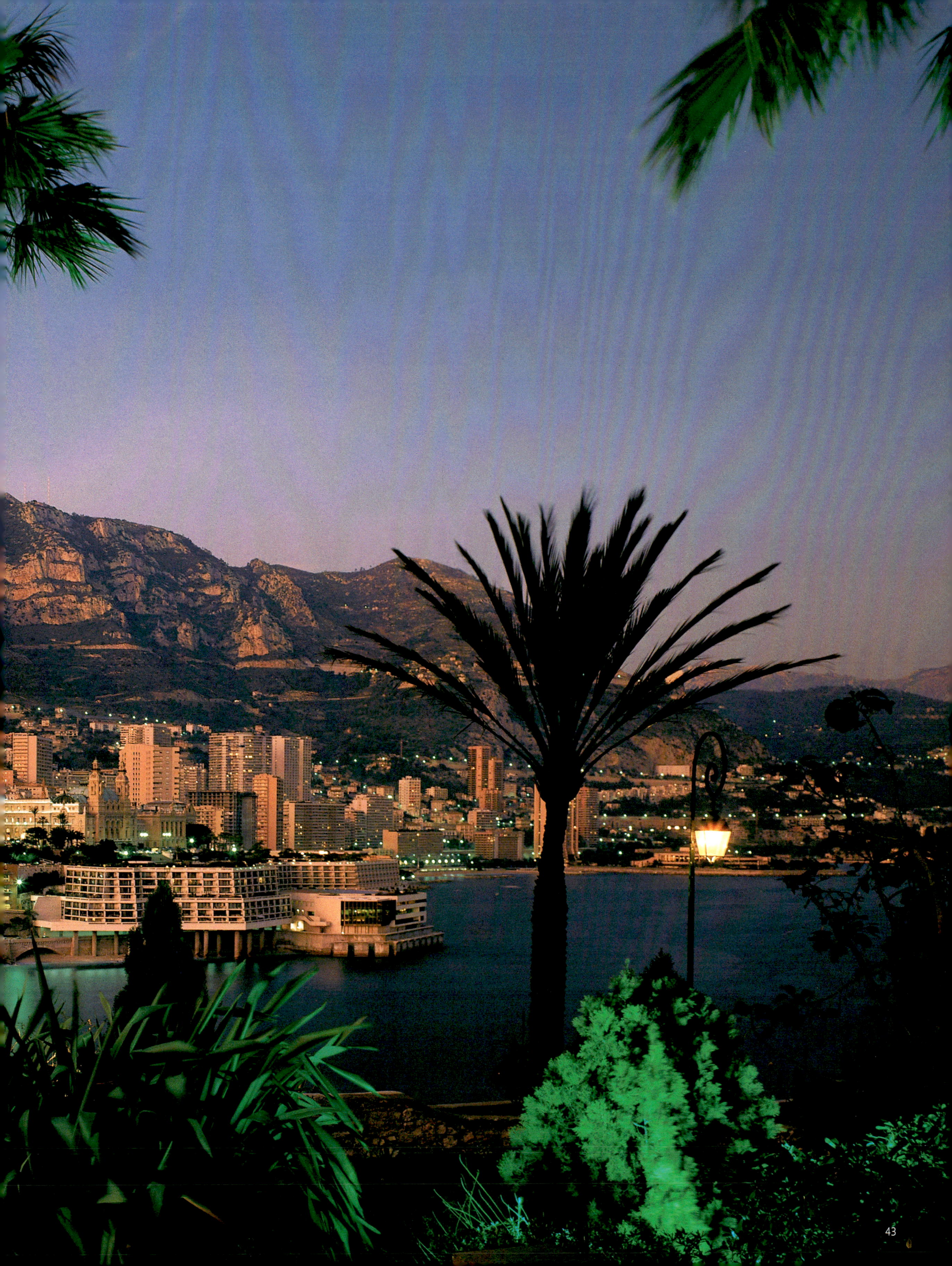

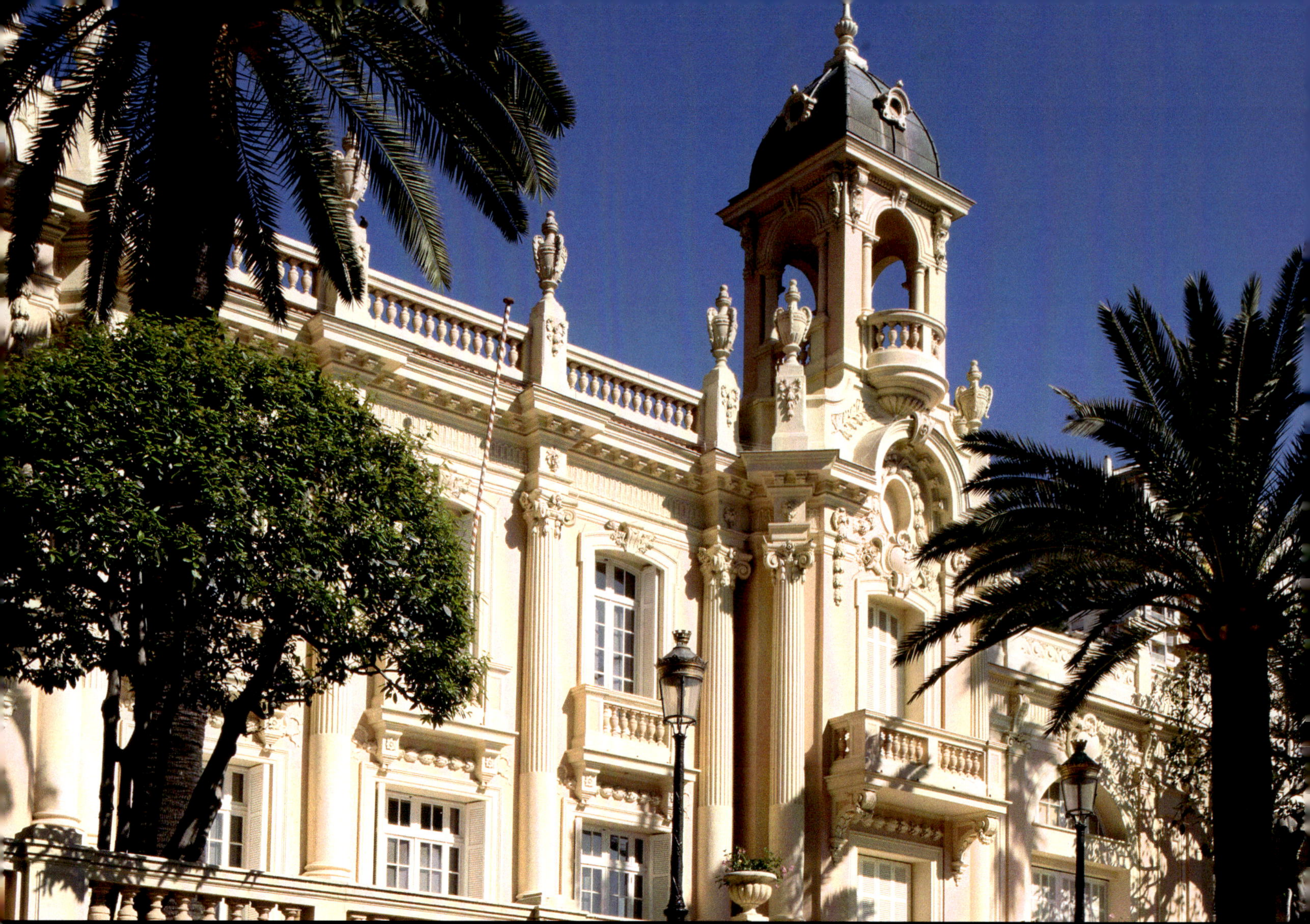
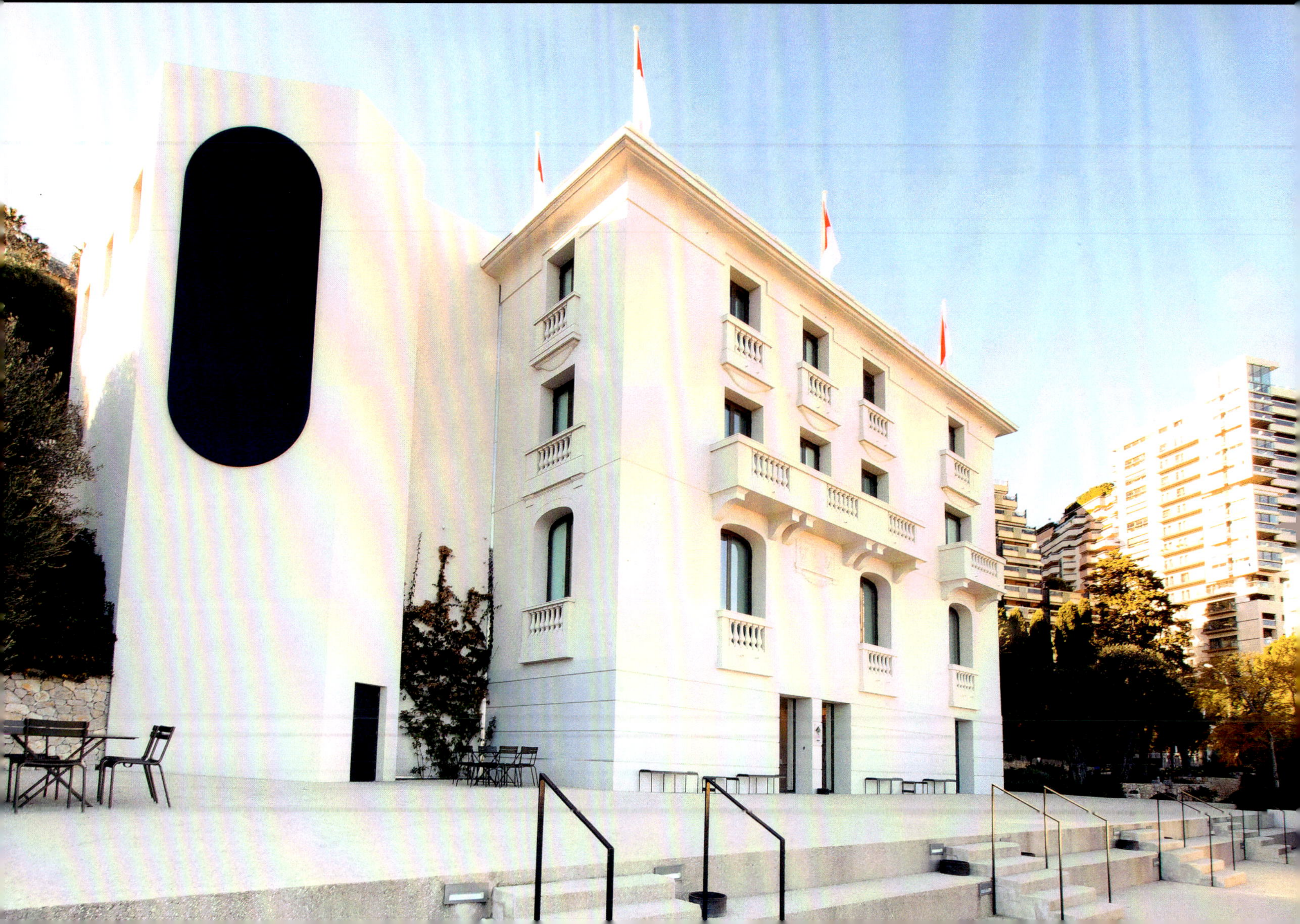

Le Nouveau Musée National de Monaco, en proposant plusieurs expositions par an et par lieu, valorise un patrimoine et une collection méconnus tout en favorisant la découverte de la scène contemporaine autour de deux thématiques générales, "Art et Territoire" à la Villa Paloma et "Art et Spectacle" à la Villa Sauber.

La Villa Paloma, dénommée "Villa Coquette" par Monsieur Dickerson, s'élève sur trois étages. Certains soutiennent que l'architecte en serait le célèbre Sébastien Marcel Biasini mais ce dernier étant mort en 1913, cela semble bien peu probable.

La Villa Sauber est l'une des dernières villas Belle Époque de Monaco. Au début des années 1900, elle appartenait à la famille Blanc qui a joué un rôle fondamental dans l'essor de la Société des Bains de Mer et du Casino de Monte-Carlo.

By proposing two exhibitions a year in each venue, the NMNM reveals a long ignored heritage and develops the discovery of the contemporary scene according to two themes: "Art and Territory" at the Villa Paloma and "Art and Performance" at the Villa Sauber.

The Villa Paloma, called the "Villa Coquette" by Mr Dickerson, is a three-storey building. Some maintain that the architect was the famous Sébastien Marcel Biasini, but because he passed away in 1913, this seems most unlikely.

Villa Sauber is one of the last Belle Epoque villas in Monaco. At the beginning of the 1900's it belonged to the Blanc family who played a fundamental part in the development of the Société des Bains de Mer and the Casino of Monte-Carlo.

Il Nuovo Museo Nazionale di Monaco, che propone diverse mostre all'anno nelle sue due sedi, valorizza un patrimonio e una collezione semi sconosciuta, favorendo la scoperta della scena contemporanea intorno a due tematiche generali, "Arte e Territorio" presso la Villa Paloma e "Arte e Spettacolo" presso la Villa Sauber.

Villa Paloma, denominata "Villa Coquette" dal Sig Dickerson, si eleva su tre piani. Alcuni sostengono che l'architetto sarebbe stato il famoso Sébastien Marcel Biasini ma essendo quest'ultimo morto nel 1913, sembra assai improbabile.

Villa Sauber è una delle ultime ville Belle Epoque a Monaco. All'inizio del 1900 apparteneva alla famiglia Blanc che ha svolto un ruolo fondamentale nello sviluppo della Société des Bains de Mer e del Casinò di Montecarlo.

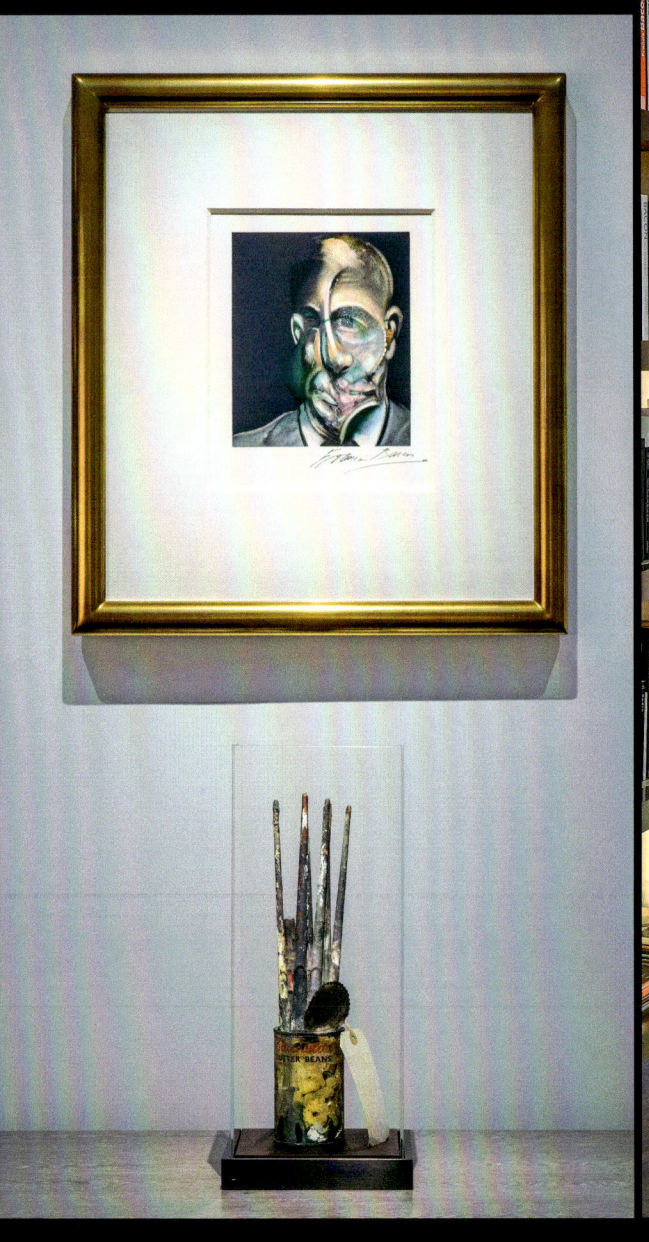

Créée par Majid Boustany, la Francis Bacon MB Art Foundation est une institution privée à but non lucratif qui consacre ses activités d'étude et de recherche à l'un des artistes figuratifs britanniques les plus énigmatiques de l'après-guerre.

Cette institution a pour objet de soutenir de nouvelles recherches sur le peintre, d'organiser des expositions et des séminaires sur l'œuvre de Francis Bacon avec les institutions locales et internationales, de parrainer des artistes émergents ainsi que de financer des projets associés à l'artiste.

La fondation est ouverte aux chercheurs et aux historiens de l'art, toute l'année, ainsi qu'au grand public, pour des visites guidées, sur rendez-vous uniquement.

Founded by Majid Boustany, the Francis Bacon MB Art Foundation is a private non-profit institute dedicating its scholarly activities and research to the most enigmatic British figurative artist of the post-war era.

This institute objectives are to support original research, to organize exhibitions and seminars on Francis Bacon with local and international institutions, to sponsor emerging artists and to fund projects related to the artist.

The Foundation is open to scholars and art historians, throughout the year, and to the general public for guided tours, by appointment only.

Creato da Majid Boustany, Francis Bacon MB Art Foundation è un'istituzione privata senza fini di lucro che dedica le sue attività di studio e di ricerca a uno dei più enigmatici artisti figurativi britannici del dopoguerra.

Questa istituzione ha come scopo di sostenere nuove ricerche sul pittore, di organizzare, con le istituzioni locali e internazionali, mostre e seminari sul lavoro di Francis Bacon e di sponsorizzare gli artisti emergenti nonché di finanziare progetti connessi con l'artista.

La fondazione è aperta tutto l'anno a ricercatori e storici dell'arte e al pubblico, per visite guidate, solo su appuntamento.

FRANCIS
BACON
MB ART FOUNDATION
MONACO

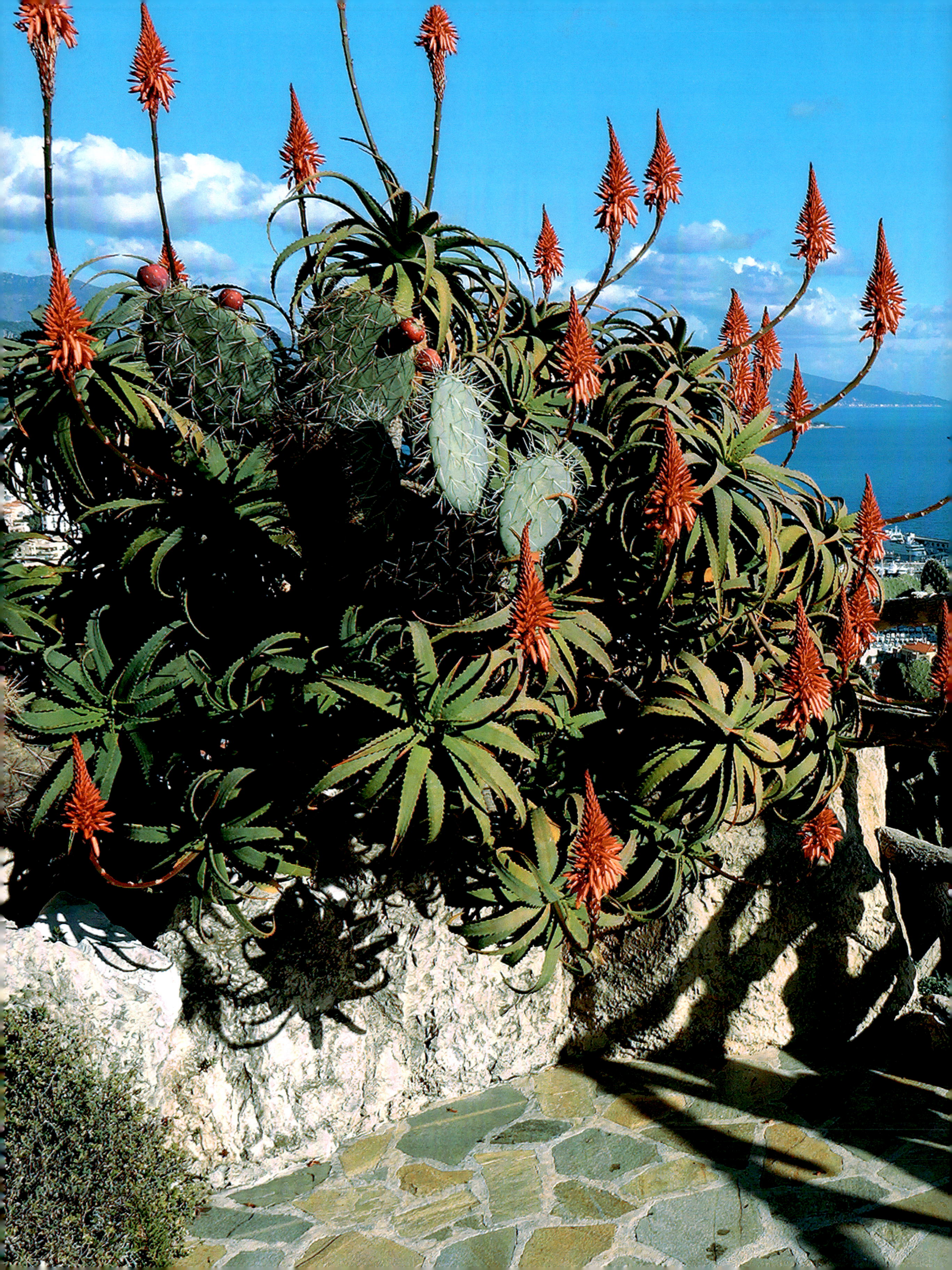

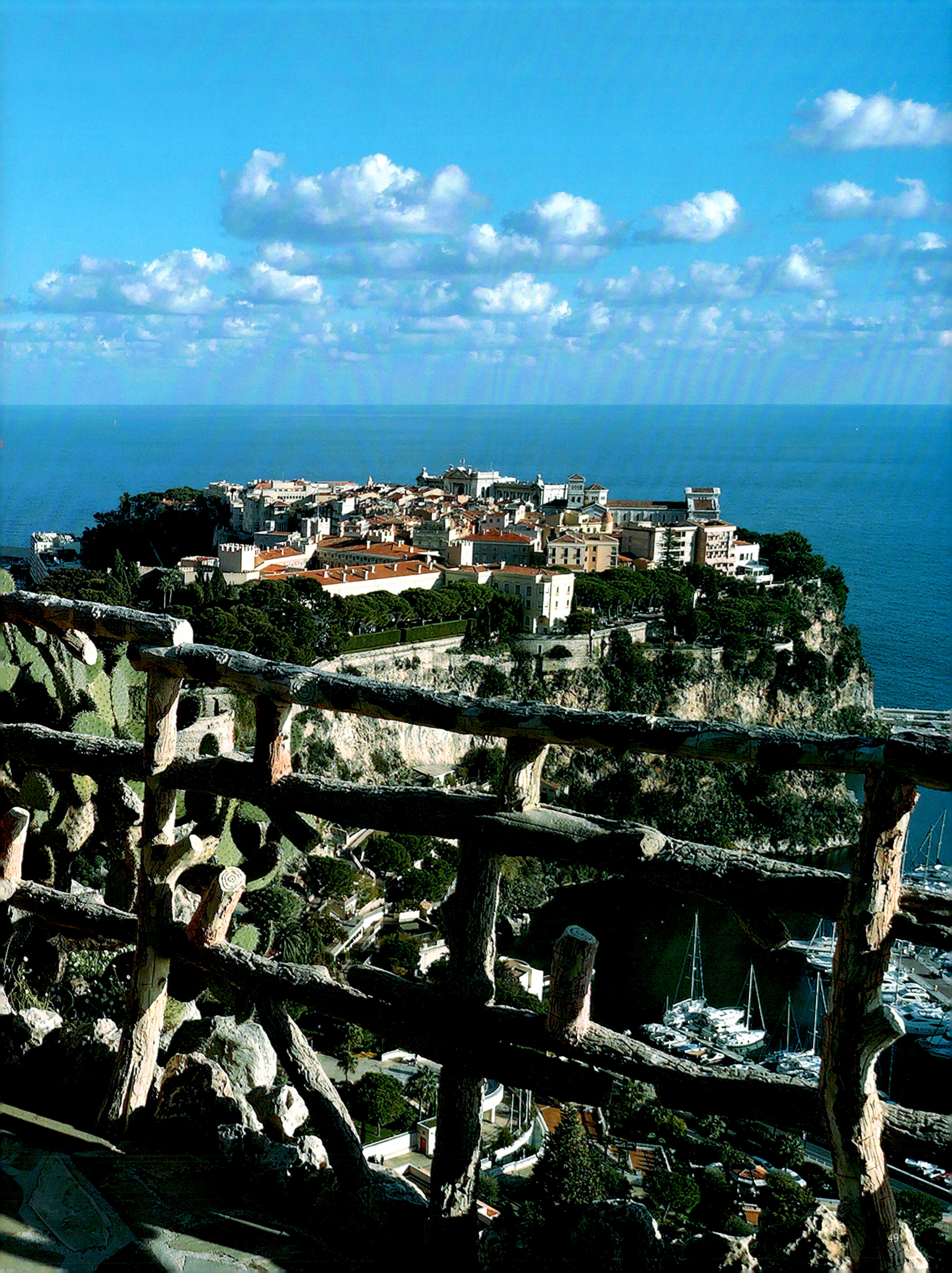

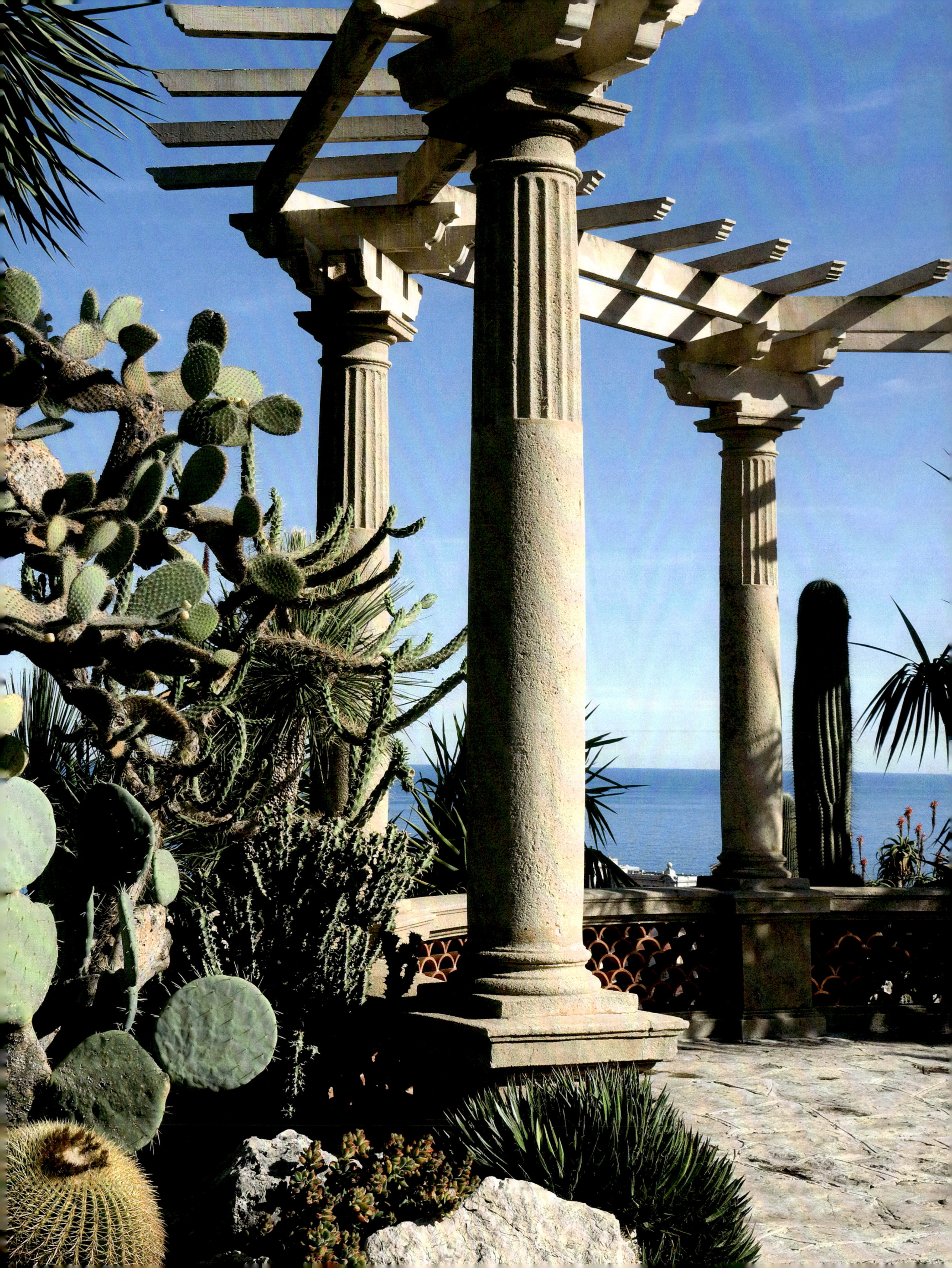

Royaume des plantes succulentes, le Jardin Exotique surplombe la Principauté avec sa vaste grotte aménagée en 1947 et le Musée d'Anthropologie.
C'est le domaine des végétaux aberrants, du bizarre, du paradoxal où les euphorbes candélabres se mêlent aux cactées des États d'Hidalgo et de Chihuahua, où les aloès du Cap côtoient les agaves géants de la terre des Aztèques.

A kingdom of succulent plants, the Exotic Garden has a birdseye view over the Principality. It also has a cave built into the rock face in 1947 and an Anthropology Museum.
This is the domain of extravagant vegetation, a strange and paradoxical world where you find euphorbia plants alongside cacti from Hidalgo and Chihuahua, and aloes from the nearby peninsula next to giant Aztec agaves.

Il Giardino Esotico con il Museo d'Antropologia domina dall'alto il Principato; è il regno delle piante succulenti e comprende una grande grotta resa visitabile nel 1947.
È il regno dei vegetali aberranti, del bizzarro e paradossale in cui le euforbie a candelabro si mescolano alle cactacee degli Stati d'Hidalgo e Chihuahua, le aloe del Capo sono vicine alle agavi giganti della terra degli Aztechi.

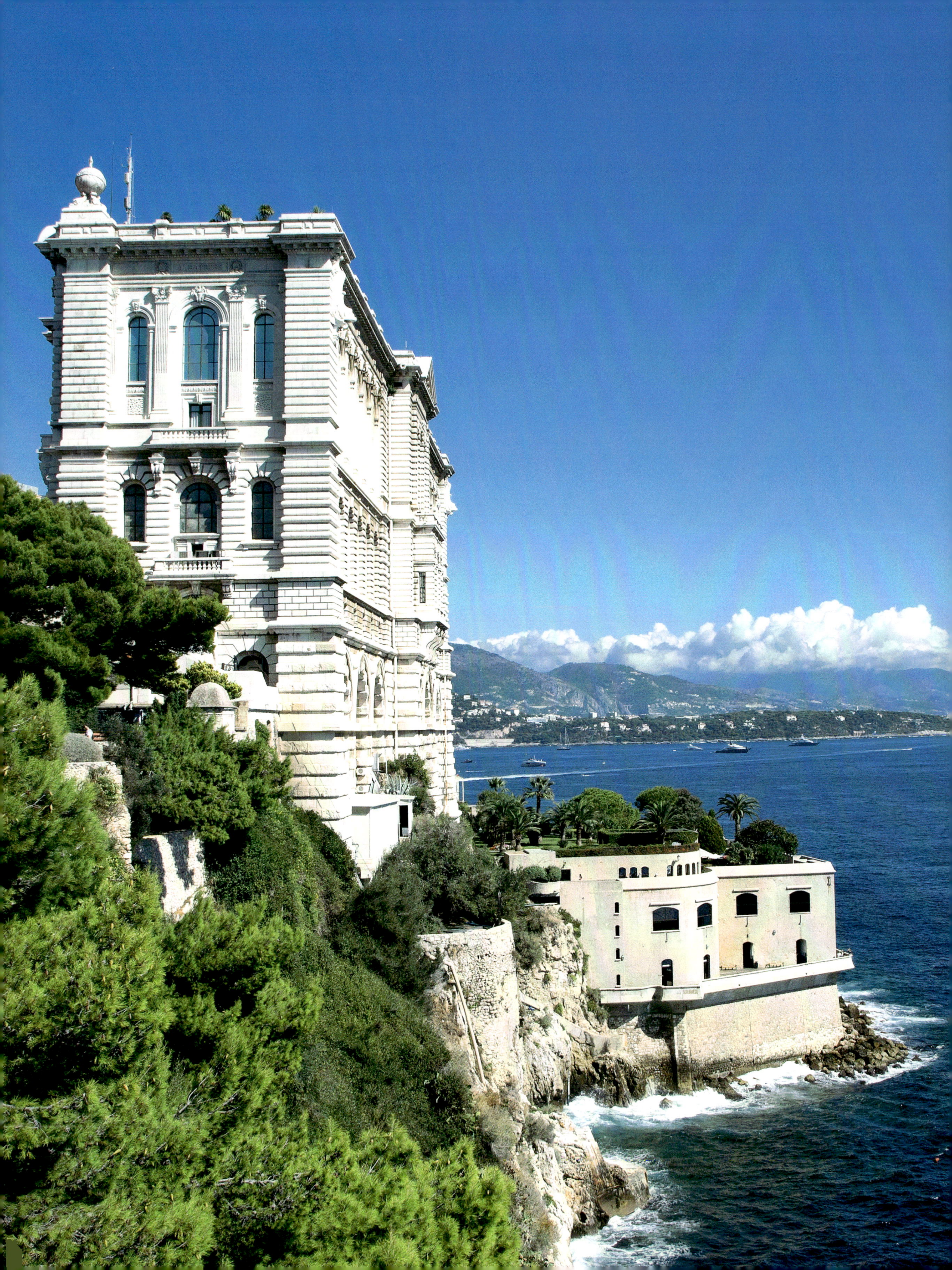

Le Musée Océanographique porte la majestueuse empreinte du génie scientifique du Prince Albert Ier, créateur de l'océanographie, dont le nom est également associé à la recherche de la paix et de la concorde universelles. Il est réputé pour ses collections et ses aquariums, et aussi pour ses laboratoires de recherche.

The Oceanographic Museum stands witness to the scientific talent of Prince Albert I, the founder of the science of oceanography, whose name is also associated with the quest for world peace and concord. It is famous for its collections and its aquariums, and, in the scientific world, for its research laboratories.

Il Museo Oceanografico porta l'impronta maestosa del genio scientifico del Principe Alberto I, creatore dell'oceanografia e il cui nome è ugualmente legato alla ricerca della pace e della concordia universale.
Questo museo è famoso per le sue collezioni e gli acquari, ma anche per i suoi diversi laboratori di ricerca.

L'Aquarium du Musée Océanographique et ses quatre-vingt-dix bassins sont des fenêtres ouvertes sur la Méditerranée et sur les mers tropicales à travers des écosystèmes fidèlement reconstitués. Le lagon aux requins, bassin géant de 6 mètres de profondeur, contenant 400 000 litres d'eau, constitue un vrai défi technologique et biologique.

The Aquarium of the Oceanographic Museum and its 90 tanks are like open windows to the Mediterranean and tropical seas through ecosystems that have been faithfully reconstructed. The Shark Lagoon, a giant 6-metre deep aquarium, contains 400,000 litres of water and constitutes a real technological and biological achievement.

L'Acquario del Museo oceanografico e le sue 90 vasche sono come finestre aperte sul Mediterraneo e sui mari tropicali, con diversi ecosistemi fedelmente ricostruiti. L'habitat degli squali, vasca gigante di 6 metri di profondità e di una capienza di 400.000 litri d'acqua, costituisce una vera sfida tecnologica e biologica.

55

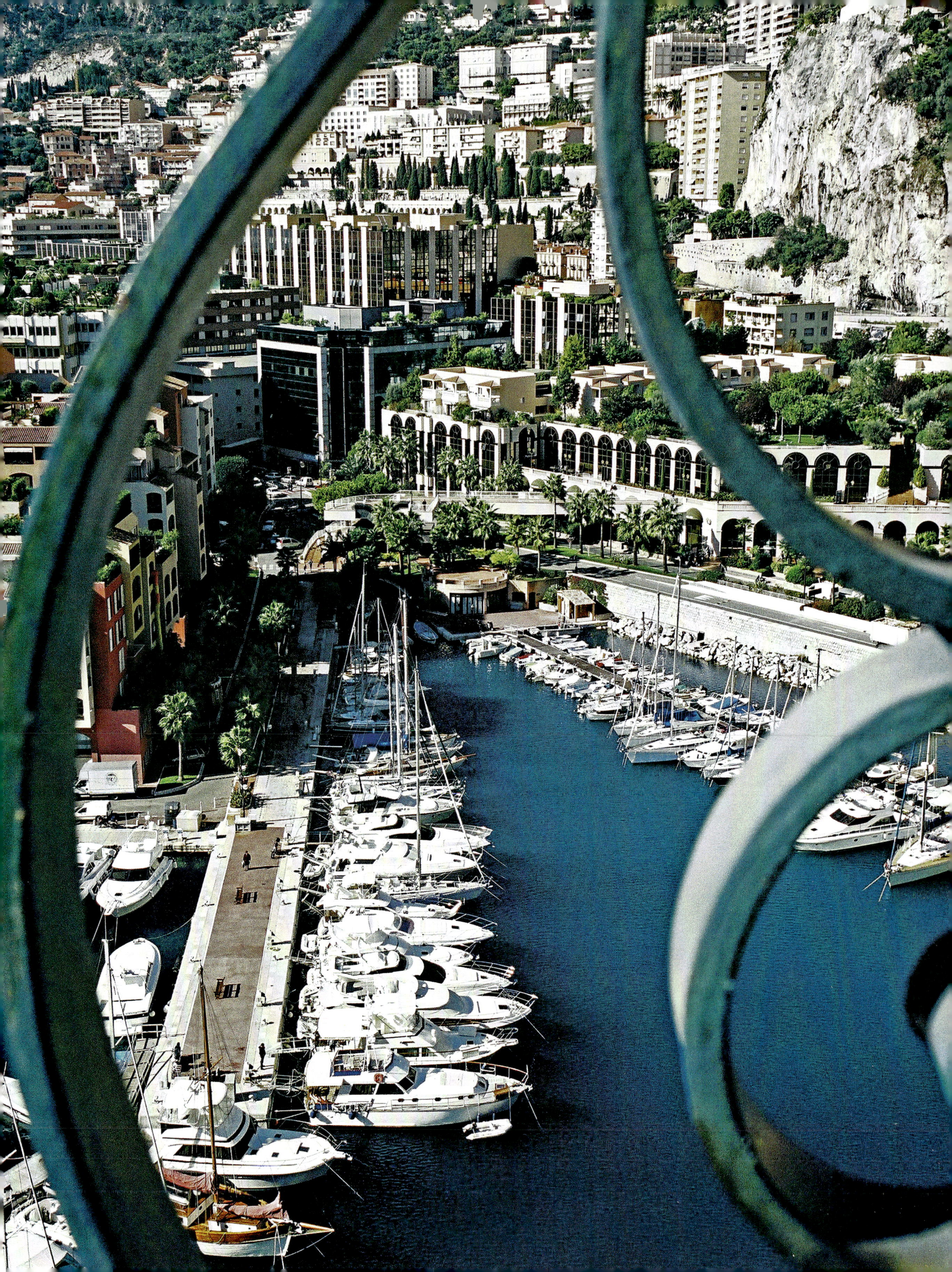

À Fontvieille, les visiteurs pourront découvrir le Musée des Timbres et des Monnaies, le Musée Naval et la Collection de Voitures Anciennes de S.A.S. le Prince Albert II de Monaco, rassemblés sur les Terrasses de Fontvieille.

Fondé par le Prince Rainier III, le Jardin Animalier accueille de nombreux spécimens de la faune africaine et tropicale.

The Stamp and Currency Museum, the Naval Museum and H.S.H. Prince Albert II's Vintage Car Collection are all situated on the terraces of Fontvieille.

Founded by Prince Rainier III, the Zoological Garden has numerous species of tropical and African fauna.

A Fontvieille raggruppati sulle "Terrasses de Fontvieille" i visitatori possono scoprire il Museo dei Francobolli e delle Monete, il Museo Navale e la Collezione di Vetture Storiche di S.A.S il Principe Alberto II di Monaco.

Fondato dal Principe Ranieri III, il Giardino Zoologico accoglie numerosi esemplari di fauna africana e tropicale.

ROSSINI GO

GLINKA

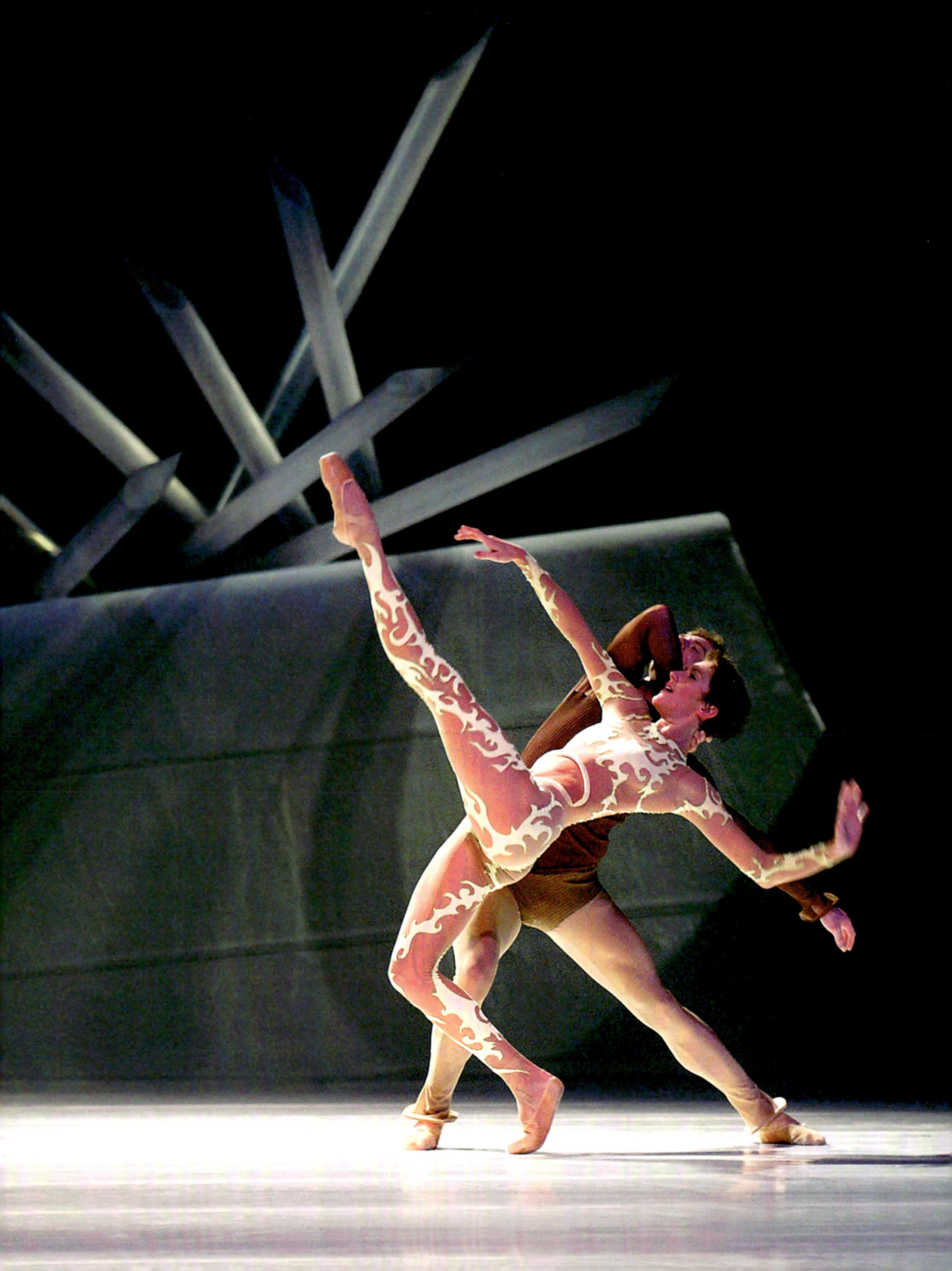

Depuis plus d'un siècle, Monaco présente et produit les opéras les plus prestigieux. La Salle Garnier entièrement restaurée, et la splendide Salle des Princes du Grimaldi Forum accueillent régulièrement les grandes voix du monde lyrique.

Berceau des célèbres Ballets Russes de Diaghilev, la Principauté perpétue une longue tradition chorégraphique avec les talentueux Ballets de Monte-Carlo. Présidée par S.A.R. la Princesse de Hanovre, la Compagnie trouve un large écho auprès d'un public international amateur de chorégraphies modernes, originales et de très haut niveau.

Une année sur deux, le Grimaldi Forum accueille Monaco Dance Forum, plateforme de la danse plurielle à la rencontre des tendances et de nouveaux talents.

Monaco has produced and performed the most celebrated operas for over a century.
The best operatic voices regularly grace the stages of the newly- renovated Salle Garnier and the magnificent Salle des Princes in the Grimaldi Forum.

Home of Diaghilev's Russian Ballet Company, the Principality has a long tradition of choreography with the talented Ballets de Monte-Carlo. Presided over by H.R.H. Princess of Hanover, the Ballet Company has acquired a widespread reputation with international audiences who appreciate modern choreography of an outstanding level.

Every two years the Grimaldi Forum hosts the Monaco Dance Forum, a platform for multidisciplinary dances for new talent and trends.

Da oltre un secolo Monaco presenta e produce le opere più prestigiose. La Salle Garnier, interamente restaurata, e la splendida Sala dei Principi del Grimaldi Forum, accolgono regolarmente le più belle voci del mondo lirico.

Culla dei celebri Balletti Russi di Diaghilev, il Principato perpetua una lunga tradizione coreografica con i "Balletti di Monte-Carlo". Presieduti da S.A.R. la Principessa di Hannover, i Balletti sono seguiti da un ampio pubblico internazionale, amante delle coreografie moderne, originali e di alto livello tecnico.

Ogni due anni, il Grimaldi Forum accoglie il "Monaco Dance Forum", piattaforma della danza multiforme all'incontro di nuove tendenze e talenti.

Un prix de composition perpétue la mémoire du mécène éclairé que fut le Prince Pierre de Monaco dans le monde étrange et fascinant de la musique…

Sous les baguettes les plus averties, l'Orchestre Philharmonique de Monte-Carlo diffuse la magie, d'un répertoire à l'autre, d'une scène à l'autre, dont les Concerts du Palais Princier constituent la prestation majeure.

Monaco, terre de la musique : le Printemps des Arts y entraîne le public vers un parcours musical audacieux, sans aucune frontière d'esprit. Créations internationales et interprétations exceptionnelles composent un programme unique où toutes les formes de musiques et d'expressions artistiques osent un chassé-croisé ici et là.

A musical composition award perpetuates the memory of Prince Pierre of Monaco, an enlightened patron of music.

Directed by the most experienced conductors, the Monte-Carlo Philharmonic Orchestra emanates magic from one repertoire to another. Its most prestigious performances are the concerts performed at the Prince's Palace.

Monaco, land of music: the Printemps des Arts festival delights audiences with modern, adventurous music that transcends boundaries. International compositions and renditions make up a unique programme where all forms of music and artistic expression dare to interchange.

Un concorso di composizione perpetua la memoria del Principe Pietro di Monaco, mecenate illustre di quel mondo strano e affascinante che è la musica…

Sotto la direzione delle "migliori bacchette", l'Orchestra Filarmonica di Montecarlo diffonde la magia passando da un repertorio all'altro, da una scena all'altra ed i Concerti del Palazzo del Principe sono la sua massima espressione.

Monaco, terra della musica: la Primavera delle Arti conduce il pubblico attraverso un percorso musicale audace, senza limiti dello spirito. Creazioni internazionali e interpretazioni eccezionali compongono un programma unico dove ogni forma musicale ed espressione artistica osa un "chassé" incrociato qui e là.

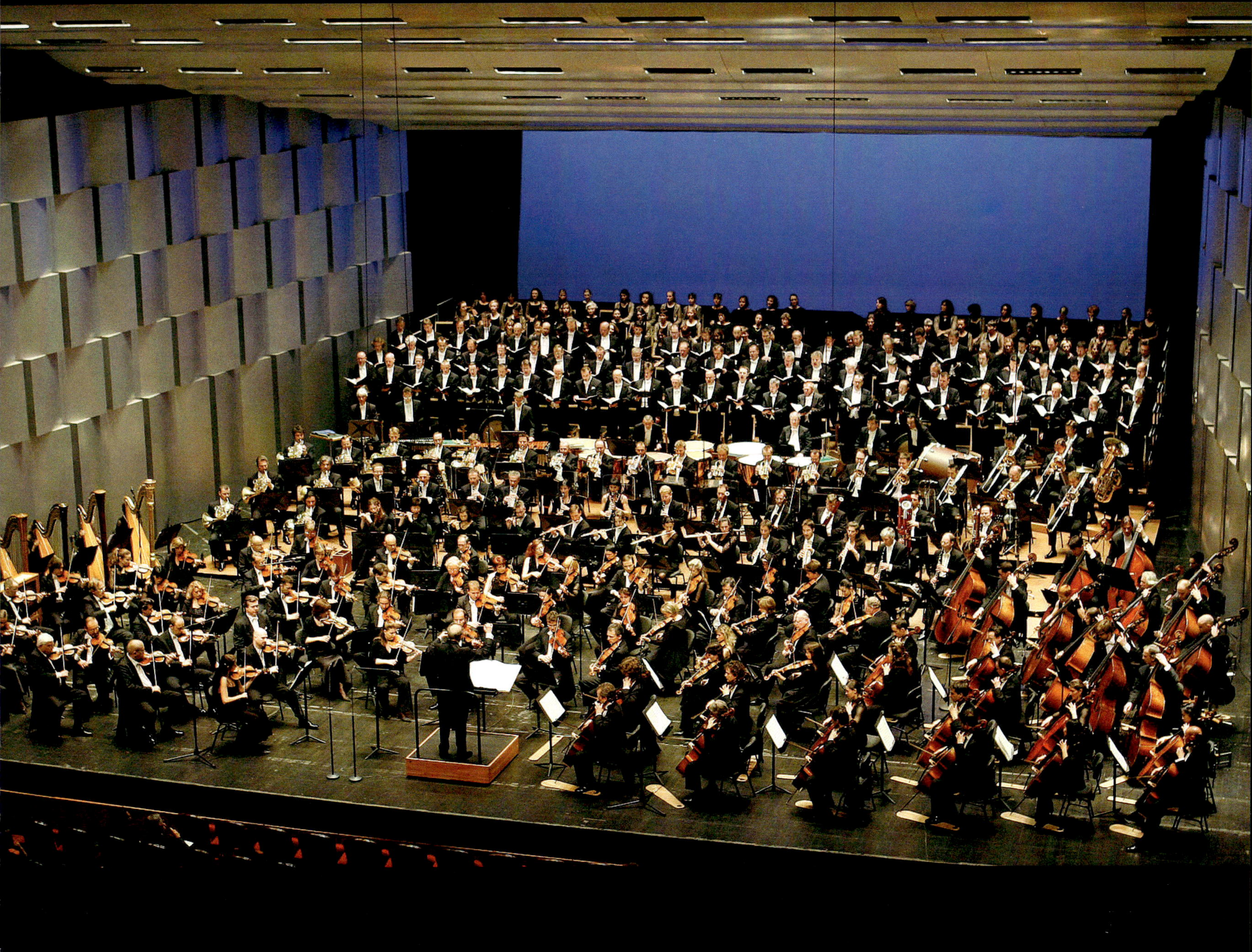

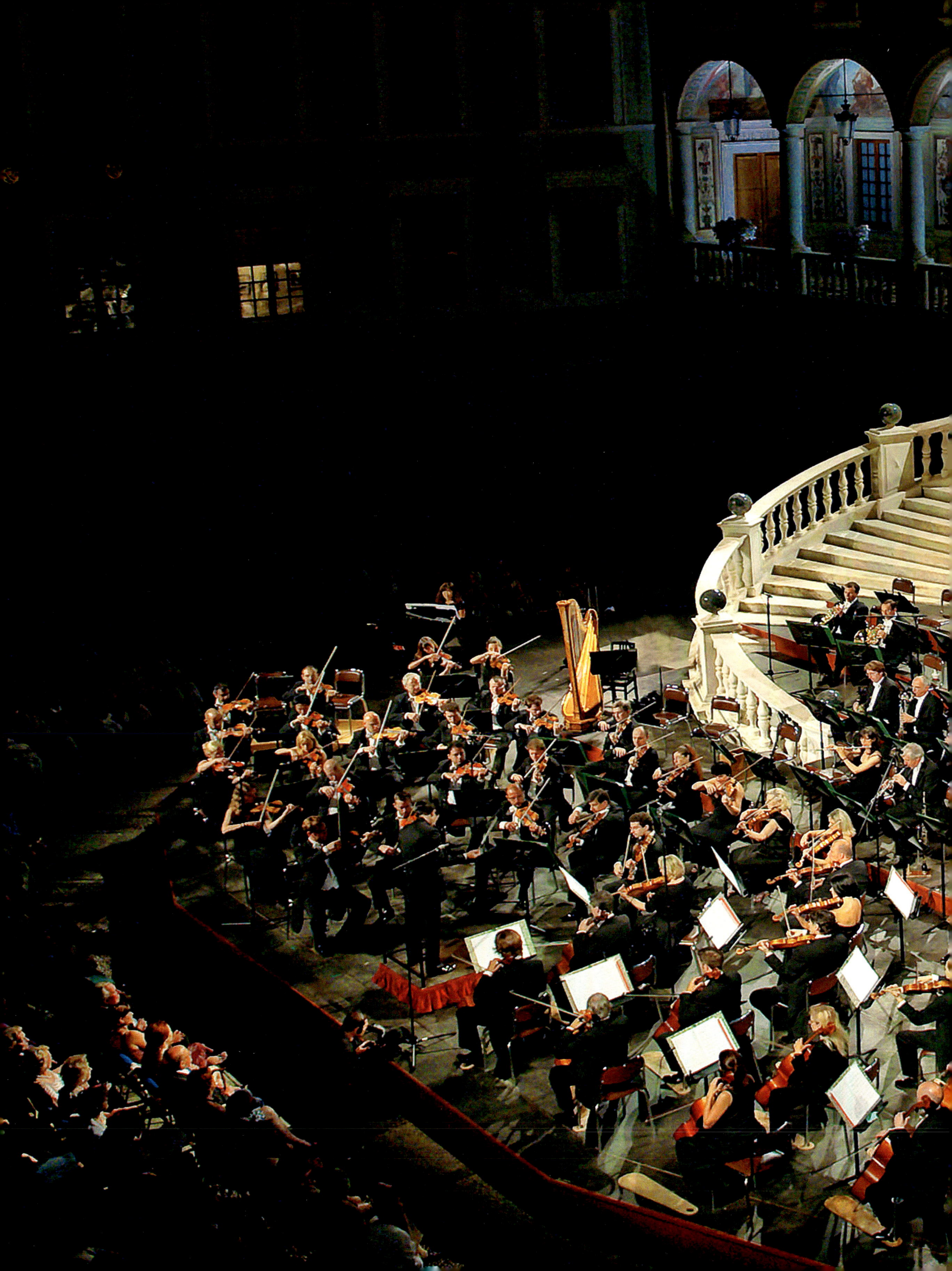

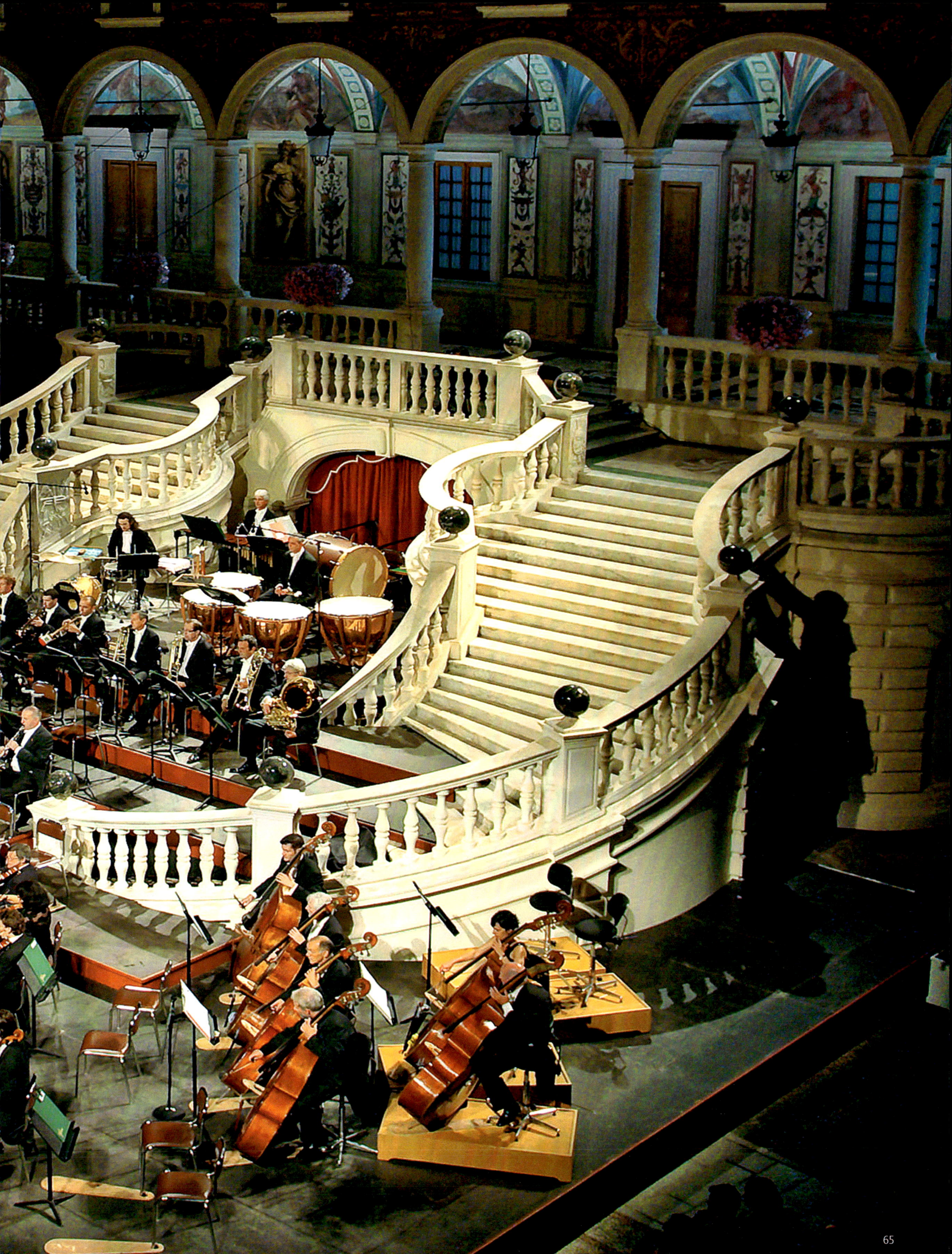

Féerie nocturne…
Il semble que toute l'énergie solaire accumulée se dépense la nuit… Prodigalité joyeuse et pyrotechnique. Pleins feux sur les murailles du passé, sur les ouvrages du présent.
Crépitements d'éblouissants feux d'artifice qu'étouffe le silence de la nuit.

A nocturnal fairyland…
It's as if all the sun's energy accumulated during the day explodes at night in a jubilant, pyrotechnical extravaganza. Bursts of light illuminate relics of the past and modern masterpieces.
The thunder of fireworks burst through the silence of the night.

Magia notturna…
Sembra che tutta l'energia solare accumulata durante il giorno si disperda la notte…
Prodigalità festosa e pirotecnica.
Fuochi sulle antiche mura, sulle opere moderne.
Incredibili scoppiettii dei fuochi d'artificio interrompono il silenzio della notte.

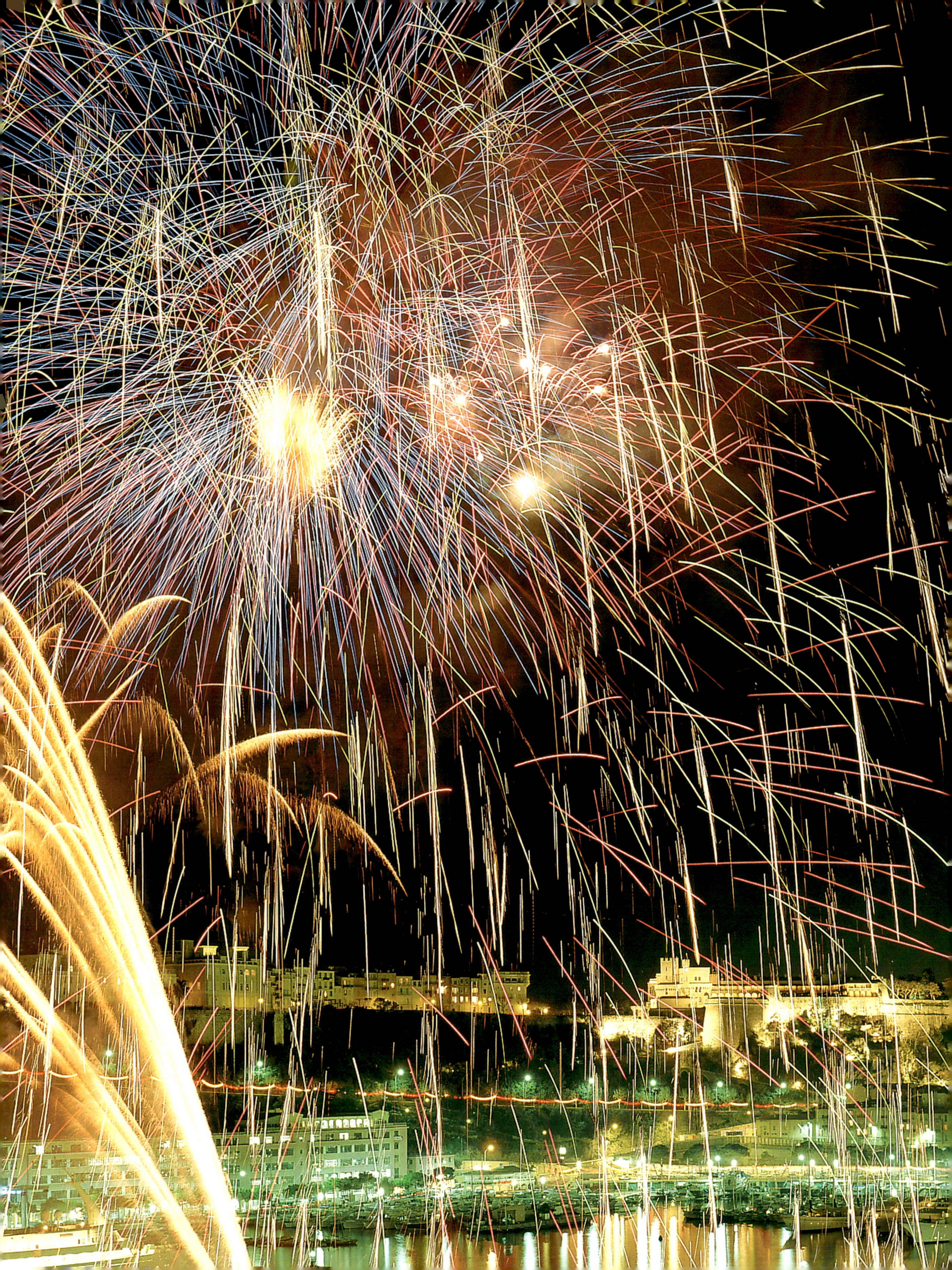

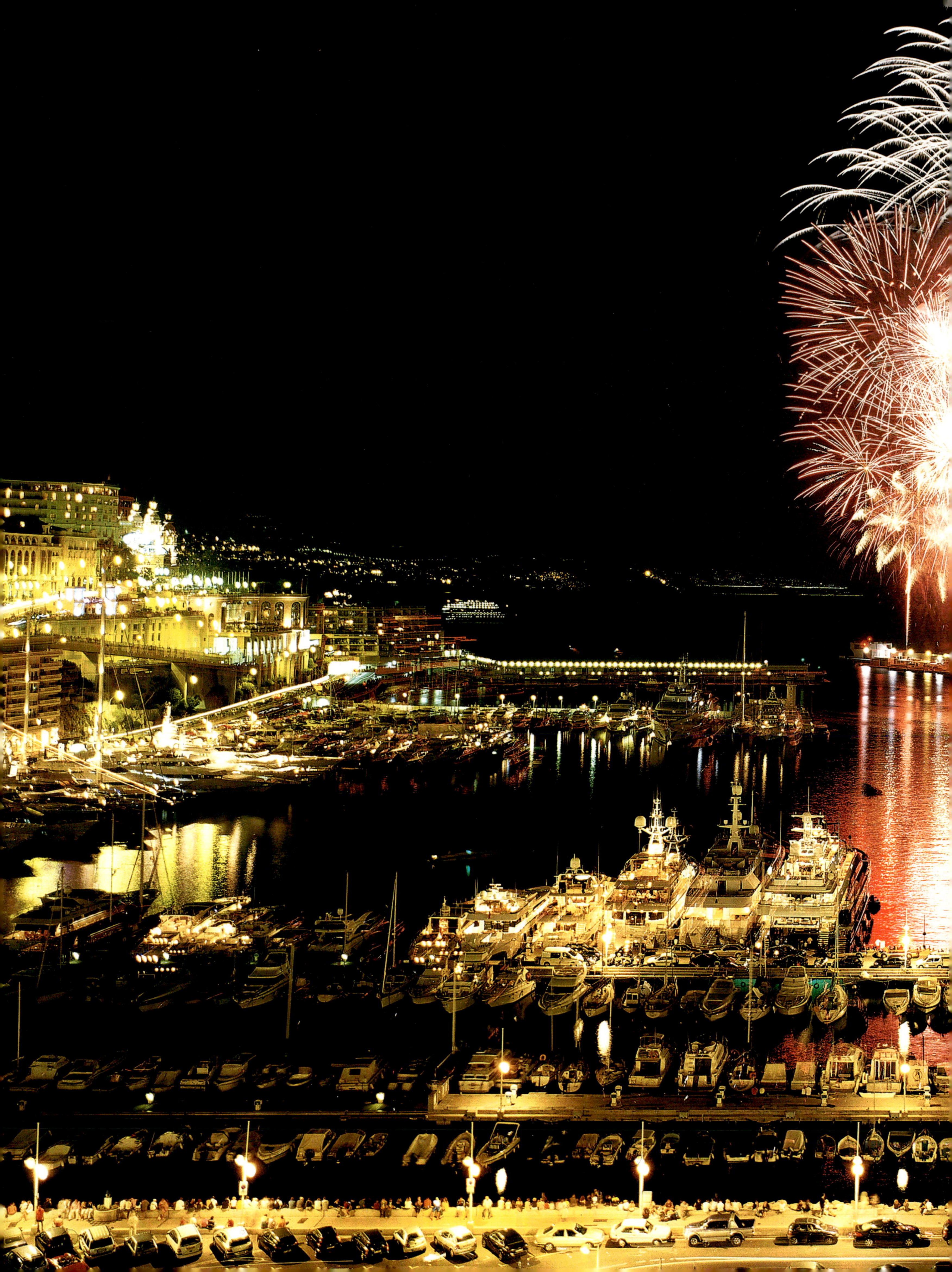

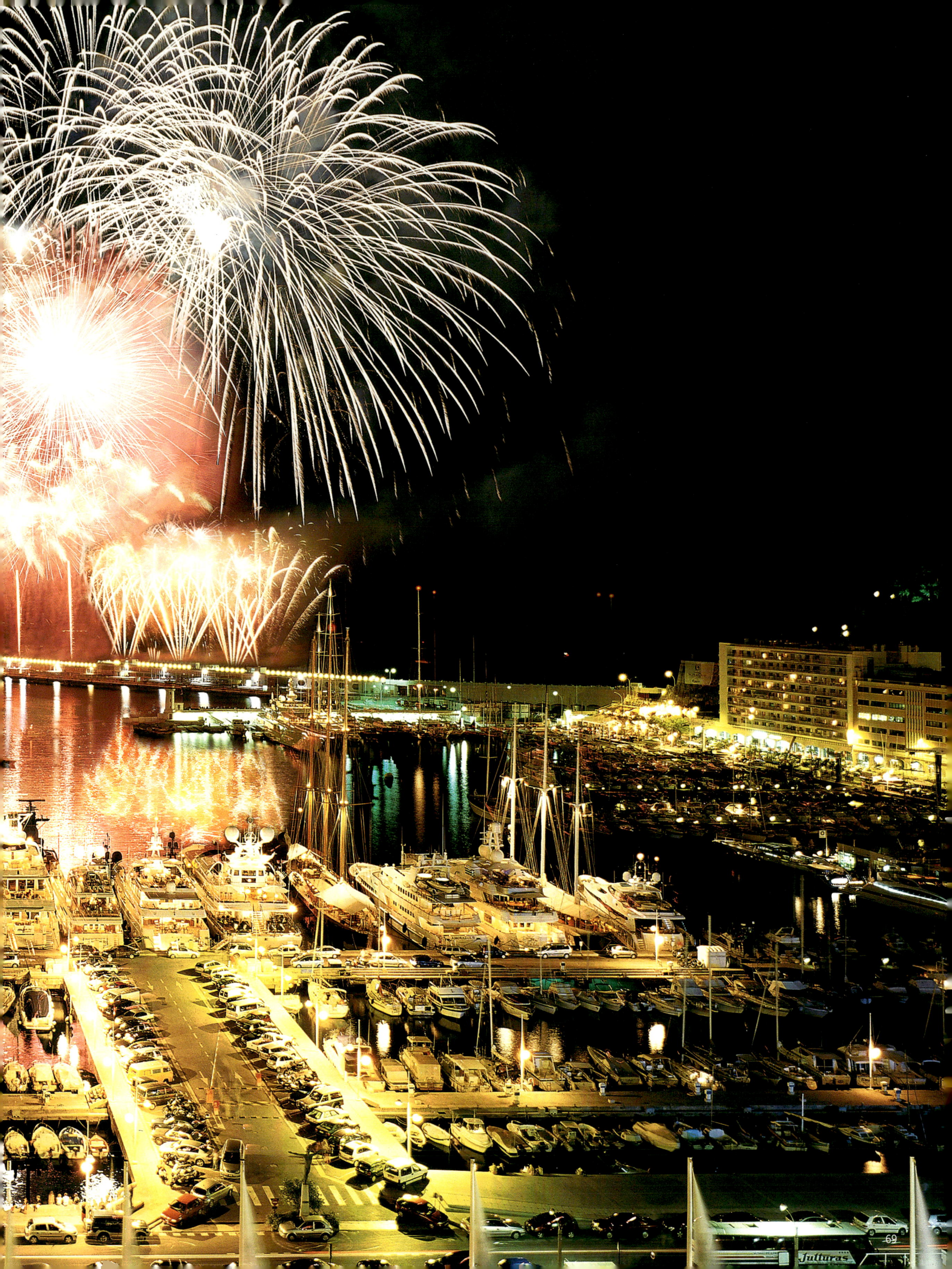

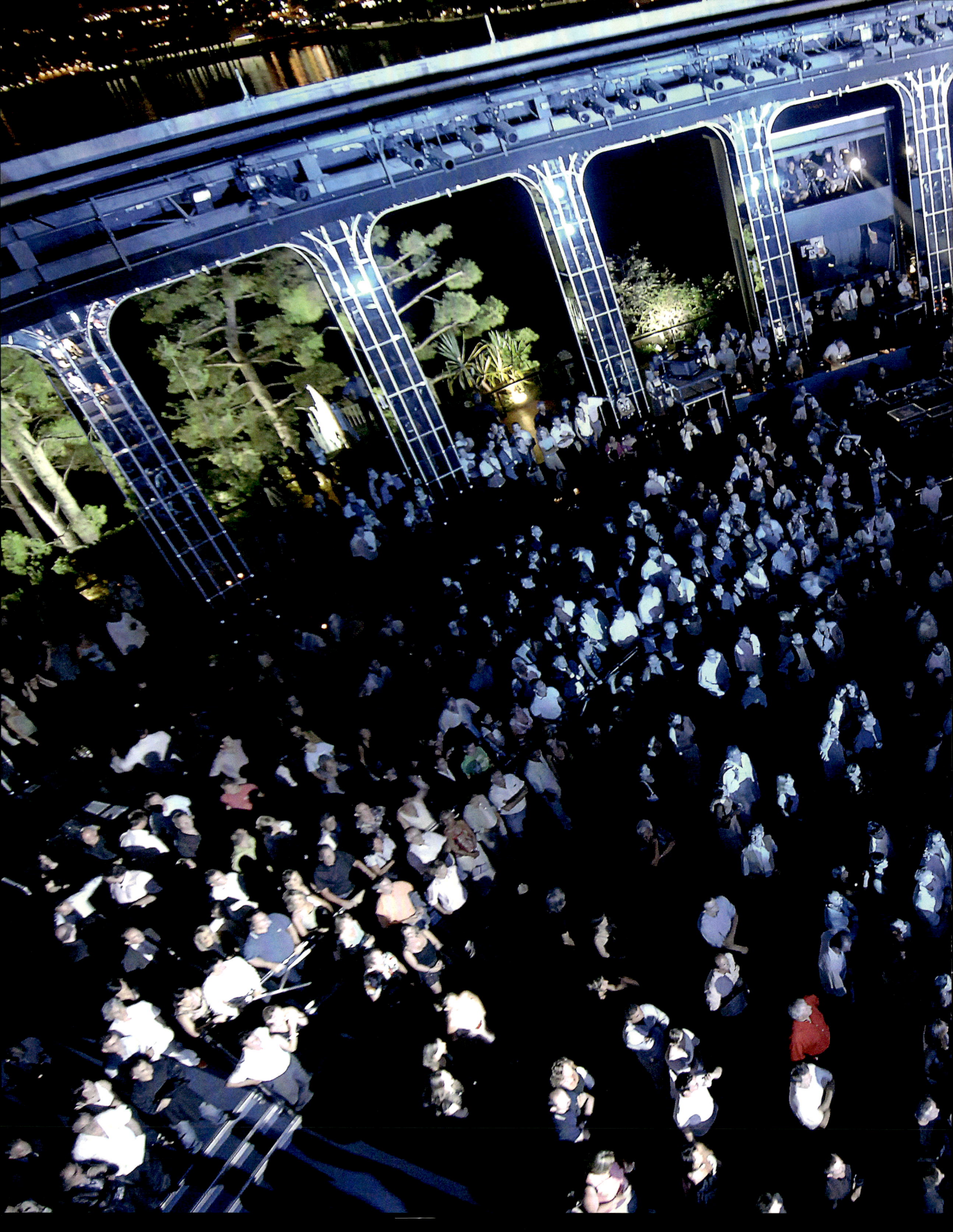

Le Monte-Carlo Sporting Club : un complexe extraordinaire dans le domaine des loisirs nocturnes, avec ses salles de jeux, ses cabarets et l'immense Salle des Étoiles dont tant de galas, à l'instar de celui de la Croix-Rouge Monégasque, contribuent à faire un des hauts lieux des nuits azuréennes.

The Monte-Carlo Sporting Club: is a complex which comes into its own at night, with its gamingrooms, cabaret shows, and the huge "Salle des Étoiles", the scene of many galas, like the Gala of the Monégasque Red Cross, which help to make the Monte-Carlo Sporting Club one of the shrines of night life on the Côte d'Azur.

Il Monte-Carlo Sporting Club: un complesso straordinario nel campo dei divertimenti notturni, con sale da gioco, cabaret e la grande "Salle des Étoiles" dove si svolgono numerosi gala, tra cui quello della Croce Rossa Monegasca, che contribuiscono a farne uno dei luoghi più prestigiosi delle notti della Costa Azzurra.

72

Les shows de la Salle des Étoiles, les griseries du Jimmy'z ou le Cabaret du Casino sont quelques-unes des facettes les plus brillantes du "Monte-Carlo by night"...

The shows in the Salle des Étoiles, the excitements of the Jimmy'z, are among the most brilliant features of Monte Carlo by night.

Gli spettacoli della "Salle des Étoiles" e le "ebbrezze" del Jimmy'z o del Cabaret all'interno del Casinò, sono una delle brillanti proposte della Montecarlo by night...

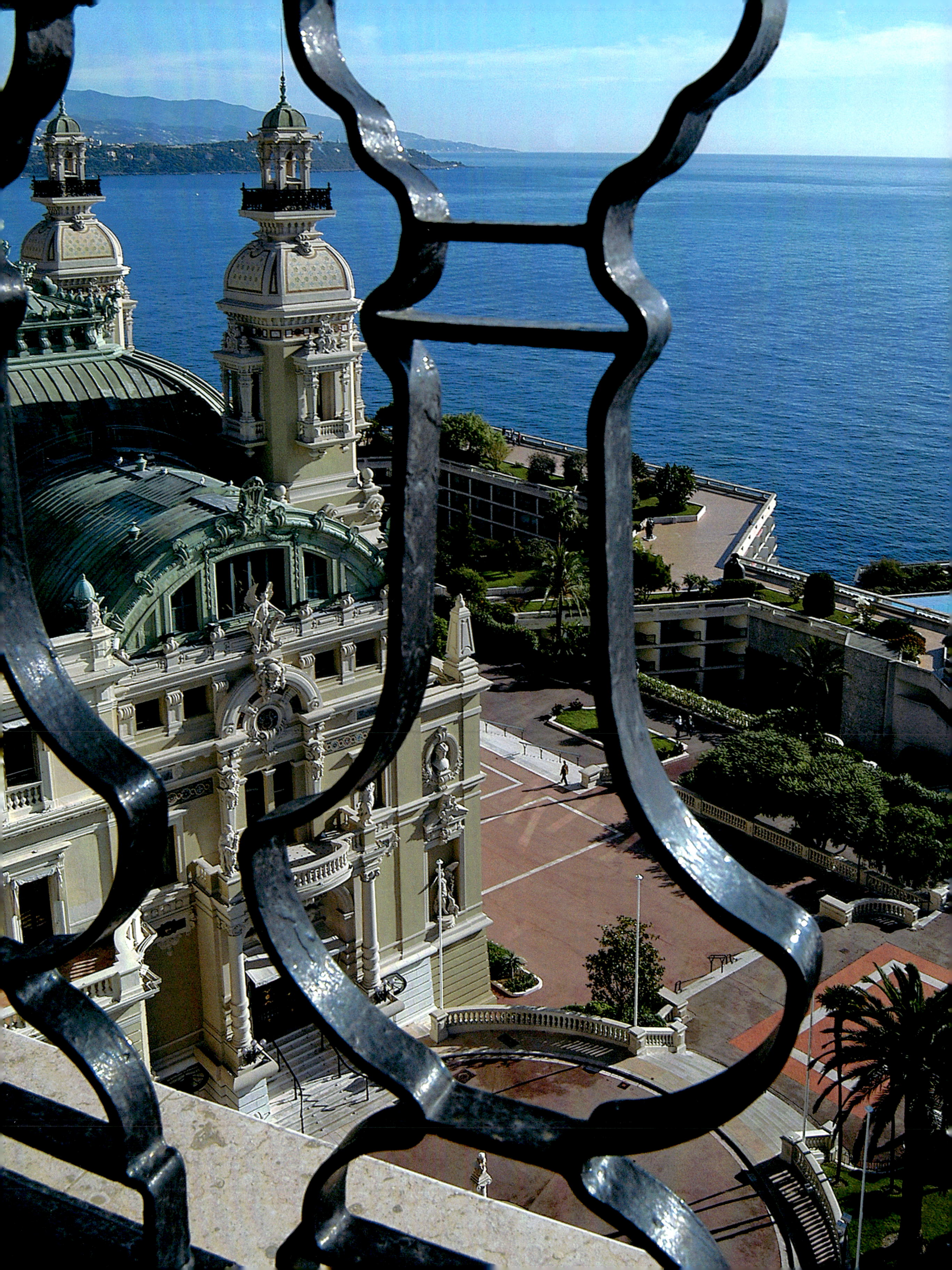

Le Casino de Monte-Carlo se profilant sur la silhouette du complexe immobilier abritant l'Auditorium Rainier III : deux styles de vie (l'héritage d'un fastueux passé, l'irrésistible poussée du futur), deux langages architecturaux qui se rejoignent dans une image de synthèse harmonieuse que prolonge la mer, immuable.

C'est aussi le monde du jeu que domine la Société des Bains de Mer. Dans le hall de l'Hôtel de Paris, la statue équestre du Roi Soleil sécurise la superstition des joueurs.

The Monte-Carlo casino outlined against the silhouette of the Auditorium Rainier III building complex. Two very different styles: the heritage of sumptuous past and the irresistible march of progress; two conflicting architectural languages that join together in a harmonious image extending out to sea, forever unchangeable.

The gaming world is run by the Société des Bains de Mer. In the hall of the Hotel de Paris, the equestrian statue of the Sun King still reassures superstitious players.

Il Casinò si staglia contro il profilo del complesso edilizio che ospita l'Auditorium Ranieri III: due stili di vita (l'eredità di un passato fastoso, l'irresistibile spinta del futuro), due linguaggi architettonici che si fondono tra loro dando vita a un'unica immagine armoniosa che si espande nel mare stesso, immutabile.

C'è anche il mondo del gioco che domina la "Société des Bains de Mer". Nell'atrio dell'Hotel de Paris, la statua equestre del Re Sole rassicura la superstizione dei giocatori.

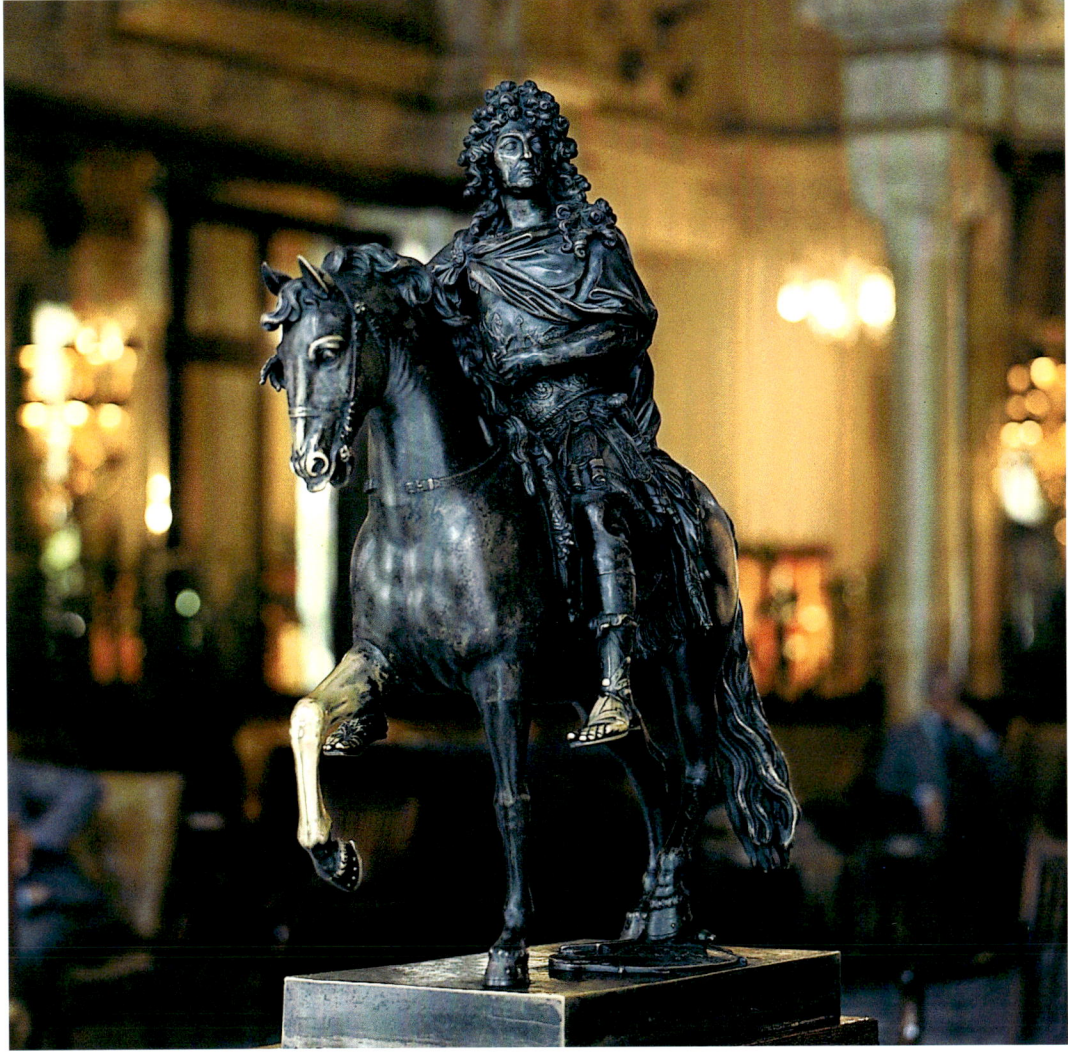

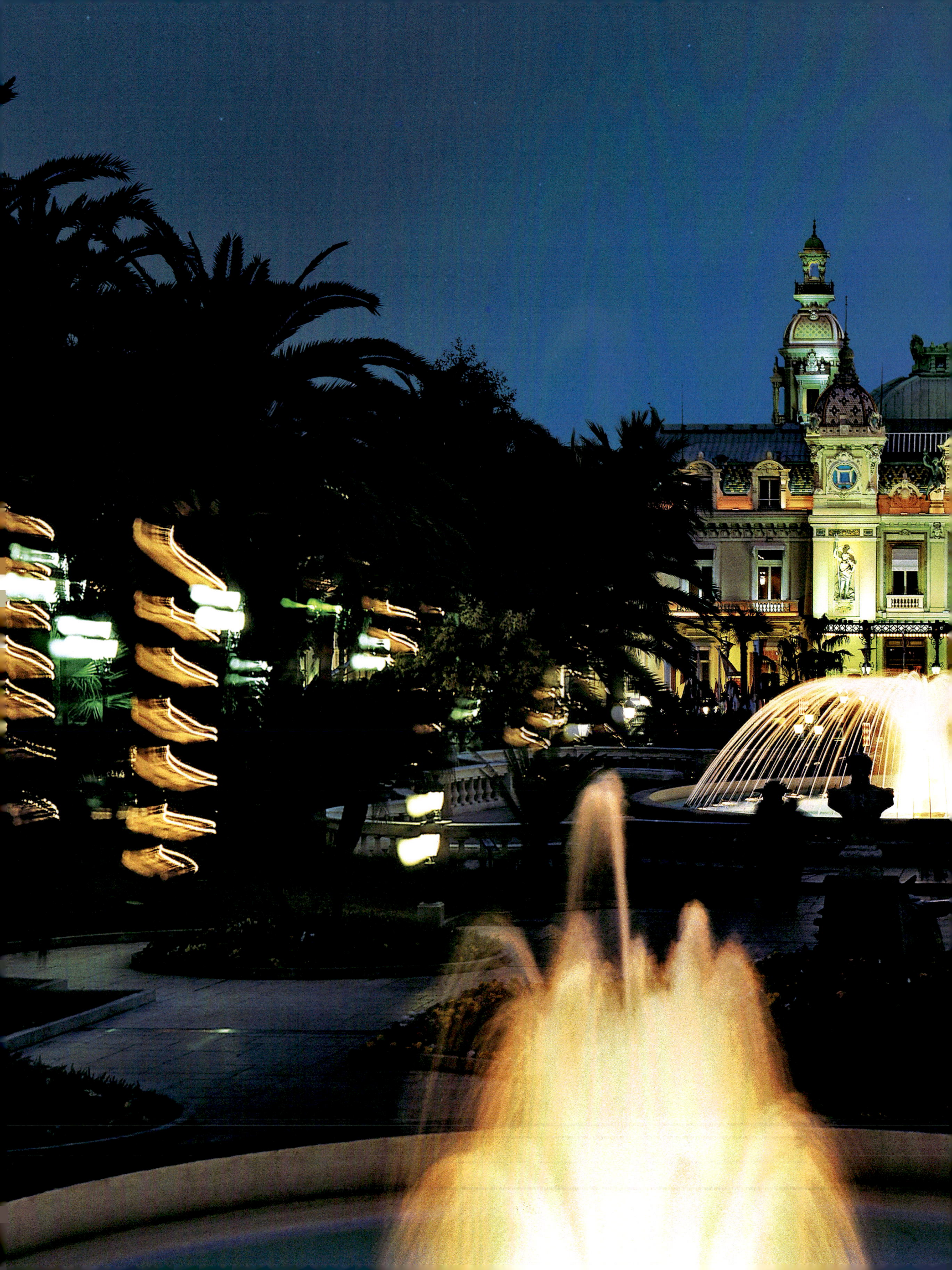

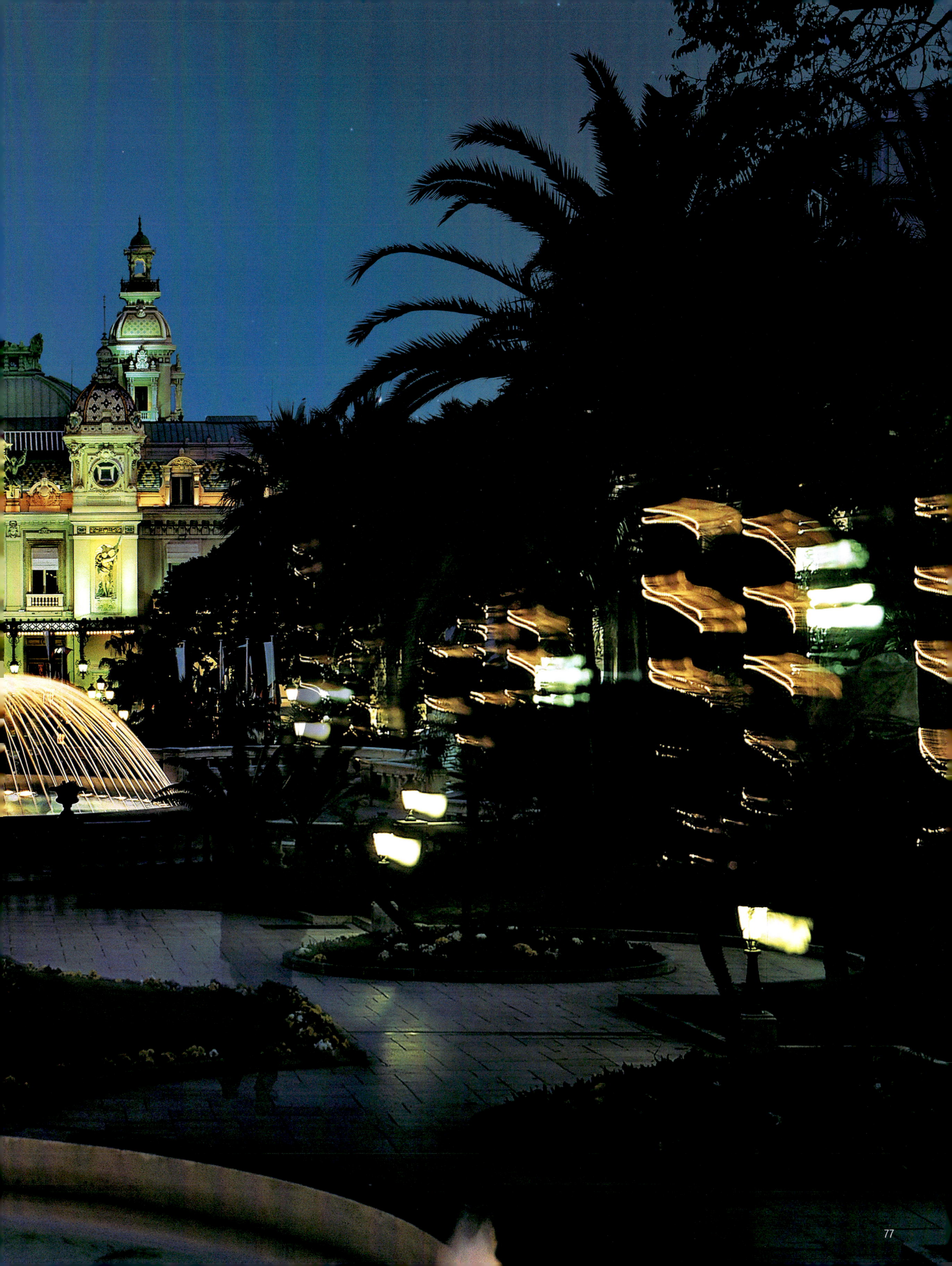

En 1860, le Prince Charles III autorisait la constitution de la Société des Bains de Mer. Le Casino était inauguré le 18 février 1863.

Ainsi débutait une ère fabuleuse. Grâce au génie de François Blanc, homme d'affaires avisé et sensible, un terrain de pierrailles aride devenait le jardin des Hespérides sous le nom de Monte-Carlo.

In 1860, Prince Charles III authorized the creation of the Société des Bains de Mer. The Casino was inaugurated on 18th February 1863.

It was the beginning of a fabulous era. Thanks to the genius of François Blanc, a clever and appreciate businessman, an arid, stony site became the Garden of the Hesperides under the name of Monte Carlo.

Nel 1860, il Principe Carlo III autorizzò la costituzione della Société des Bains de Mer. Il Casinò fu inaugurato il 18 febbraio 1863.

Così iniziò un'era favolosa. Grazie a François Blanc, uomo d'affari serio e sensibile, un terreno arido e pietroso diventava il Giardino delle Esperidi: Montecarlo.

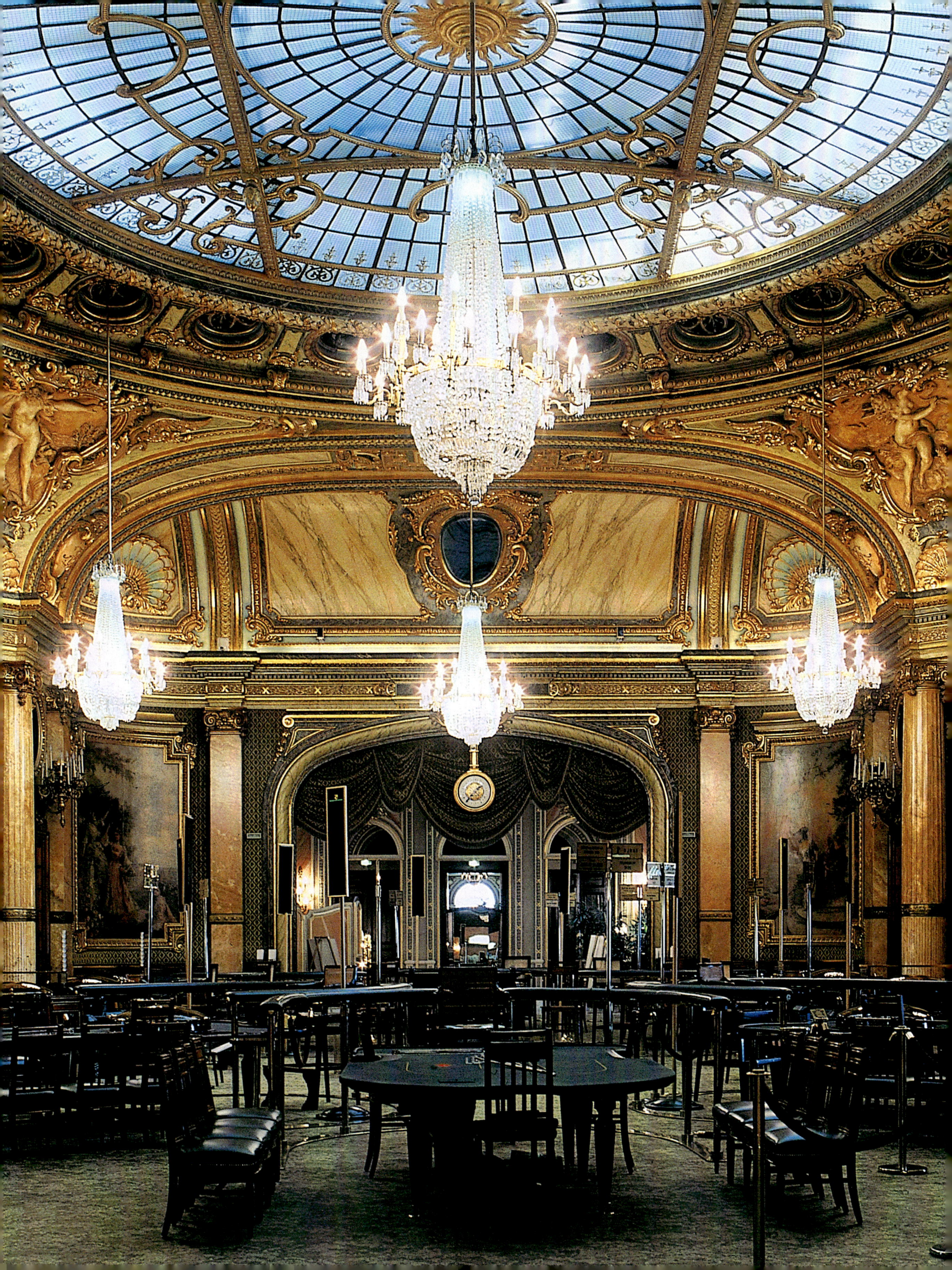

CASINO MONTE-CARLO

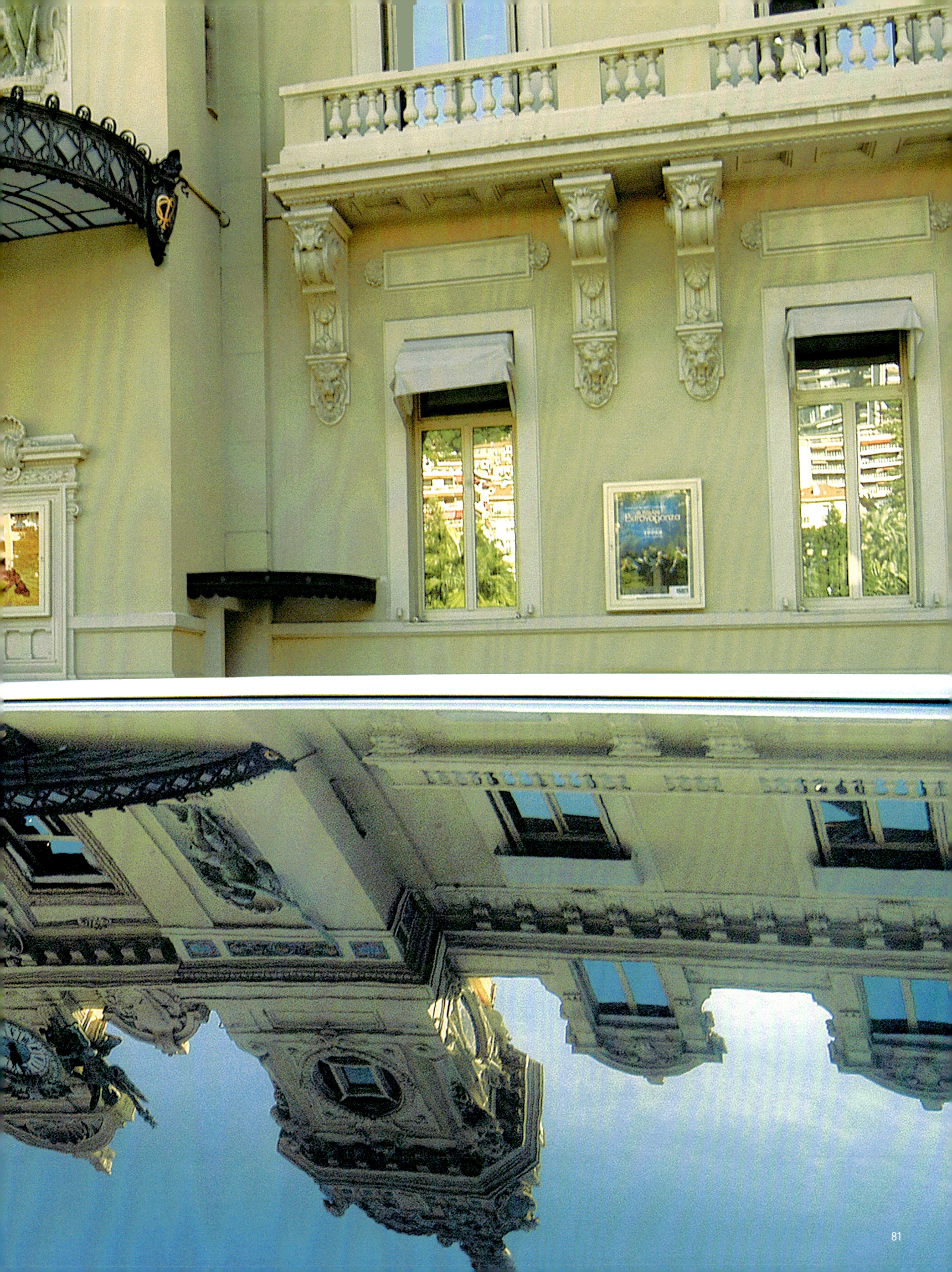

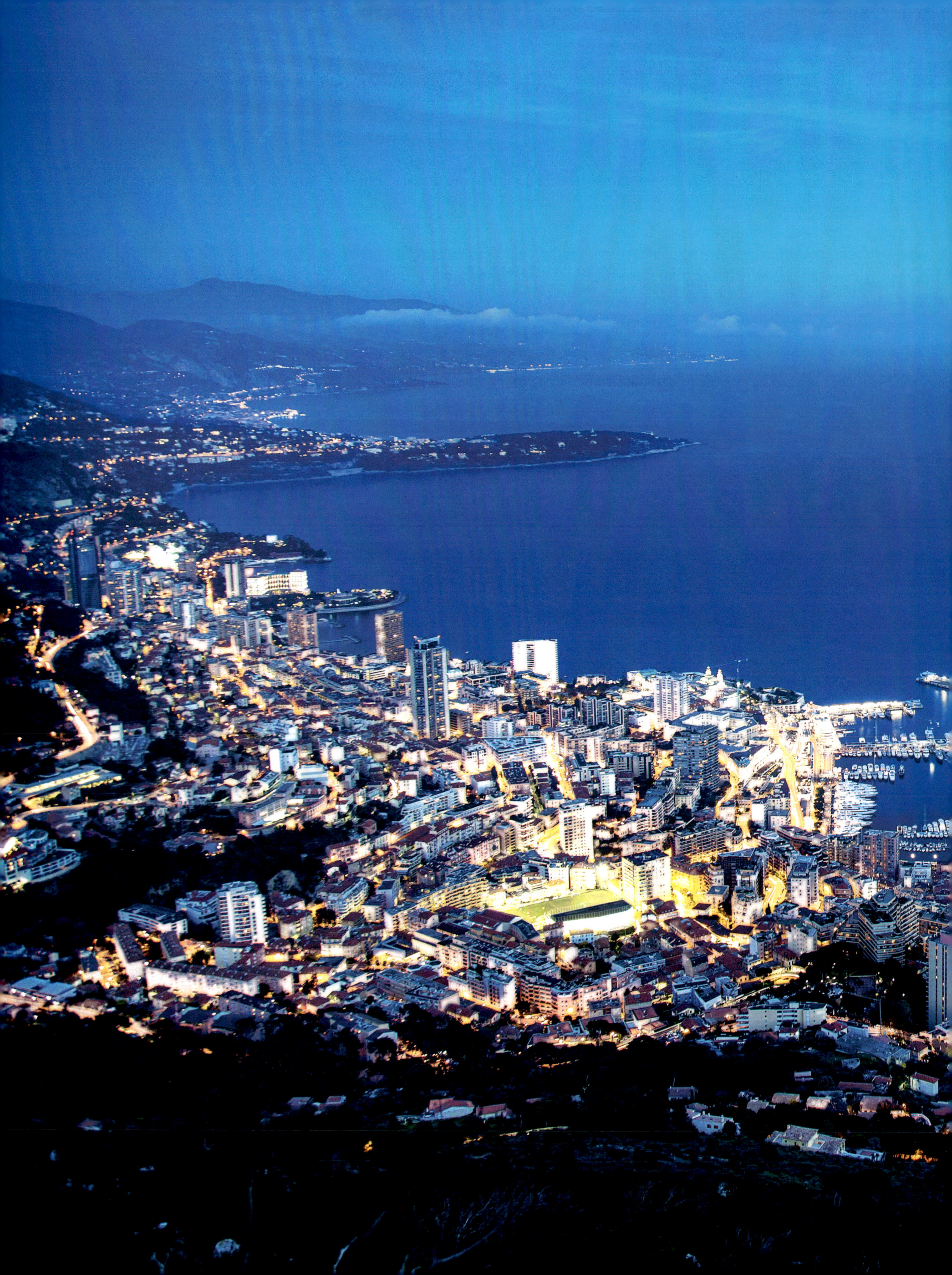

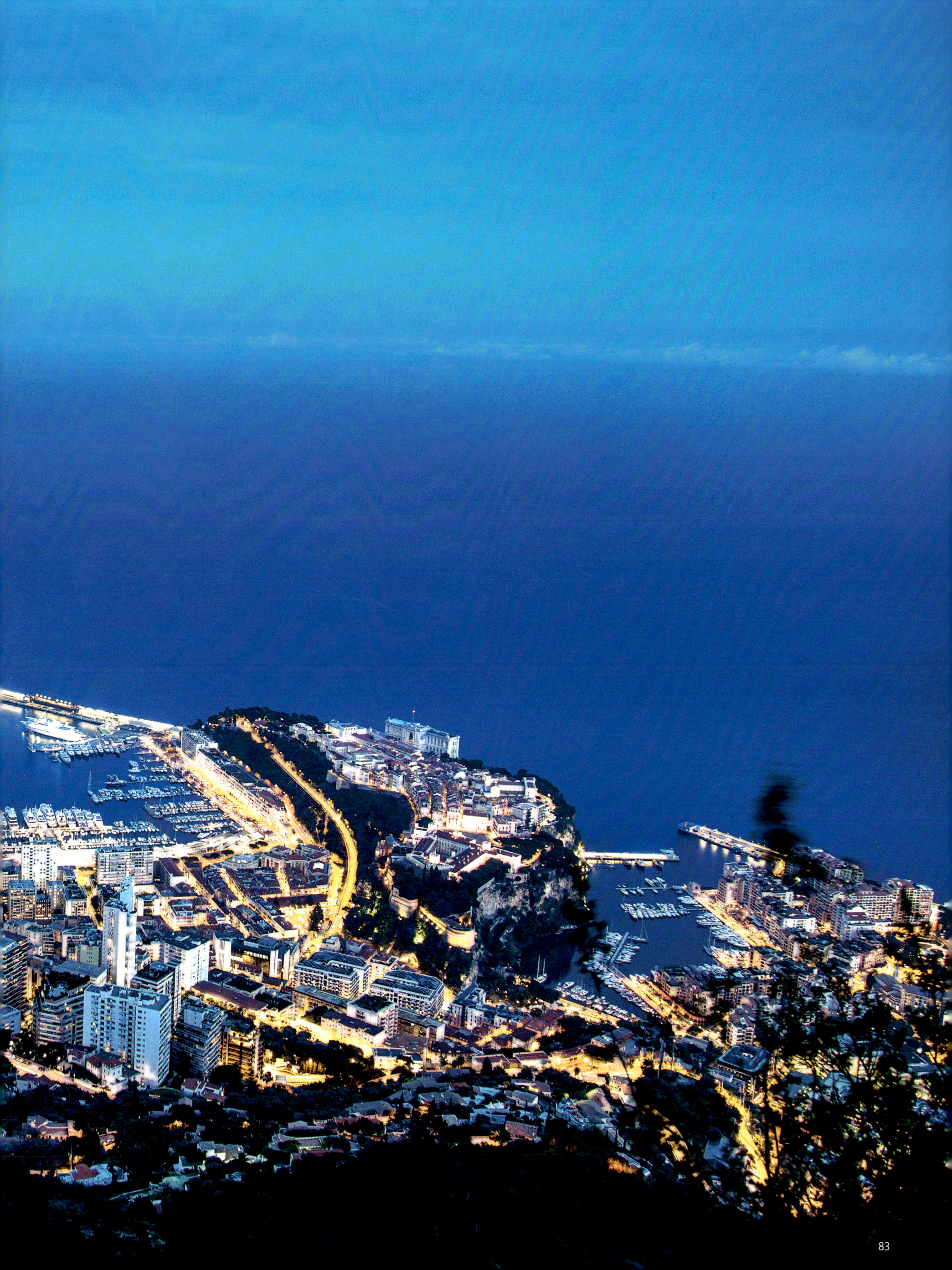

Le souvenir de la Princesse Grace continue d'avoir, dans le monde, la qualité d'une émotion unanimement partagée.
Pendant toute son existence, elle s'est montrée acquise à l'amour de la vie, de l'humain et de l'art.
Elle laisse notamment, avec ce qui était sa richesse de sentiments perpétuellement en action, des créations dont elle fut l'inspiratrice, telles que le "Garden Club de Monaco" (son livre : "My book of flowers" dit assez avec quelle finesse elle entendait le langage des fleurs)…

The memory of Princess Grace is still cherished by Her admirers throughout the world.
The Princess was always a lover of life, humanity and art.
Along with the memory of her admirable sentiments which found expression in so many different ways, she left behind her a number of creations of her own inspiration, among them the Monaco Garden Club. Her volume "My Book of Flowers" reveals her sensitive understanding of the language of flowers.

Il ricordo della Principessa Grace continua ad essere un'emozione condivisa da tante persone nel mondo. Durante tutta la sua esistenza si è mostrata dedita all'amore per la vita, l'umanità e l'arte.
Ella ci lascia in particolare le creazioni di cui fu l'ispiratrice, con una tale ricchezza di sentimenti, come il Garden Club di Monaco (il suo libro "My book of flowers" ci spiega con quanta finezza interpretava il linguaggio dei fiori)…

La Fondation Princesse Grace, dont la présidence est assurée depuis 1983 par S.A.R. la Princesse de Hanovre, a une double vocation : humanitaire et culturelle.
Son action humanitaire est essentiellement tournée vers les enfants.
Elle gère également la rénovation et la réhabilitation d'hôpitaux en Europe et dans les pays en voie de développement.
La Fondation soutient l'Académie de Danse Classique Princesse Grace, l'Académie de Musique Rainier III et la Princess Grace Irish Library dont les travaux sont distribués dans le monde entier.

The Princess Grace Foundation presided over by H.R.H. the Princess of Hanover since 1983, has two vocations: humanitarian and cultural.
The foundation's humanitarian activity is essentially focused on children.
It also organises renovation and rehabilitation of hospitals in Europe and in developing countries.
The Foundation supports the Princess Grace Classical Dance Academy and the Rainier III Music Academy.
The Foundation started the Princess Grace Irish Library, which distributes books throughout the world.

La Fondazione Principessa Grace, della quale dal 1983 è presidente S.A.R., la Principessa di Hannover, ha due vocazioni: una umanitaria, l'altra culturale.
L'azione umanitaria è rivolta sopratutto verso i bambini. Gestisce inoltre il rinnovo e la riabilitazione di ospedali in Europa e nei paesi in via di sviluppo.
L'azione culturale si esprime col sostegno all'Accademia di Danza Classica, all'Accademia di Musica Ranieri III e della Princess Grace Irish Library, i cui lavori sono distribuiti nel mondo intero.

**Fondation Prince Albert II de Monaco :
un soutien majeur à la biodiversité.**

En 2006, un an après son accession au trône, S.A.S. le Prince Albert II créait une fondation pour lutter contre les périls environnementaux qui menacent la planète et fragilisent les populations.

La Fondation Prince Albert II de Monaco mobilise depuis lors des citoyens, des responsables politiques, des scientifiques et des acteurs économiques pour la défense de la nature, patrimoine commun de l'humanité.

Trois objectifs prioritaires recouvrent les domaines d'action de la Fondation : limiter les effets du changement climatique et promouvoir les énergies renouvelables, réserver la biodiversité, gérer les ressources en eau et lutter contre la désertification.

Berceau de la Principauté, le Bassin Méditerranéen est naturellement l'une des priorités de la Fondation Prince Albert II de Monaco. Elle veut y préserver la richesse des éco-systèmes marins et terrestres, freiner la disparition des espèces les plus menacées et développer l'accès aux ressources en eau. Les régions polaires sont également au cœur de son action, comme les pays les moins avancés, définis selon la liste officielle des Nations Unies, pour lesquels la Fondation se mobilise en faveur du développement durable.

*Prince Albert II of Monaco Foundation:
strongly supporting biodiversity*

In 2006 after his ascension to the throne, H.S.H. Prince Albert II created a foundation to combat the environmental dangers threatening our planet and weakening its populations.

Since then, the Prince Albert II of Monaco Foundation has been enlisting the public, politicians, scientists and financiers to protect nature - humanity's shared heritage.

The Foundation has three main objectives spanning its areas of priority action: limiting the effects of climate change and promoting renewable energy; safeguarding biodiversity; and managing water resources and fighting against desertification.

The Mediterranean Basin, in which the Principality is cradled, is obviously one of the Foundation's priorities. It works to conserve the richness of the marine and terrestrial ecosystems, to halt the extinction of endangered species and to develop access to water. The polar regions also lie at the heart of the Foundation's activities, as do the most under-developed countries, as laid out in the United Nations' official list, and for which the Foundation is engaged in promoting sustainable development.

**Fondazione Alberto II di Monaco:
un maggiore sostegno alla biodiversità.**

Nel 2006, un anno dopo la sua ascesa al trono, S.A.S. il Principe Alberto II ha creato una fondazione per la lotta contro i pericoli ambientali che minacciano il pianeta e indeboliscono le popolazioni.

La Fondazione Principe Alberto II di Monaco da allora mobilita cittadini, politici, scienziati e attori economici per la difesa della natura, patrimonio comune dell'umanità.

Tre obiettivi prioritari coprono le aree di intervento della Fondazione: limitare gli effetti del cambiamento climatico e promuovere le energie rinnovabili, preservare la biodiversità, gestire le risorse idriche e lottare contro la desertificazione.

Culla del Principato, il bacino del Mediterraneo è naturalmente una priorità della Fondazione Principe Alberto II di Monaco. Questa vuole preservare la ricchezza degli ecosistemi marini e terrestri, frenare la scomparsa delle specie più minacciate e sviluppare l'accesso alle risorse idriche. Le regioni polari sono ugualmente al centro della sua azione, come i paesi meno sviluppati, definiti secondo la lista ufficiale delle Nazioni Unite, per i quali la Fondazione agisce in favore dello sviluppo sostenibile.

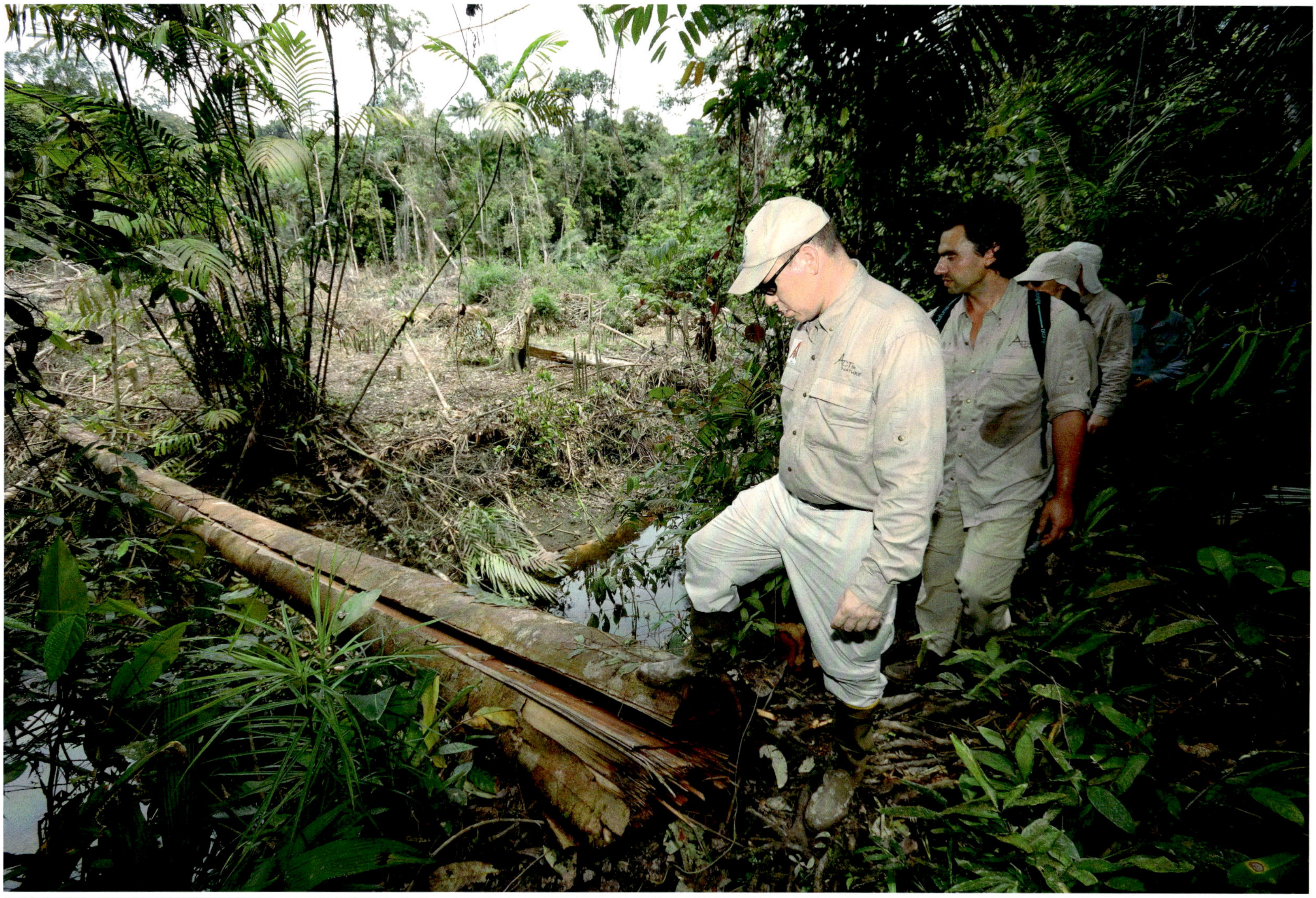

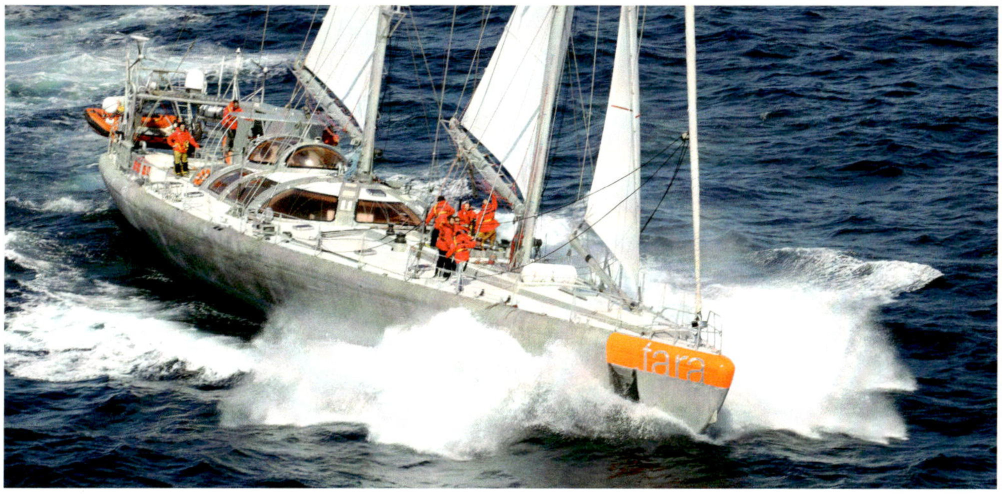
tara

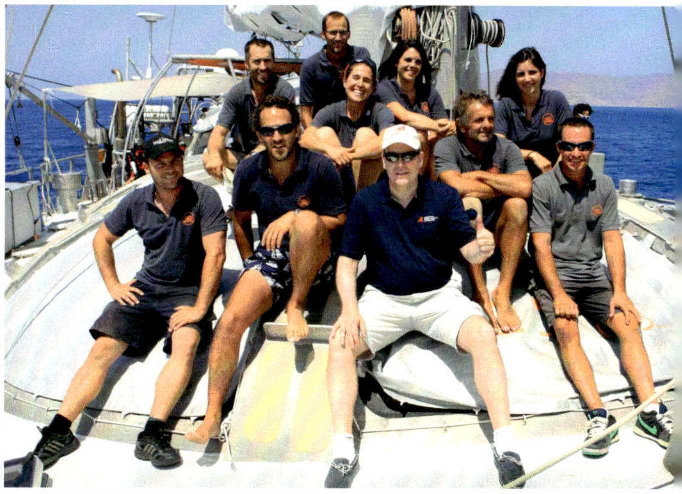

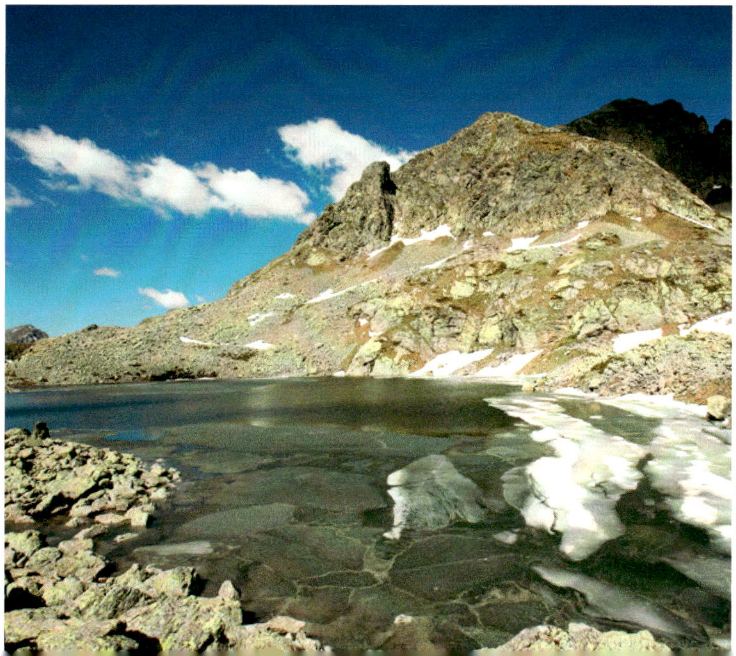

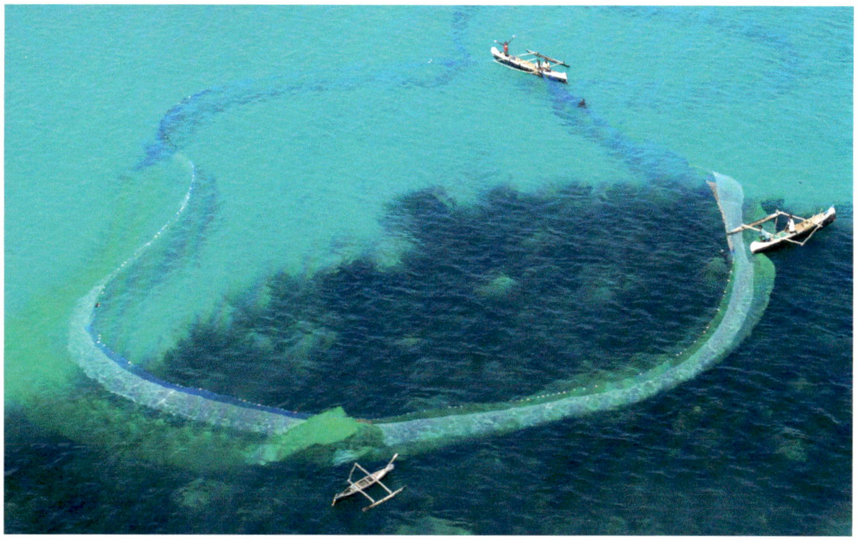

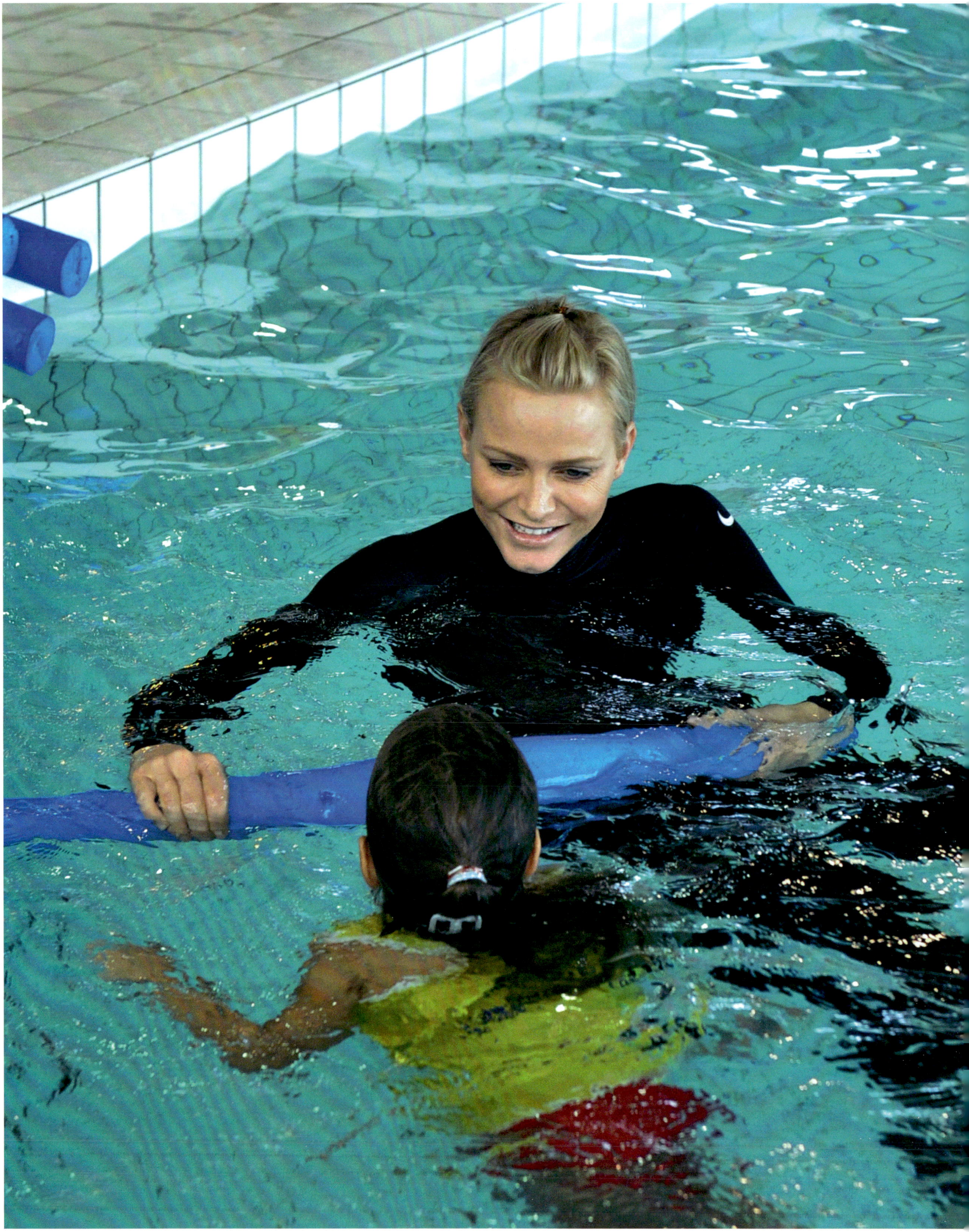

Les priorités de la Fondation Princesse Charlène de Monaco :

"Ma fondation est tournée vers ces enfants qui peuvent devenir des adultes responsables si nous leur montrons le chemin au travers des valeurs du sport et de la solidarité.
Être passionné de sport est un véritable privilège car cette passion vous pousse à embrasser de nobles valeurs. Le sport peut changer quelqu'un, sauver sa vie, le responsabiliser et lui offrir un destin extraordinaire.
Le sport peut avoir un impact sur un individu, sur une famille, une communauté, voire sur une nation toute entière. Beaucoup de jeunes sportifs très doués, avec un vrai potentiel de champion, n'ont pas les moyens de s'entraîner correctement.
Aussi, aujourd'hui, transmettre aux nouvelles générations de sportifs ces valeurs, que je partage avec mon époux, le Prince Albert II, est devenu une de mes priorités.
Ma fondation entend soutenir plusieurs projets mettant en avant l'importance et la prise de conscience autour de la sécurité en milieu aquatique."

S.A.S. la Princesse Charlène

Princess Charlene of Monaco Foundation's priorities:

"My Foundation is about children who can become great adults, if we collectively show them the way forward with strong sport values and solidarity.
Being passionate about sport is an amazing gift if one considers the values that come with it. Sport has the ability to change and save lives, to accomplish great destiny and empower people.
It can have an impact on an individual, a family, a community, as well as an entire nation. Today we might know gifted children who would have the ability to become a sport icon, but do not have sufficient means or facilities to even train properly.
So it has become a priority for me to support and transmit these sporting values that I share with my husband, Prince Albert II of Monaco, to the next generation of young athletes.
Some of the present and future projects for my foundation are underlining the importance and reinforcing the awareness of water safety."

H.S.H. Princes Charlene.

Le priorità della Fondazione Principessa Charlene di Monaco:

"La mia fondazione è rivolta ai bambini che possono diventare adulti responsabili se noi mostriamo loro la strada attraverso i valori dello sport e della solidarietà.
Essere appassionati di sport è un vero privilegio, perché questa passione ti spinge ad abbracciare dei valori nobili. Lo sport può cambiare qualcuno, salvargli la vita, responsabilizzarlo e offrirgli un destino straordinario.
Lo sport può avere un impatto su un individuo, una famiglia, una comunità, o anche un'intera nazione. Molti giovani atleti di talento, con un vero potenziale di campioni, non hanno le risorse per allenarsi adeguatamente.
Inoltre, oggi, trasmettere alle nuove generazioni di atleti questi valori, che condivido con mio marito, il Principe Alberto II, è diventata una delle mie priorità.
La mia fondazione intende sostenere diversi progetti sottolineando l'importanza e la consapevolezza sulla sicurezza acquatica."

S.A.S. la Principessa Charlene

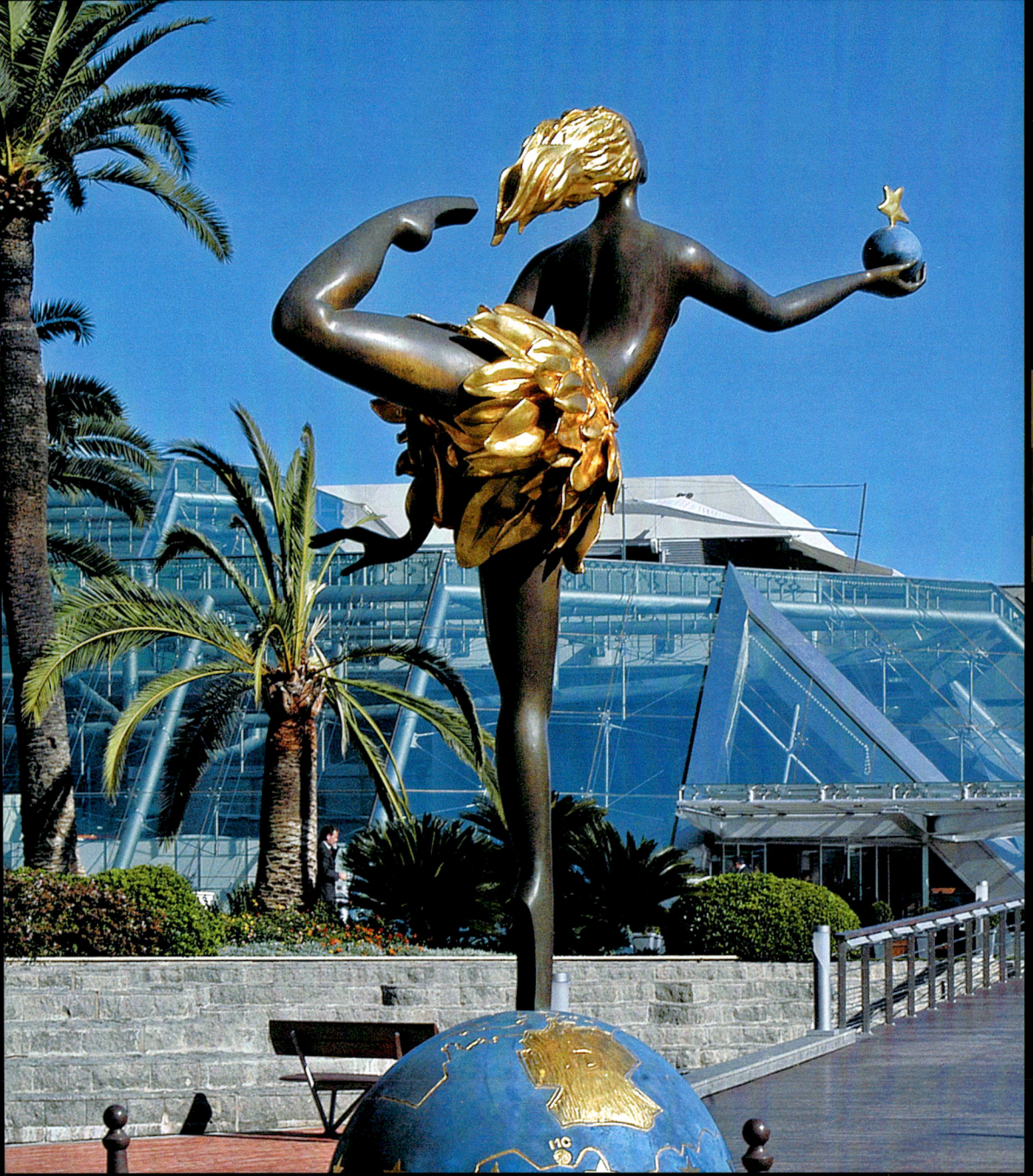

Gigantesque vaisseau voué au business et à la culture, le Grimaldi Forum Monaco est un lieu unique au cœur d'une destination d'exception.
Ce centre de congrès high-tech, intelligent, lumineux, se métamorphose au gré des évènements, et accueille chaque été une exposition phare autour d'une thématique forte :
la Chine dès 2001, Warhol, "Monaco fête Picasso" en 2013, "de Chagall à Malévitch, la Révolution des Avant-Gardes" en 2015.

A giant vessel dedicated to business and culture, the Grimaldi Forum Monaco is a unique place in the heart of an exceptional destination. This high-tech, intelligent, bright conference center, metamorphoses at the mercy of events, and has its flagship exhibition in summer, which is each year based on a different theme : China in 2001, Warhol, "Monaco celebrates Picasso" in 2013, " from Chagall to Malevitch, the revolution of the avant-garde" in 2015.

Nave gigantesca dedicato al business e della cultura, il Grimaldi Forum Monaco è un luogo unico nel cuore di una destinazione eccezionale. Questo centro congressi high-tech, intelligente, luminoso, si trasforma in funzione degli eventi e accoglie ogni estate una esposizione di punta intorno ad un tema forte: la Cina nel 2001, Warhol, "Monaco celebra Picasso" nel 2013, da "Chagall a Malevich, la Rivoluzione delle Avanguardie", nel 2015.

91

La Principauté de Monaco accueille toute l'année de nombreuses manifestations internationales de renom.
Le Festival de Télévision de Monte-Carlo attire les professionnels autour des meilleures productions internationales.
En septembre, le port de Monaco devient le théâtre du Monaco Yacht Show, l'un des salons nautiques les plus prestigieux du monde voué aux yachts et voiliers de luxe.

The Principality of Monaco hosts many international exhibitions all year round.
The Monte-Carlo Television Festival attracts professionals from leading international productions.
In September, the port of Monaco becomes the stage for the Monaco Yacht Show, one of the most exclusive boat shows in the world for luxury motor and sailing yachts.

Il Principato di Monaco accoglie durante l'anno numerose manifestazioni internazionali.
Il Festival della Televisione di Montecarlo che accoglie i professionisti del settore attorno alle migliori produzioni internazionali.
Il Monaco Yacht Show, nel mese di settembre sul porto di Monaco, è uno dei saloni nautici più prestigiosi per gli yachts e i velieri di lusso.

Lors du Jumping International, les meilleurs cavaliers s'affrontent dans le cadre du fameux Circuit International Global Champions Tour.

La rencontre Top Marques, salon des voitures sportives et de luxe, réunit au Grimaldi Forum les constructeurs de renom autour de modèles spectaculaires, à admirer, voire essayer.

Chaque hiver, le Musée des Timbres et des Monnaies organise l'exposition commerciale MonacoPhil présentant une centaine de raretés mondiales de la philatélie classique et moderne.

During the International Jumping event, part of the Global Champions Tour, leading figures from the riding world compete against each other.

"Top Marques" is an exhibition of luxury and sports cars all under the roof of the Grimaldi Forum. All the most exclusive makes of car are here to admire… and even test drive!

Every winter the Stamp and Currency Museum organises MonacoPhil, a trade fair that has hundreds of rare classic and modern stamps from all over the world.

Durante il Jumping Internazionale, i migliori cavalieri si affrontano nel famoso Circuito Internazionale Global Champions Tour.

L'appuntamento "Top Marques", salone delle auto sportive e di lusso, riunisce al Grimaldi Forum costruttori di fama che presentano modelli spettacolari, da ammirare, vedere, provare.

Ogni inverno, il Museo dei Francobolli e delle Monete, organizza l'esposizione commerciale "MonacoPhil", durante la quale si possono trovare un centinaio di rarità mondiali della filatelia classica e moderna.

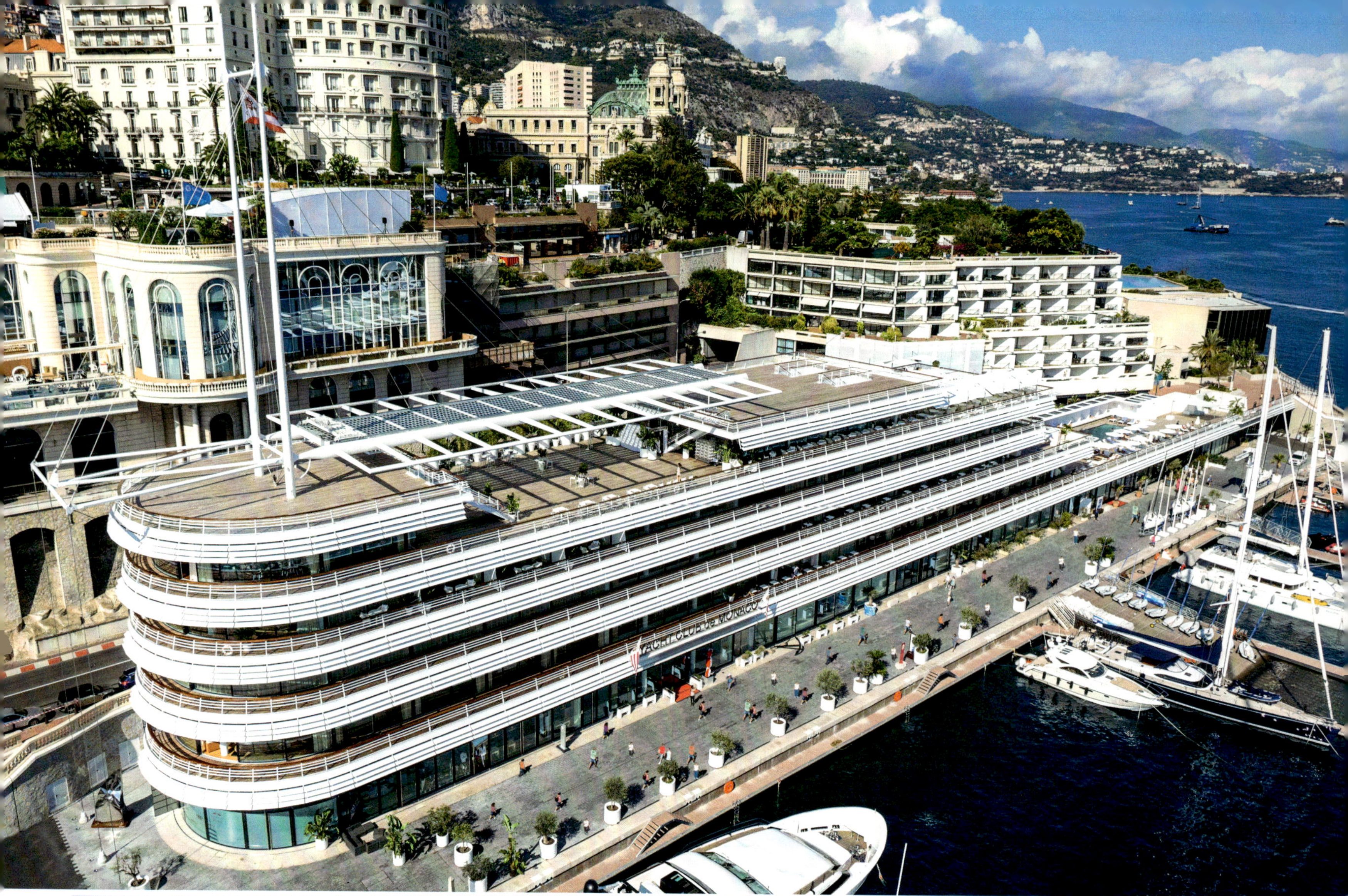

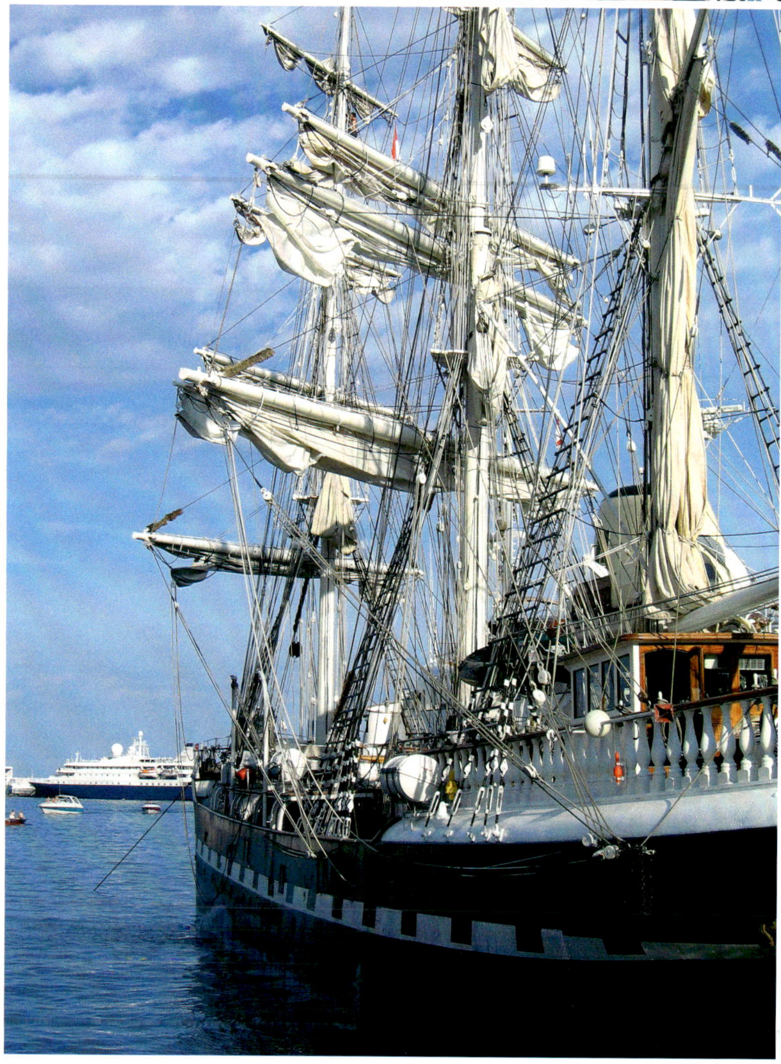

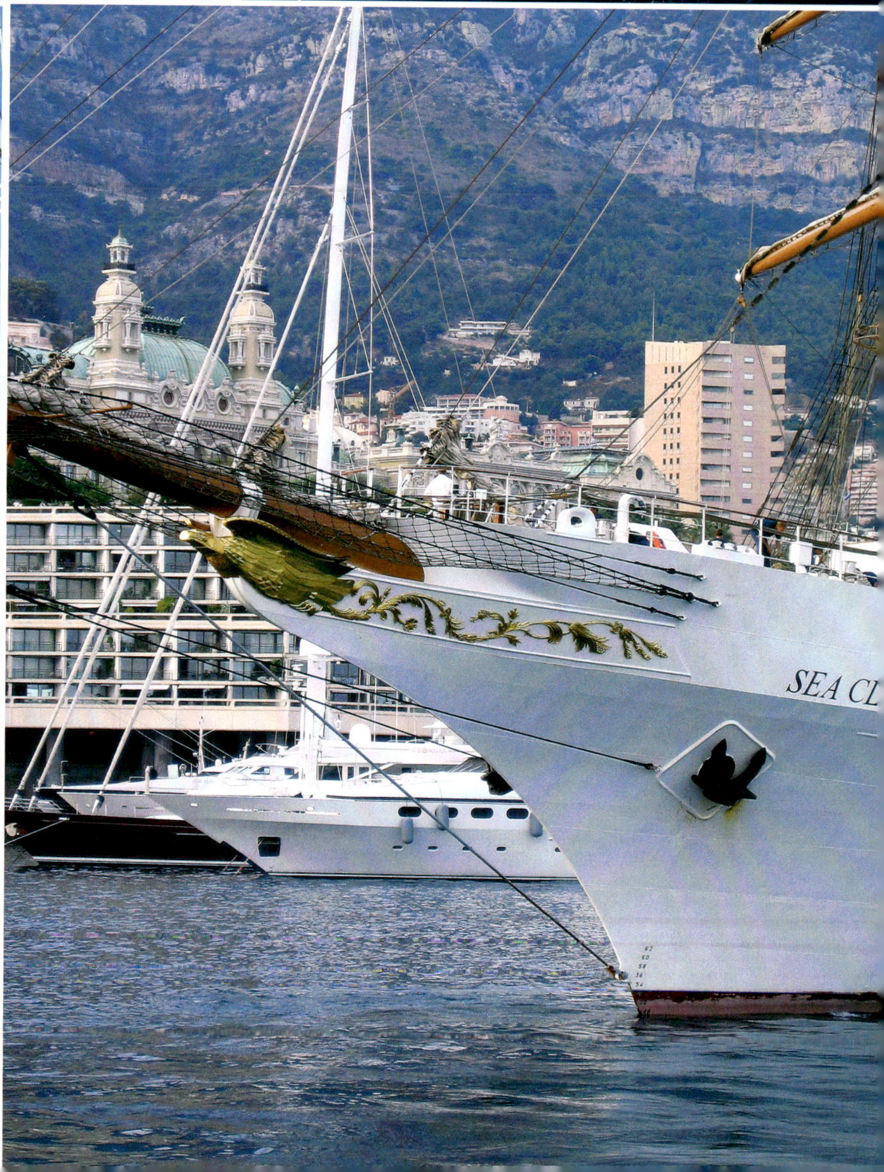
SEA CL

Légendaire en Principauté, l'activité nautique s'illustre entre la beauté noble des voiles anciennes et la modernité d'embarcations dessinées pour la course. C'est ainsi que la baie de Monaco reçoit des rencontres phares comme la Monaco Classic Week que le Yacht Club de Monaco organise tous les deux ans.

Également à l'initiative de S.A.S. le Prince Albert II depuis 2005, le label "La Belle Classe" fédère les armateurs autour d'une Charte défendant des valeurs essentielles : sauvegarde de l'environnement, préservation du patrimoine pour les voiliers classiques et innovation pour les yachts de la grande plaisance.

Enfin, le 20 juin 2014, S.A.S. le Prince Souverain Albert II inaugurait le nouveau bâtiment du Yacht Club de Monaco, conçu par le grand architecte Norman Foster.

Nautical activity has become legendary in the Principality, bedecked with the noble beauty of antique sailing boats and modern racing boats. This is why the Bay of Monaco hosts flagship races such as Monaco Classic Week that the Monaco Yacht Club organises every two year.

Also at the instigation of H.S.H. Prince Albert II since 2005, the "La Belle Classe" label units owners behind a Charter to defend fundamental values: protection of the environment, preservation of our maritime heritage for tradition yachts and innovation for pleasure yachts.

Finally, on June 20, 2014, H.S.H. Prince Albert II inaugurated the new building of the Monaco Yacht Club, designed by the famous architect Norman Foster.

Leggendaria nel Principato, l'attività nautica si svolge tra la bellezza aristocratica degli antichi velieri e la modernità delle imbarcazioni da corsa. La baia di Monaco accoglie appuntamenti famosi come la Monaco Classic Week che lo Yacht Club di Monaco organizza ogni due anni.

Ugualmente a l'iniziativa di S.A.S il Principe Alberto II, dal 2005 il marchio "La Belle Classe" riunisce armatori intorno ad una Carta di difesa dei valori essenziali: tutela dell'ambiente, conservazione del patrimonio per i velieri classici e innovazione per i grandi yacht da diporto.

Infine, il 20 giugno 2014, S.A.S. il Principe Alberto II ha inaugurato la nuova sede dello Yacht Club de Monaco, progettata dal famoso architetto Norman Foster.

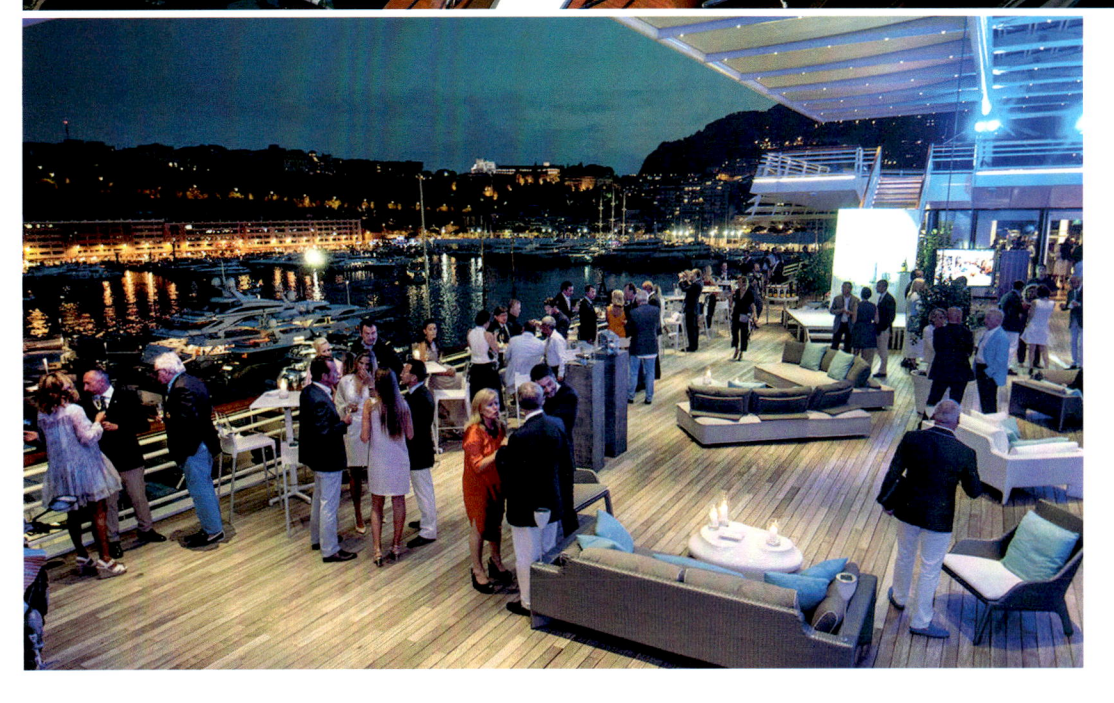

La sculpture a toujours tenu une place privilégiée en Principauté, art longtemps porté aux nues par la Biennale puis le Festival International de Sculpture de Monaco. À l'initiative du Prince Rainier, la Principauté s'est enrichie d'œuvres d'artistes de renommée internationale.

Elles se découvrent à ciel ouvert sur tout le territoire de la Principauté et notamment à travers un cheminement piétonnier situé dans le Quartier de Fontvieille.

Sculpture has always had a special place in the Principality, an art that has long been exalted, first by the Biennial exhibition, then by the Monaco International Sculpture Festival. The Principality is rich in artistic works of international renown thanks to Prince Rainier's initiative.

They are on open-air display throughout the Principality; notably, there is a pedestrian pathway of sculptures in Fontvieille.

La scultura ha sempre avuto un posto privilegiato nel Principato, arte portata alla luce dalla Biennale e poi dal Festival Internazionale della Scultura di Monaco. Grazie all'iniziativa del Principe Ranieri III, il Principato si è arricchito di opere d'artisti di reputazione internazionale.

Queste sono visibili a cielo aperto su tutto il territorio del Principato, in particolare lungo un percorso pedonale situato nel quartiere di Fontvieille.

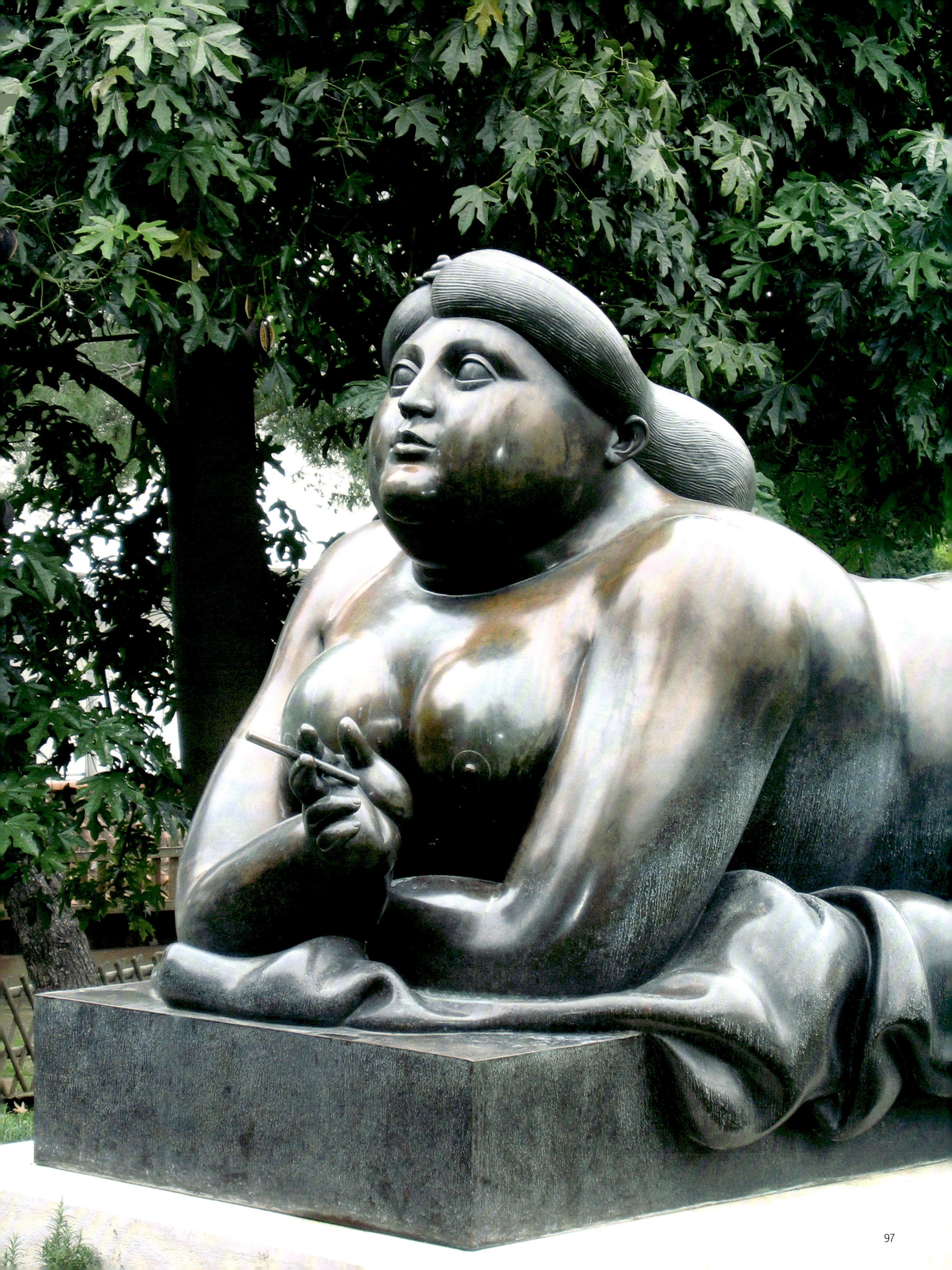

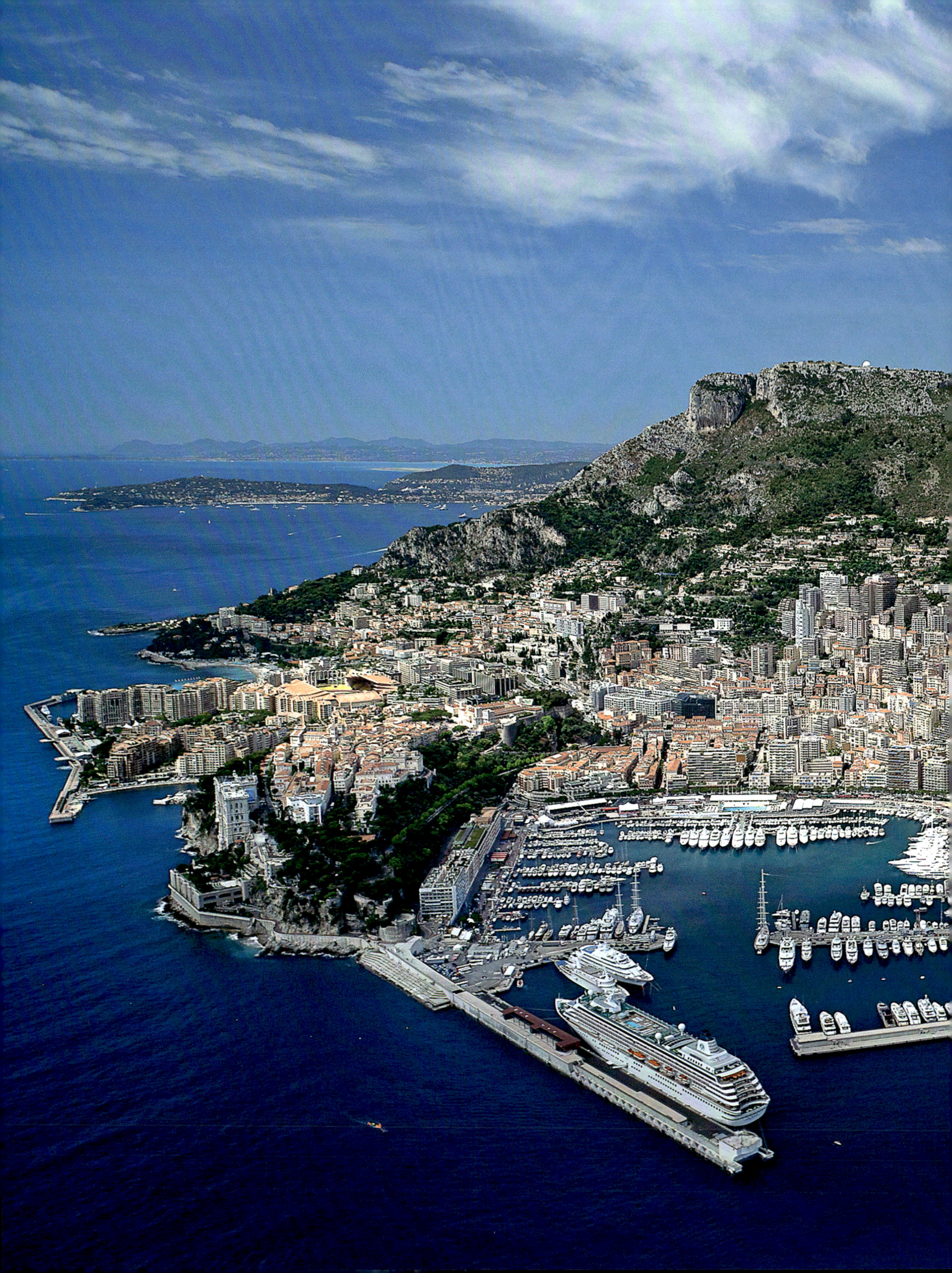

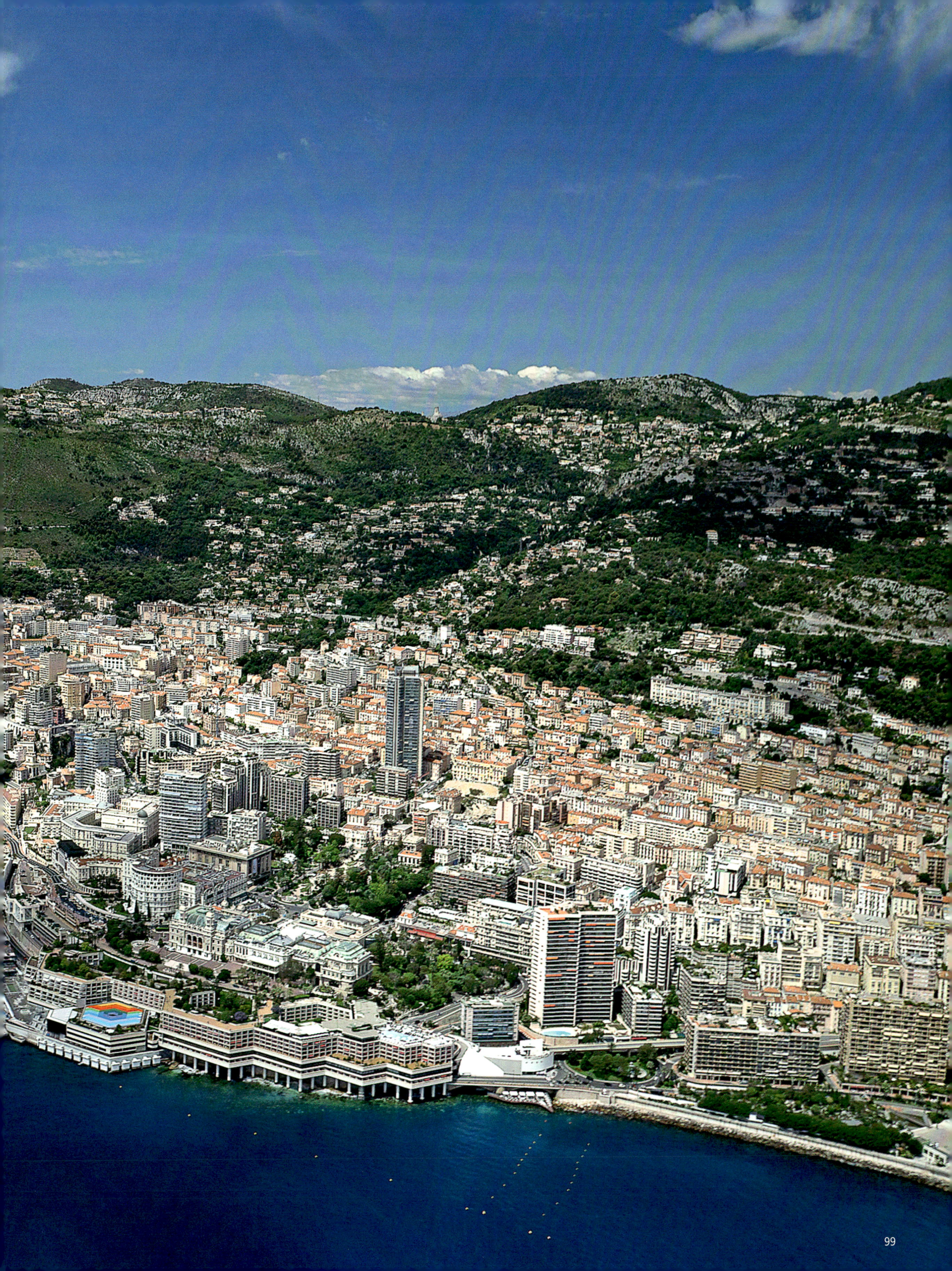

Alors que le signal lance les bolides sur l'asphalte, le cœur de cent mille passionnés venus du monde entier bat à l'unisson. Membres de la jet set ou fanatiques sans frontières, ils sont là, des yachts amarrés le temps d'un week-end aux tribunes ou loges de prestige.

Appelé Course de la Cité, le Grand prix de Monaco mérite sa pole position parmi les plus grands événements du monde.
Chaque année, le spectacle doit son succès à l'organisation experte de l'Automobile Club de Monaco.

When the racing cars depart at the signal, the hearts of a hundred thousand racing fanatics in the audience beat in unison. Members of the jet-set and racing fanatics are all here; in yachts moored for the weekend, in the stands and on exclusive terraces.

Called the City Race, the Monaco Grand Prix deserves its pole position among the greatest events in the world. Each year the race owes its success to the expert organisation of the Monaco Automobile Club.

Dal momento in cui il segnale lancia i bolidi sull'asfalto, il cuore di 100.000 appassionati venuti da tutto il mondo si mette a battere all'unisono.
Membri del jet-set e fanatici senza frontiere sono qui su yachts in porto per il tempo di un fine settimana, sulle tribune o nelle logge di prestigio.

Il Gran Premio di Monaco, unica corsa in città, merita la pole position tra i più grandi eventi mondiali. Ogni anno la manifestazione deve il proprio successo all'organizzazione perfetta dell'Automobile Club di Monaco.

101

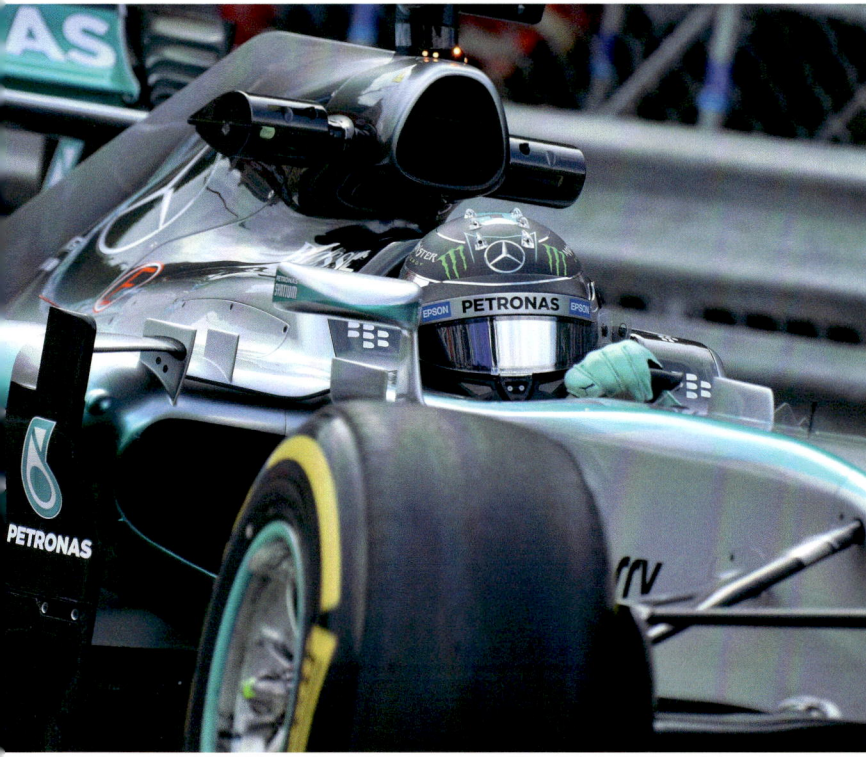

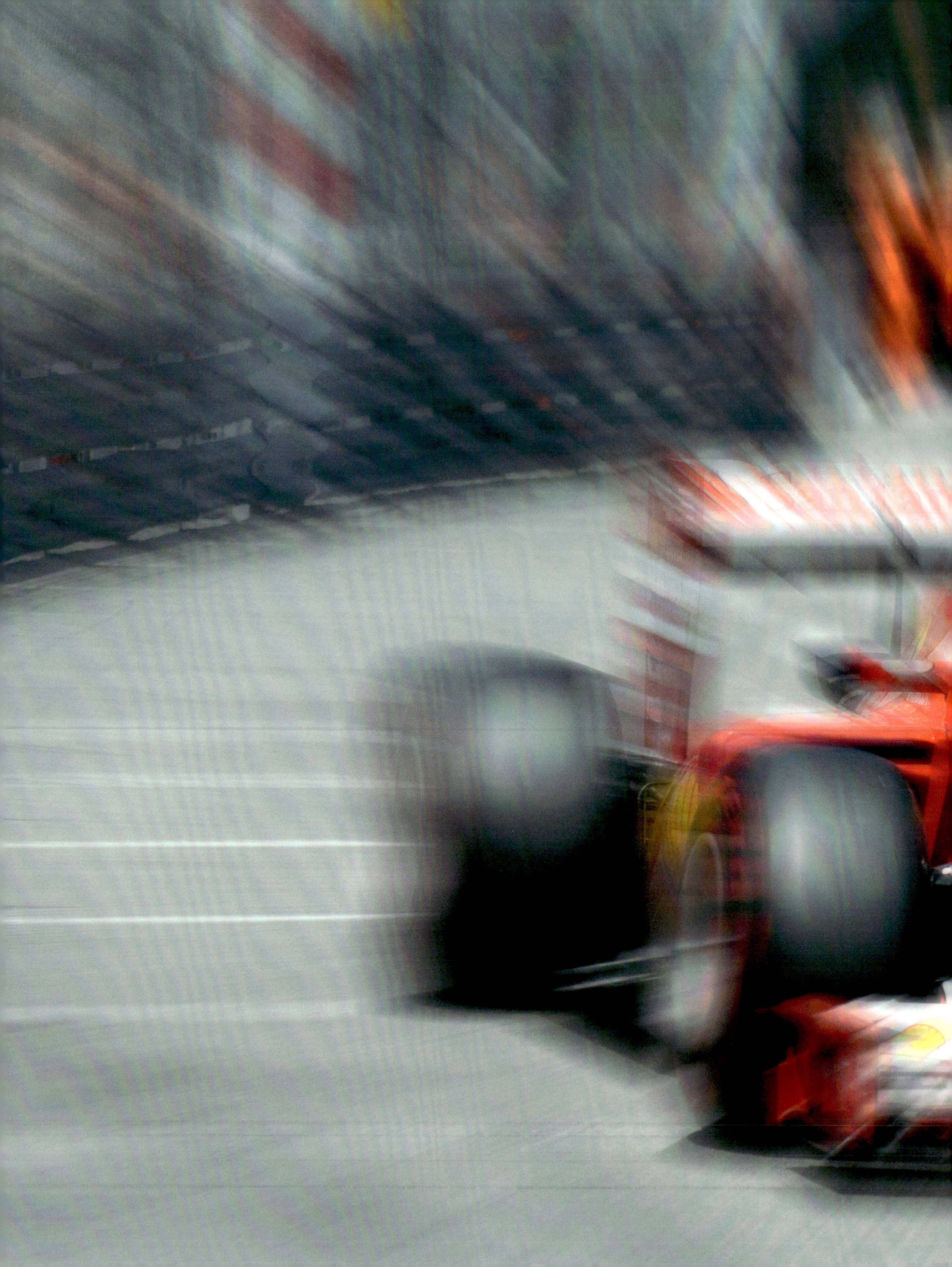

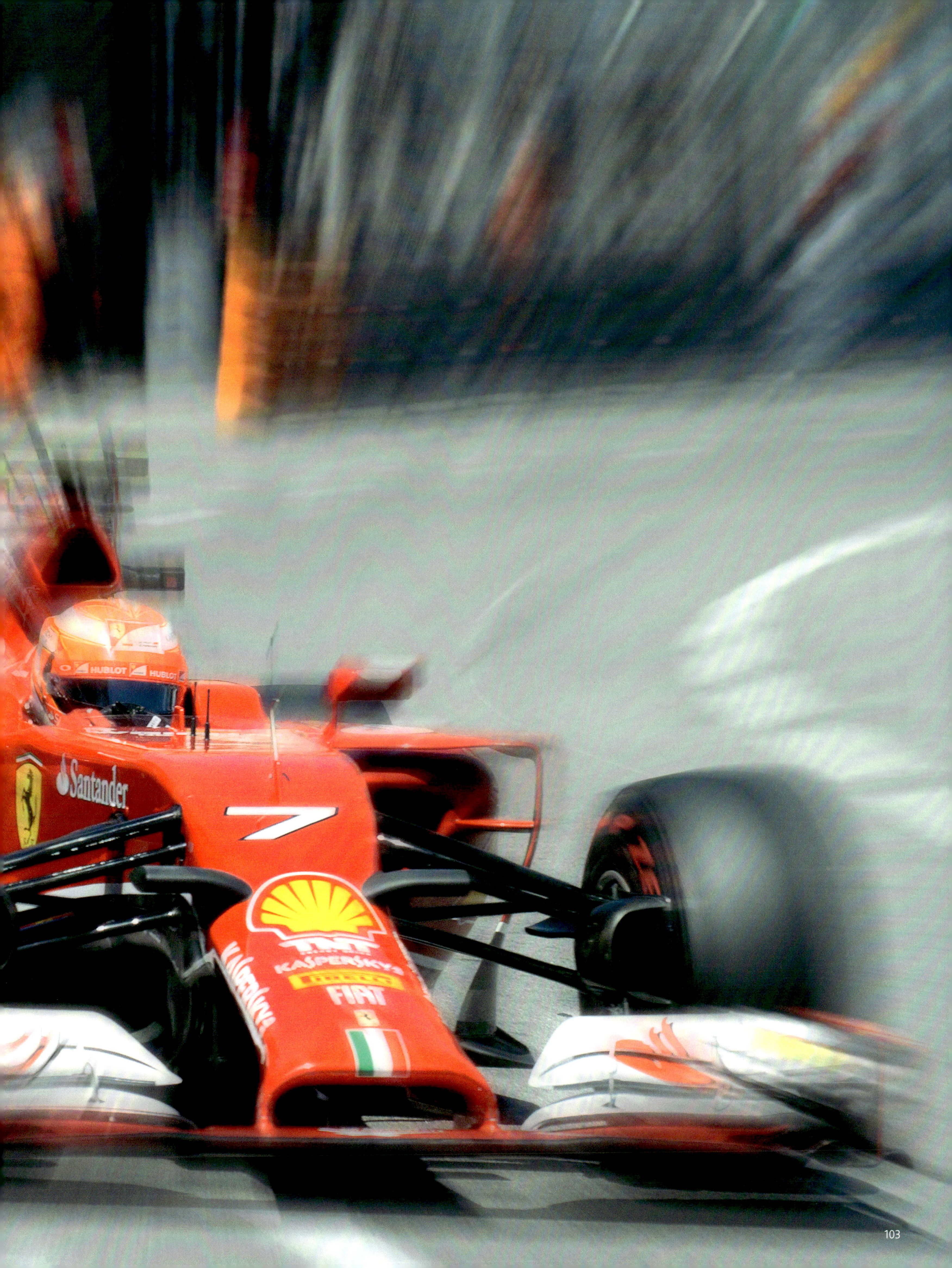
HUBLOT
HUBLOT
Santander
7
KASPERSKY
FIAT

Créé par le Prince Rainier III, le Festival International du Cirque a été salué avec enthousiasme par les directions de tous les chapiteaux du monde. Il a pour objectif de sensibiliser l'opinion publique internationale aux problèmes du cirque tout en favorisant un vaste mouvement de sympathie à l'égard de ce spectacle de valeur intemporelle et en restaurant l'éminente dignité. Depuis sa trentième édition en 2006, S.A.S. la Princesse Stéphanie de Monaco en est la présidente et depuis 2011, le Festival "New Generation" récompense les jeunes talents du cirque.

Founded by Prince Rainier III, the International Circus Festival has been welcomed with enthusiasm by circus directors all over the world.
Its aim is to make public opinion aware of the problems that circuses encounter at the same time as creating sympathy for this timeless form of entertainment, and reinstating its dignity.
H.S.H. Princess Stephanie of Monaco has been president since 2006 and since 2011, the New Generation Festival awards young talents of Circus.

Creato dal Principe Ranieri III, il Festival Internazionale del Circo è stato accolto con entusiasmo dai direttori di ogni circo del mondo. Il suo obiettivo principale è sensibilizzare l'opinione pubblica internazionale sui problemi del circo, favorendo un movimento di simpatia verso questo antico spettacolo, ripristinandone la grande dignità. Dal 2006 è presieduto da S.A.S. la Principessa Stephanie di Monaco e dal 2011, il Festival New Generation ricompensa i giovani talenti dell'arte circense.

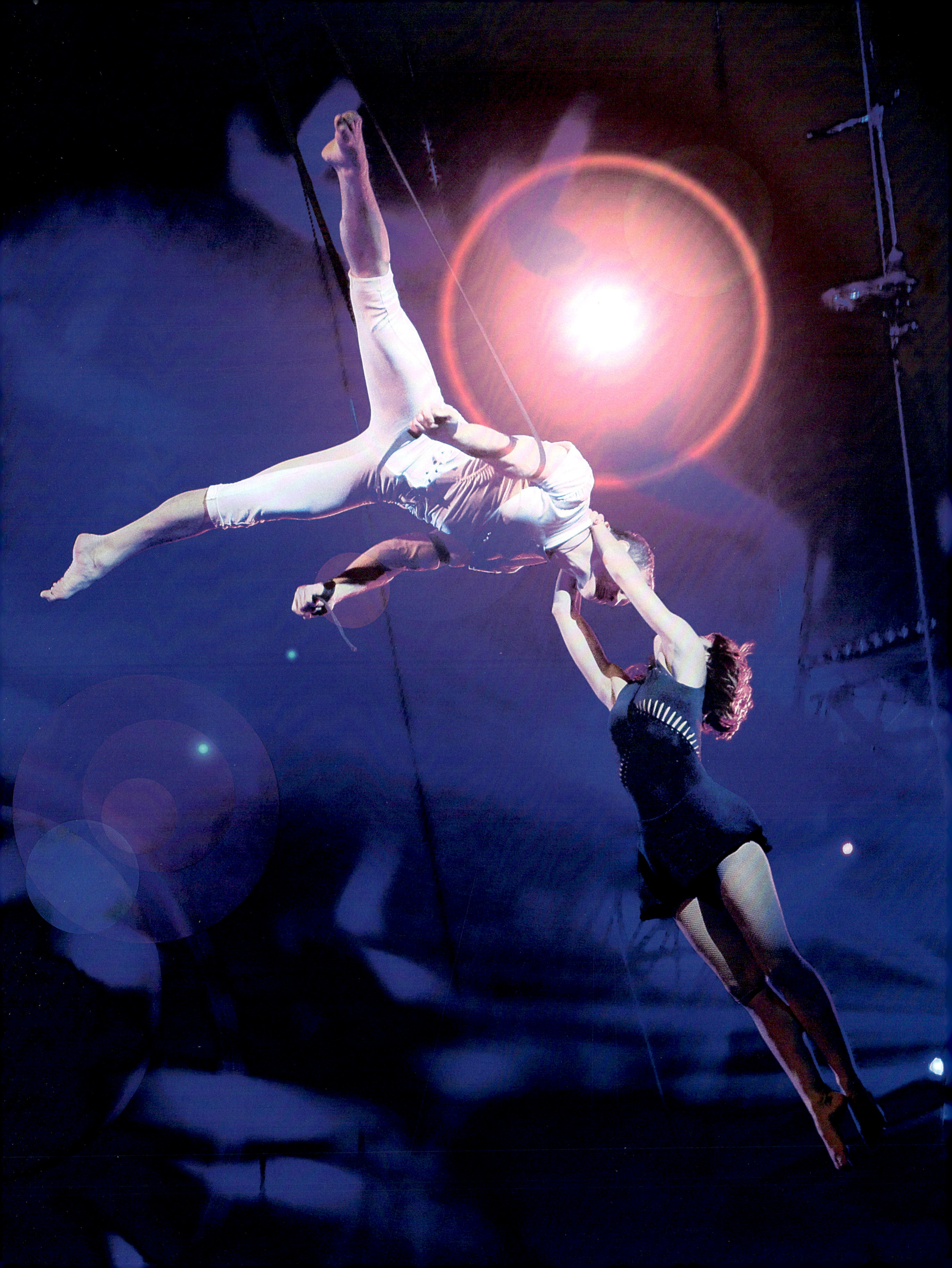

On ne dira jamais assez quelle haute école professionnelle et morale est le cirque ni quelle extraordinaire conciliation de valeurs antagonistes : la force et la grâce, le calcul et l'improvisation, la souplesse et la rigueur, le risque et la fantaisie, le travail et l'audace, auxquels s'ajoutent le goût de la perfection et une authentique chaleur humaine.

You can never say it too often: the circus is an excellent school for professionalism and for the morale. It also reconciles conflicting values: strength and grace, planning and improvisation, flexibility and accuracy, risk and fantasy, effort and daring, added to which there is the taste for perfection and authentic human warmth.

Non si è mai parlato abbastanza di quale alta scuola professionale e morale sia il circo, nè quale sia la convivenza armoniosa di valori antagonisti: la forza e la grazia, il calcolo e l'improvvisazione, l'elasticità e il rigore, il rischio e la fantasia, il lavoro e l'audacia a cui si aggiungono il gusto della perfezione e un autentico calore umano.

107

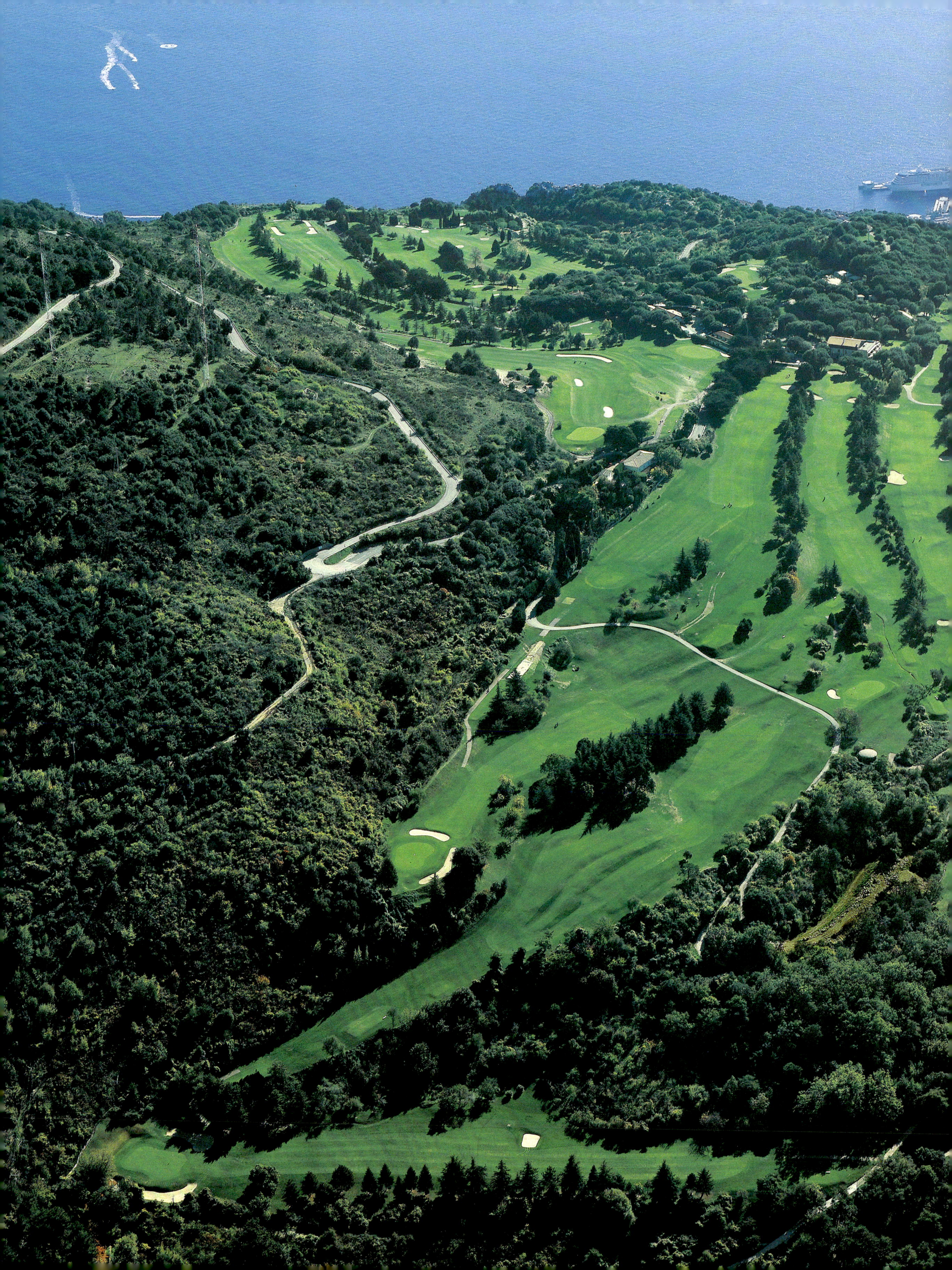

À 810 mètres d'altitude, sur le Mont-Agel, à vingt minutes en voiture de Monaco, le Monte-Carlo Golf Club offre aux joueurs un magnifique parcours de montagne.
Il jouit d'une situation exceptionnelle avec une vue imprenable sur tous ses horizons :
de l'Italie à l'Estérel et de la mer aux cimes des Alpes-Maritimes.
Ce golf 18 trous, par 71, vient compléter l'ensemble des prestations offertes par la Principauté.

Situated at 810 metres above sea level, on Mont Agel, twenty minutes drive from Monaco, the Monte Carlo Golf Club offers players a magnificent course in a mountain setting.
The Club is in a wonderful location with an unobstructed view in all directions:
from Italy to the Estérel, from the sea to the peaks of the Alpes-Maritimes.
This 18-hole golf course, with a par 71, rounds off the attractions of the Principality.

A 810 metri di altitudine sul Monte Agel, a venti minuti di auto da Monaco, il Monte-Carlo Golf Club offre ai giocatori un magnifico percorso in montagna.
Esso usufruisce di una situazione eccezionale con una vista panoramica dall'Italia all'Esterel, dal mare alle cime delle Alpi Marittime.
Questo golf a 18 buche, par 71, completa l'insieme di prestazioni offerte dal Principato.

Aussi prestigieux que le Grand Prix de Monaco, le Rallye Automobile Monte-Carlo passe pour être l'épreuve la plus rigoureuse de conduite sur neige et verglas du Championnat du Monde.

Et le soleil qui, traditionnellement, préside à l'arrivée, s'offre en prime au triomphe du vainqueur.

Ranking in importance with the "Grand Prix de Monaco", the Monte Carlo Rally is the world motorsport championship event in winter driving conditions. It is recognized as the severest test of driving on icy and snow-bound roads.

The sun which traditionally shines at the finish line is an added bonus for the winner.

Prestigioso come il Gran Premio di Monaco, il Rally di Montecarlo è la prova più impegnativa per la guida su neve e ghiaccio di tutto il Campionato del Mondo.

E il sole che spunta tradizionalmente all'arrivo si offre in premio al trionfo del vincitore.

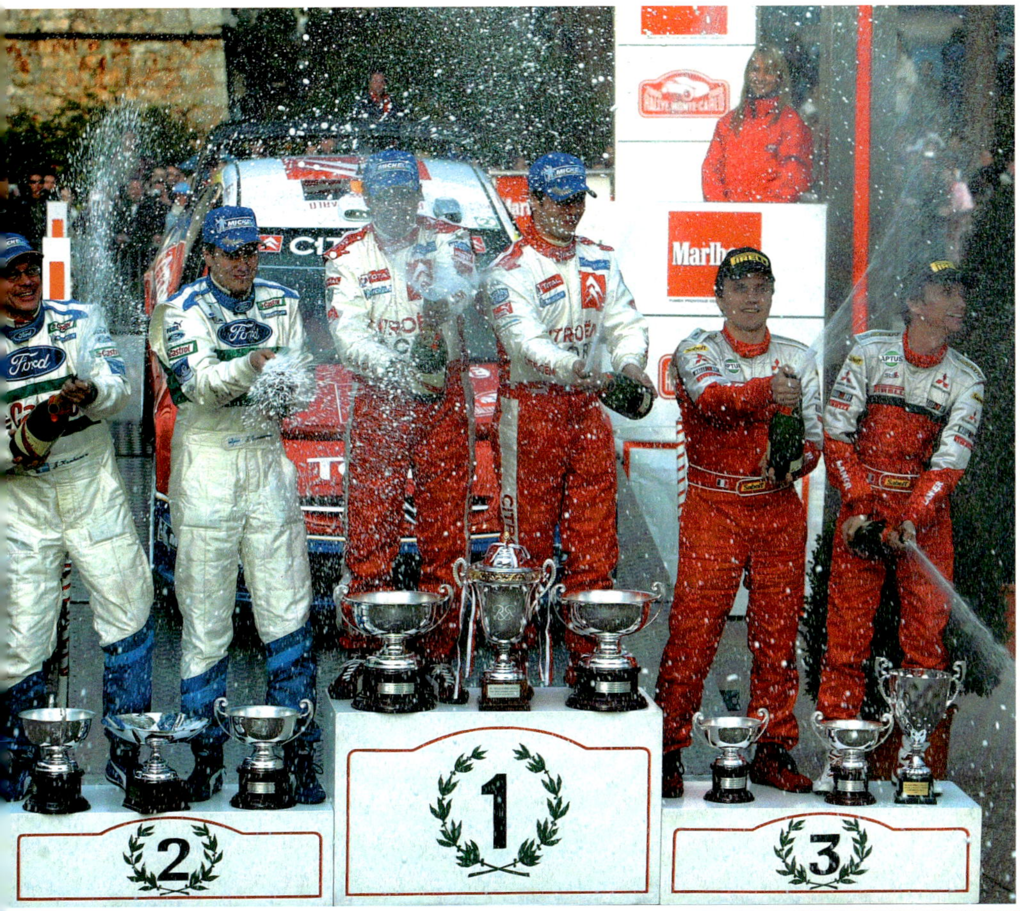
2
1
3

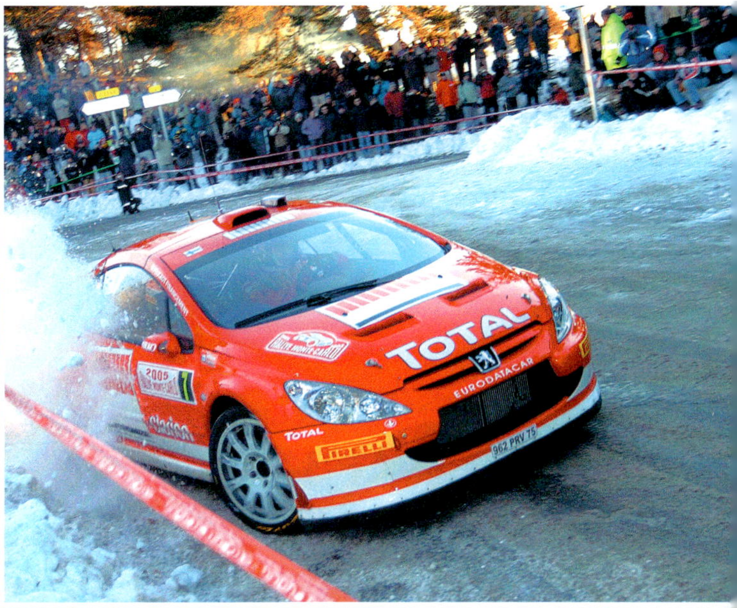
TOTAL
EURODATACAR
PIRELLI

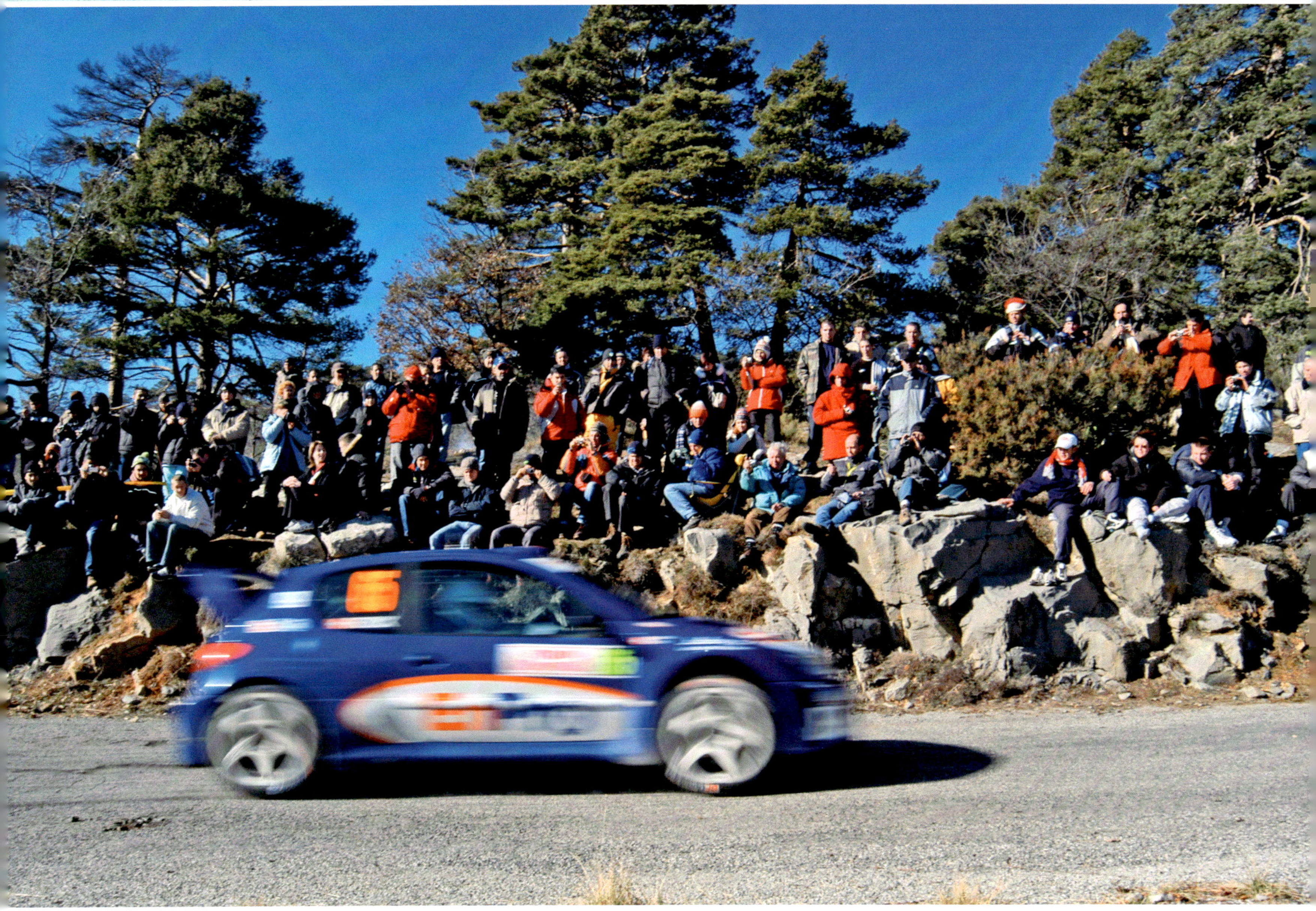

MONTE-CARLO
ROLEX MASTERS
BNP PARIBAS
ROLEX
ROLEX
FEDCOM
RICOH
BNP PARIBAS FEDCOM Façonnable

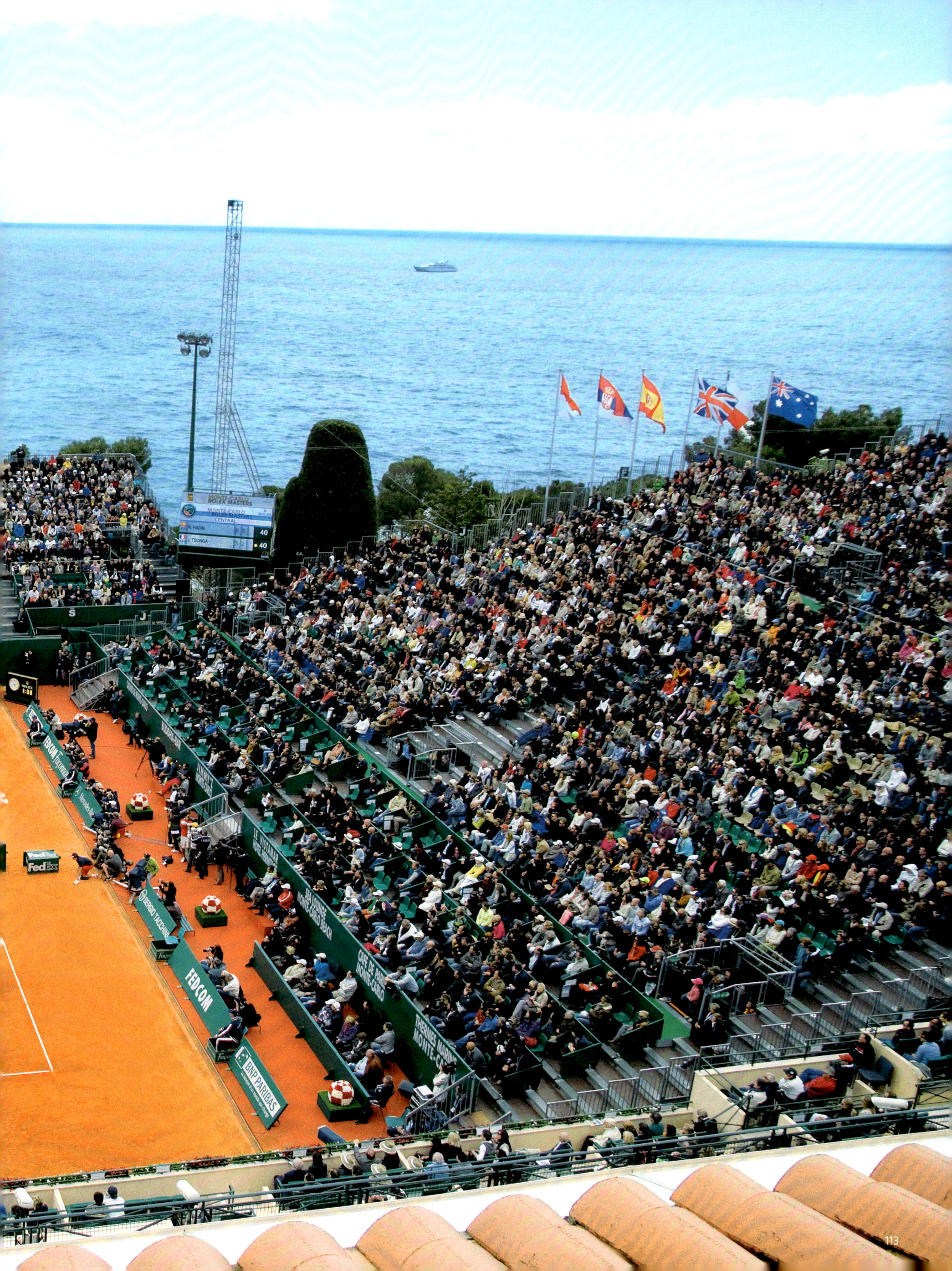
FEDCOM
BNP PARIBAS
FedEx

Disputé sur les courts du Monte-Carlo Country Club, le Monte-Carlo Rolex Masters, l'un des plus grands tournois mondiaux, ouvre traditionnellement la saison sur terre battue. Il est le premier à susciter le rassemblement des foules et des champions.

Played on the courts of the Monte Carlo Country Club, the Monte-Carlo Rolex Masters traditionally opens the clay court season. This leading world event, contested by champions, draws large crowds every year.

Disputato sui campi del Monte-Carlo Country Club, il Monte-Carlo Rolex Masters, uno dei più importanti tornei mondiali, apre la stagione tennistica sulla terra battuta. È il primo a richiamare gli appassionati e i campioni.

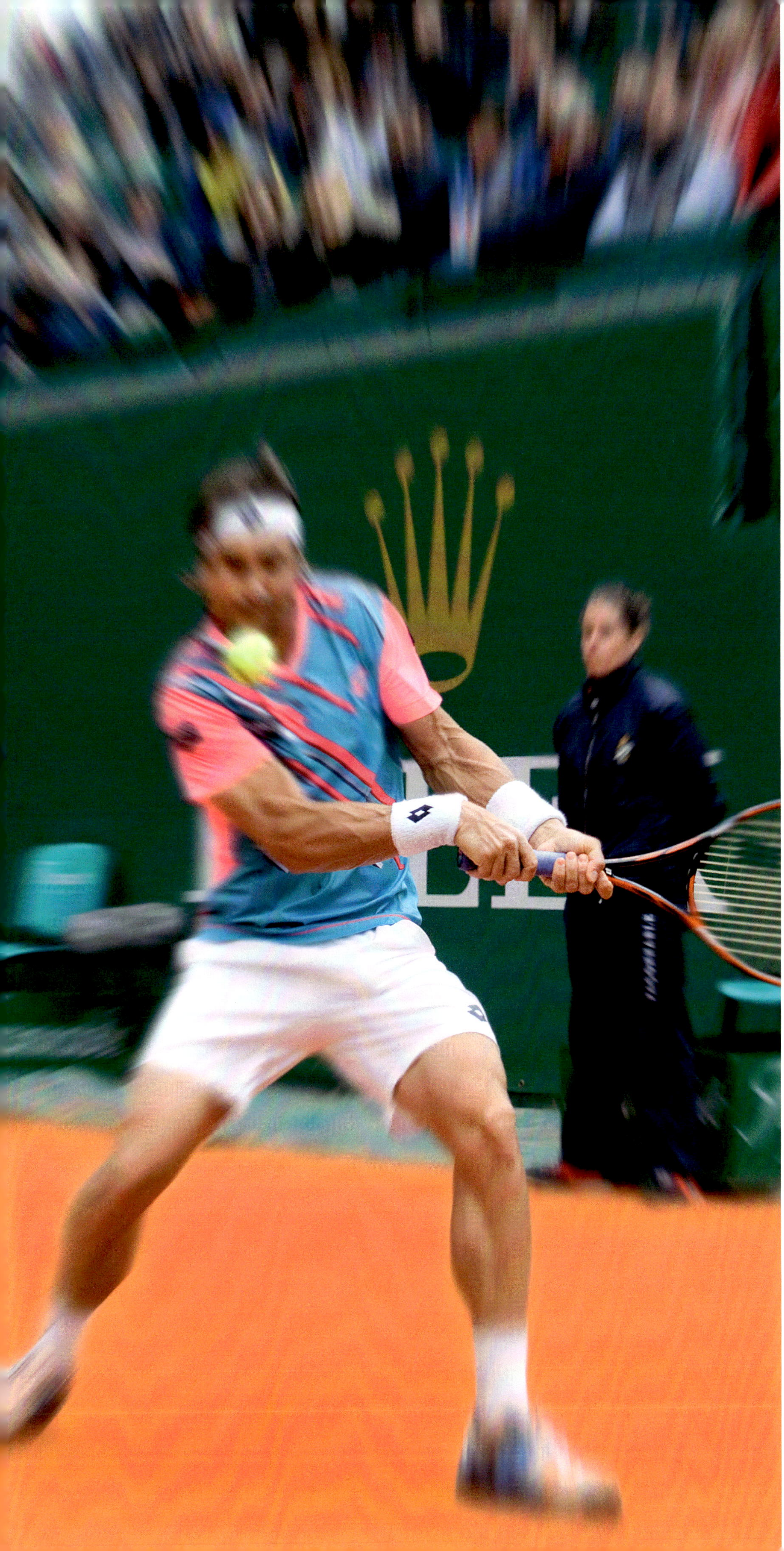

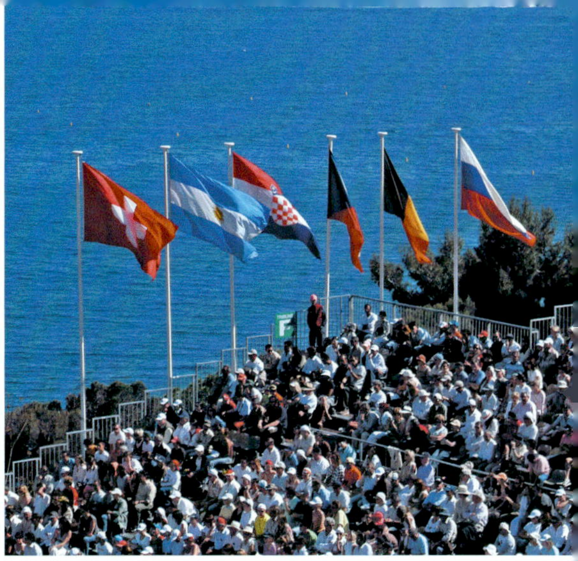

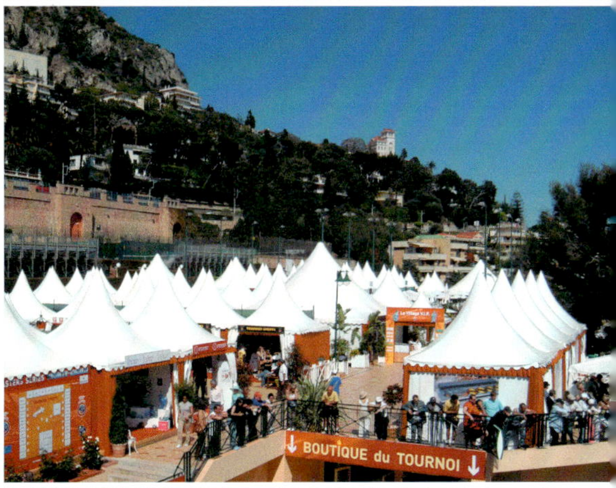
BOUTIQUE du TOURNOI

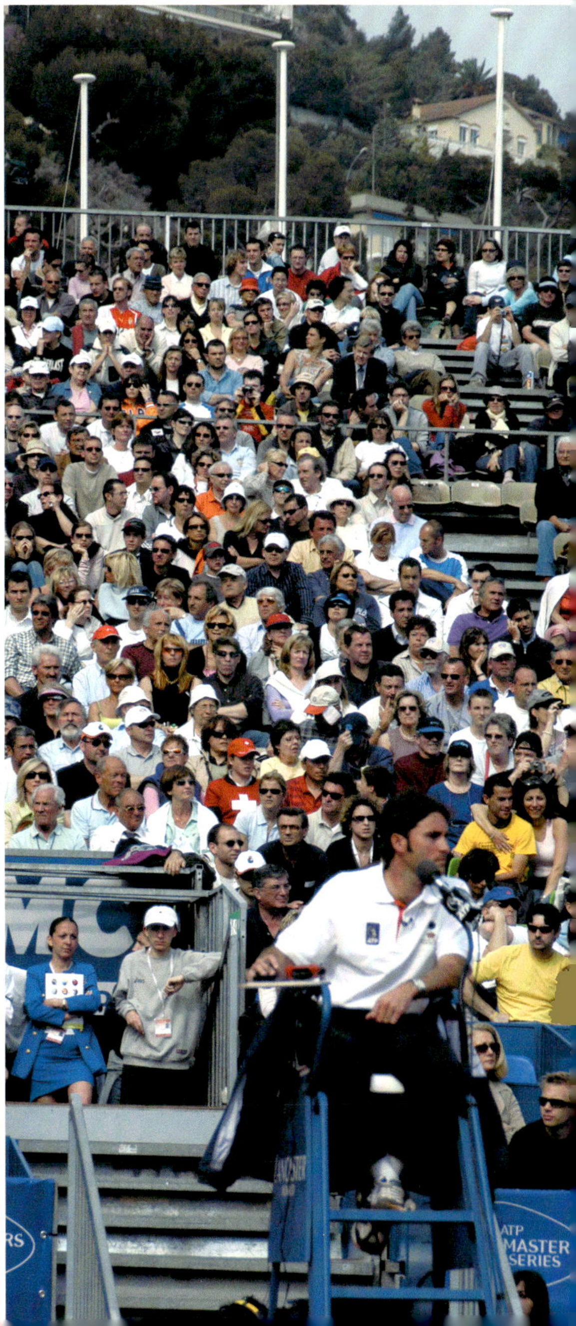

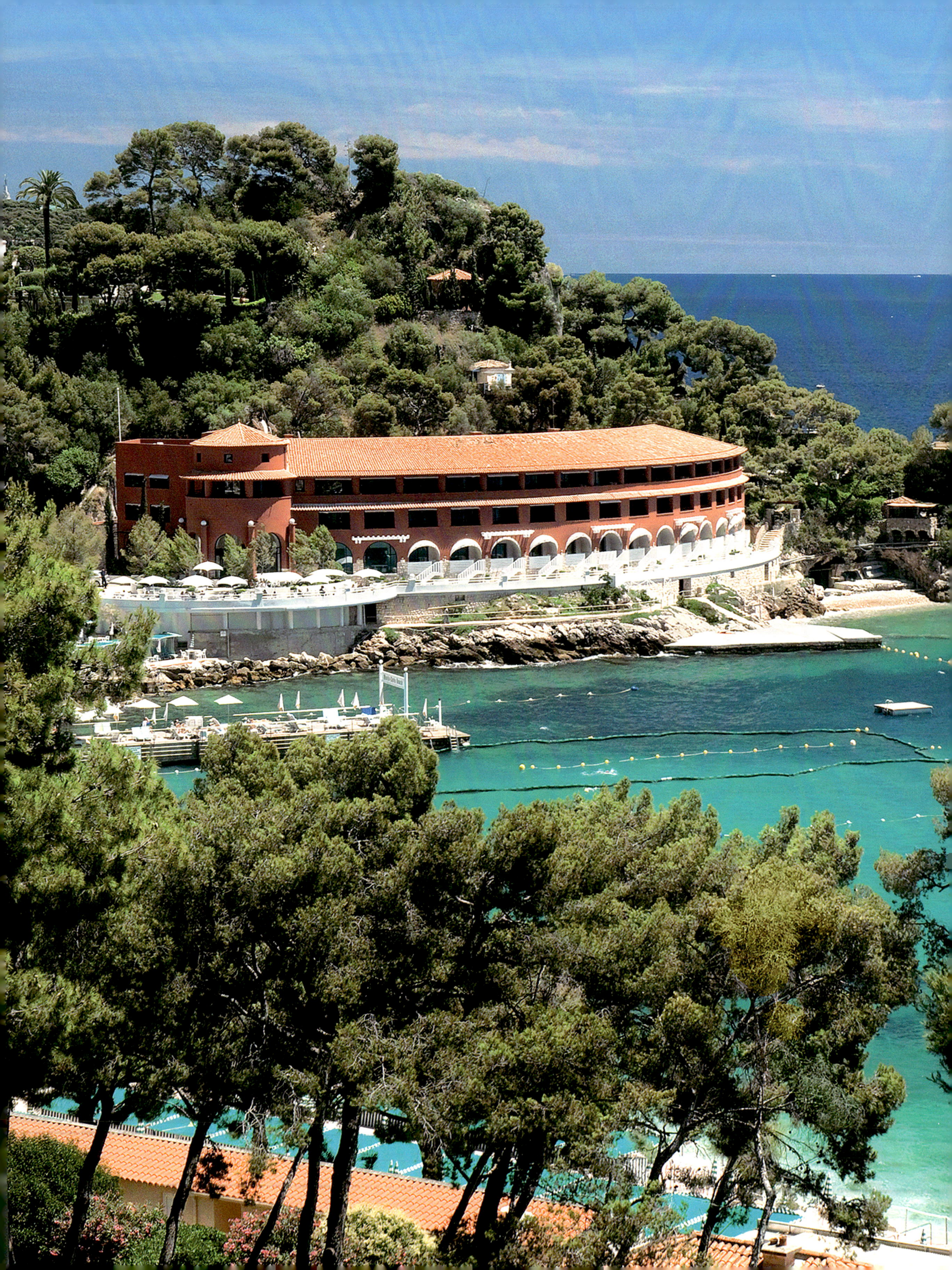

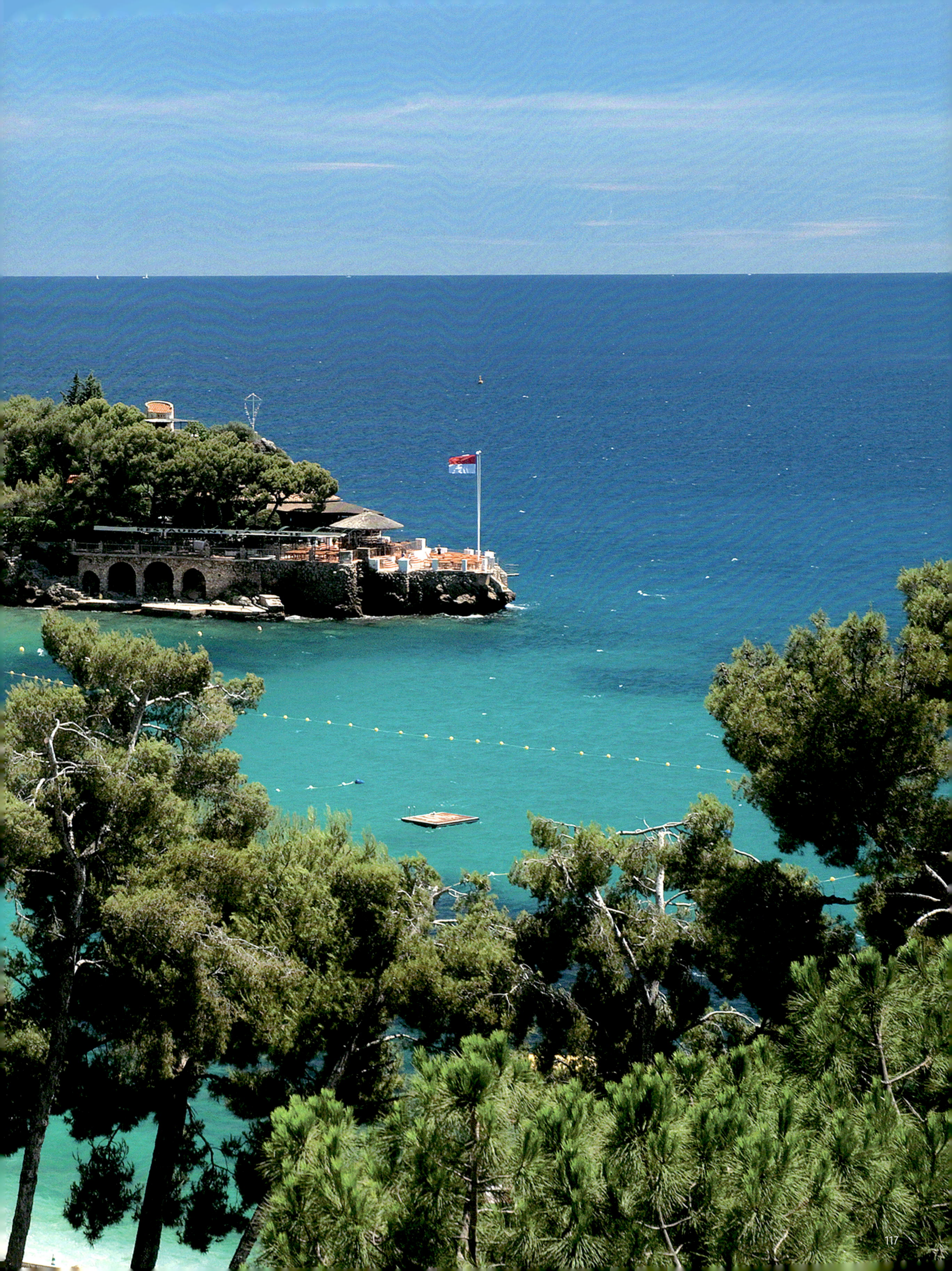

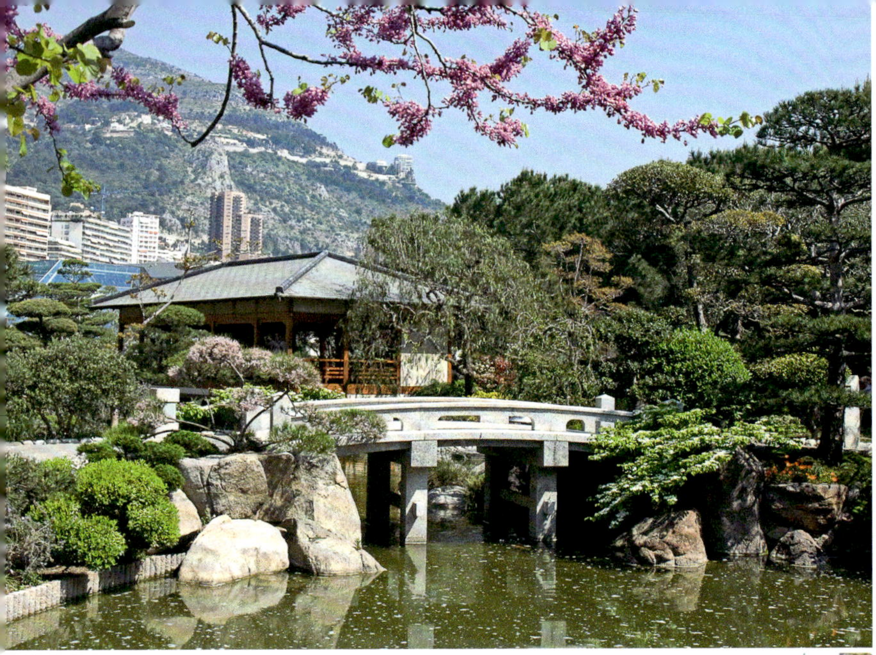
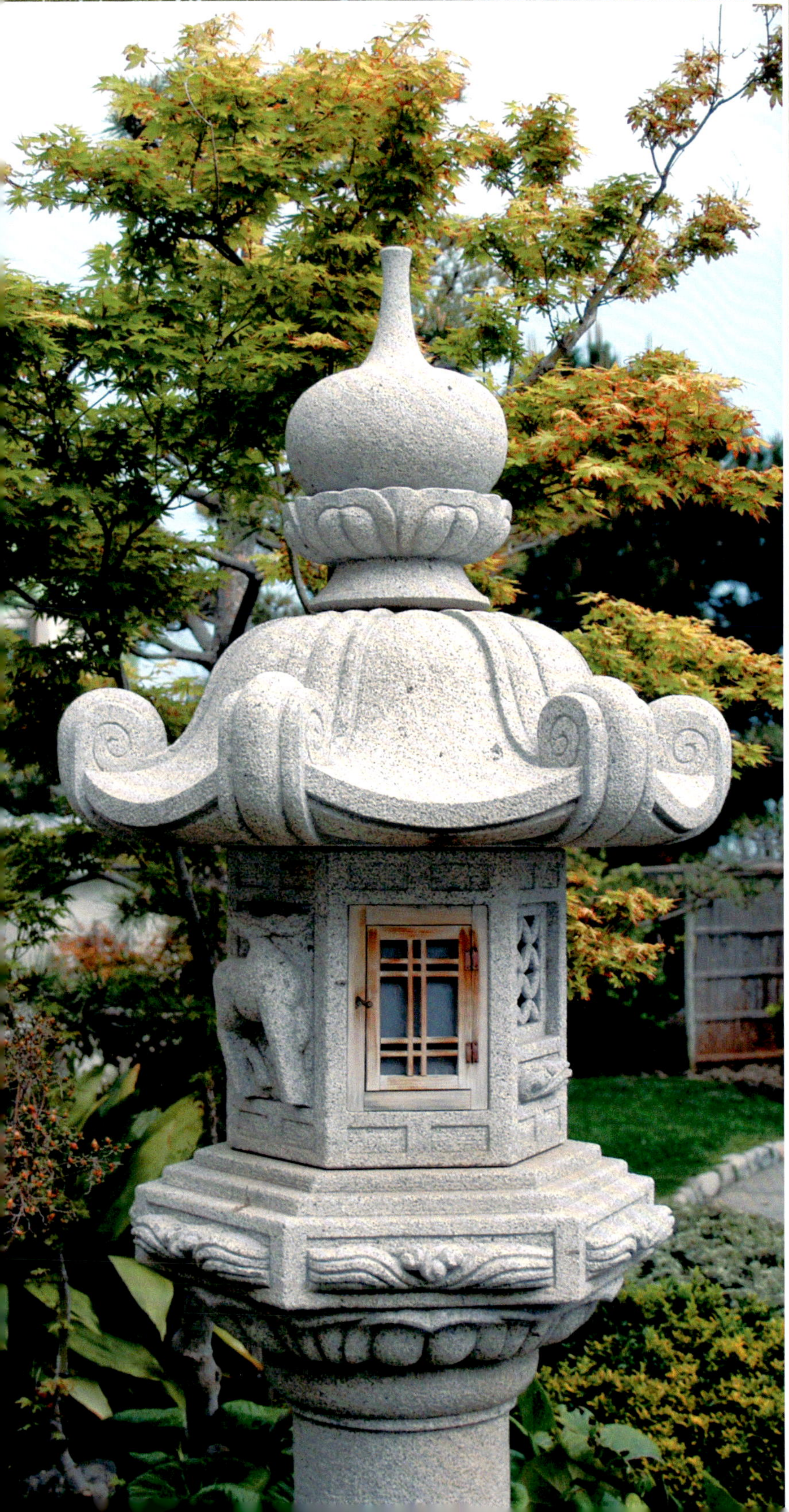
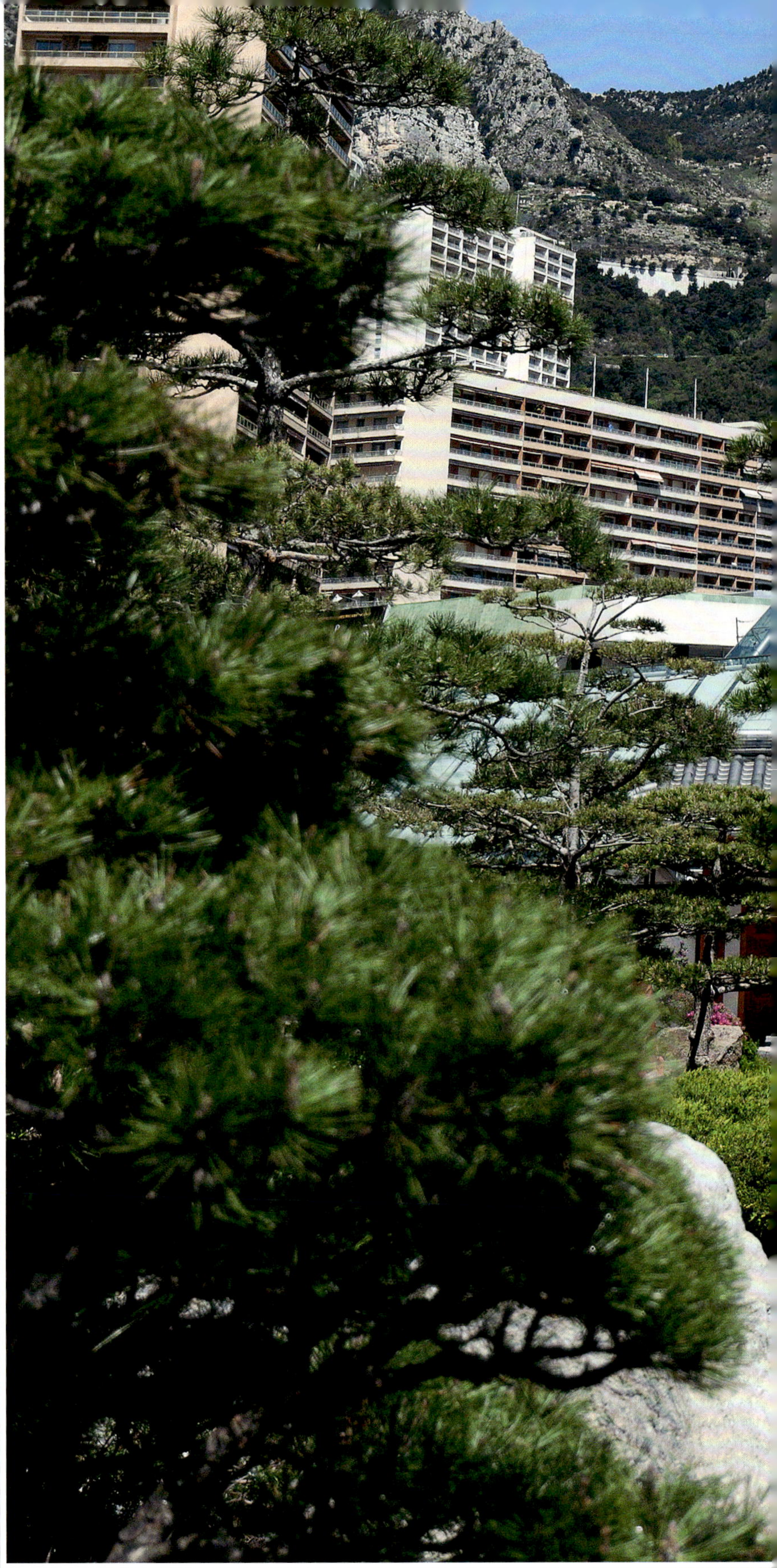
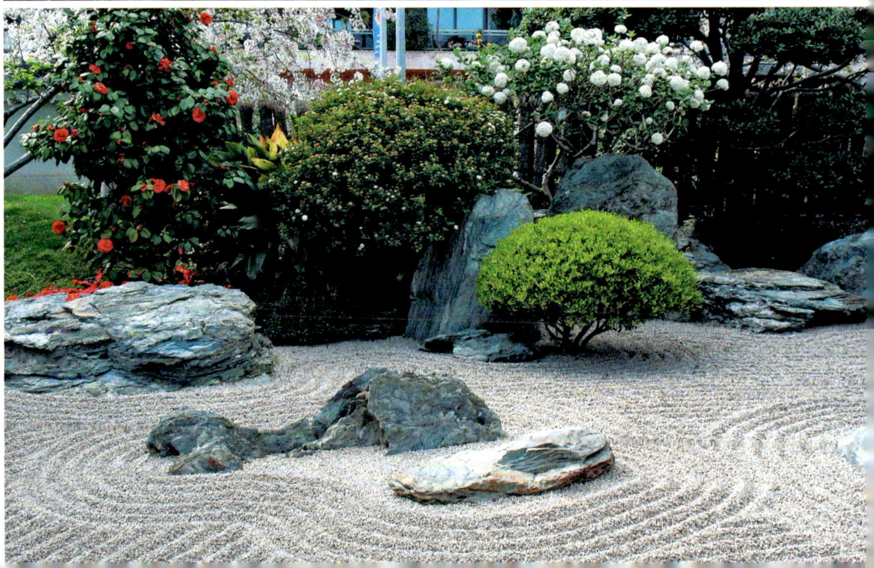

Aux confins du Grimaldi Forum, le Jardin Japonais distille ses effluves de paix et de sérénité. Conforme aux rêves de la Princesse Grace, il fut confié à l'architecte Yasuo Beppu qui lui donna son âme. Cascade et bassins, plage de galets, lanternes de pierre, franges de bambous, maison de thé…, cet espace hors du temps inspire le repos et la méditation.

Within the grounds of the Grimaldi Forum, the Japanese Garden emanate peace and serenity. In keeping with Princess Grace's wishes, the architect Yasuo Beppu designed the gardens. Waterfalls and ponds, a pebble beach, stone lanterns, bamboo fences, a teashop…, this timeless place inspires rest and meditation.

Ai confini del Grimaldi Forum, il Giardino Giapponese distilla le sue emanazioni di pace e di serenità. Conforme ai sogni della Principessa Grace, fu affidato all'architetto Yasuo Beppu che vi dedicò l'anima. Cascata e bacini, spiaggia di ciotoli, lanterne di pietra, frange di bambù, casa del tè…, questo spazio fuori dal tempo ispira il riposo e la meditazione.

Inauguré le 20 juillet 2000, le Grimaldi Forum, le nouveau Centre de congrès et des expositions de la Principauté, est bâti en front de mer, sur un site exceptionnel, à proximité de Monte-Carlo et des grands hôtels.

Conçu pour recevoir à la fois salons, conférences, expositions, congrès, concerts, opéras, spectacles et bien d'autres manifestations encore, le Grimaldi Forum est devenu l'un des fleurons de l'économie monégasque.

The Grimaldi Forum, which opened on the 20 July 2000, is the Principality's new conference and exhibition centre built on a magnificent site on the waterfront near Monte-Carlo and the big hotels.

Designed to host trade fairs, conferences, exhibitions, concerts, operas, shows and many

Inaugurato il 20 luglio 2000, il Grimaldi Forum, nuovo centro dei congressi e delle esposizioni del Principato, è stato costruito di fronte al mare, su un luogo sublime vicino a Montecarlo ed ai grandi alberghi di lusso.

Ideato per accogliere saloni, conferenze, esposizioni, congressi, concerti, opere musicali,

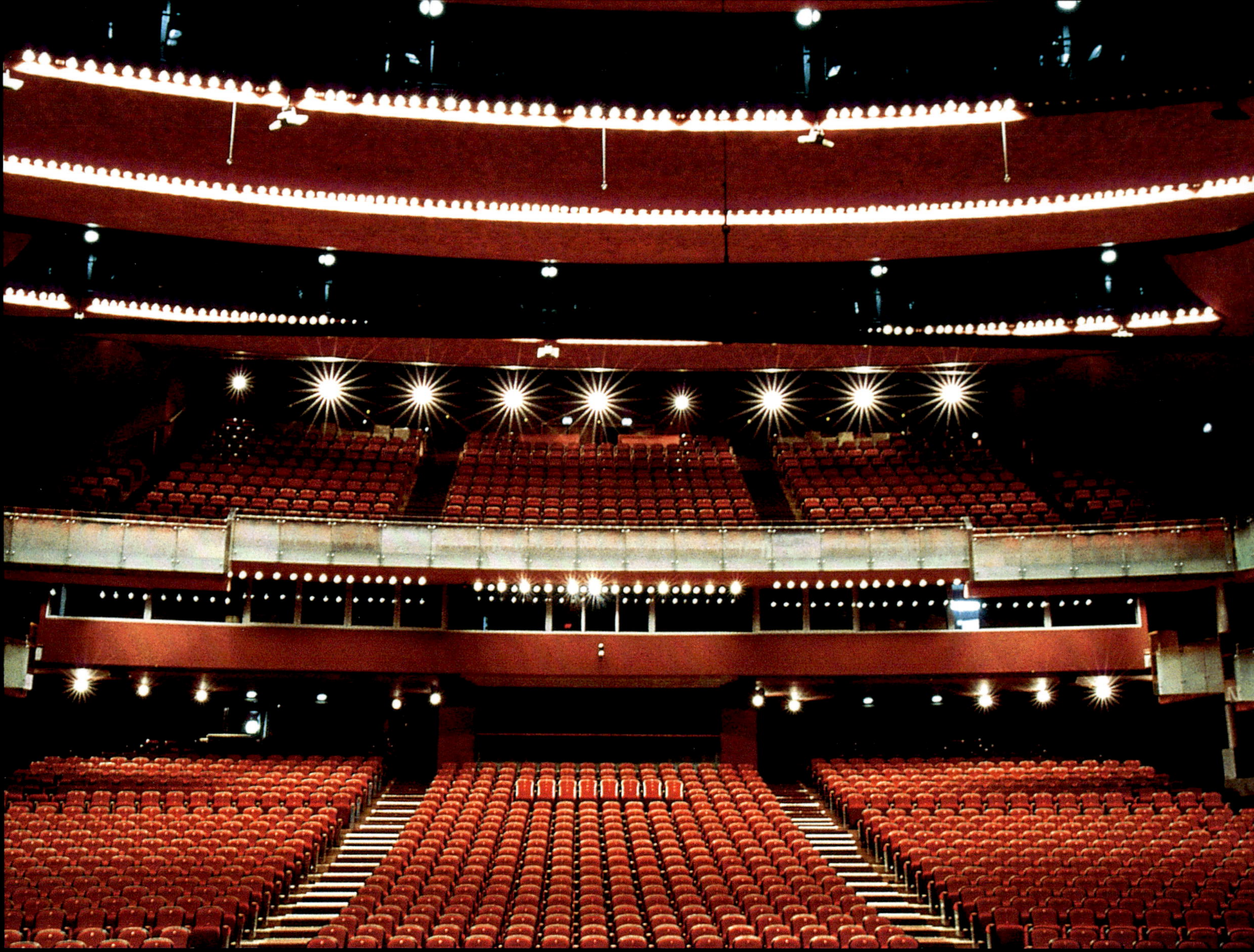

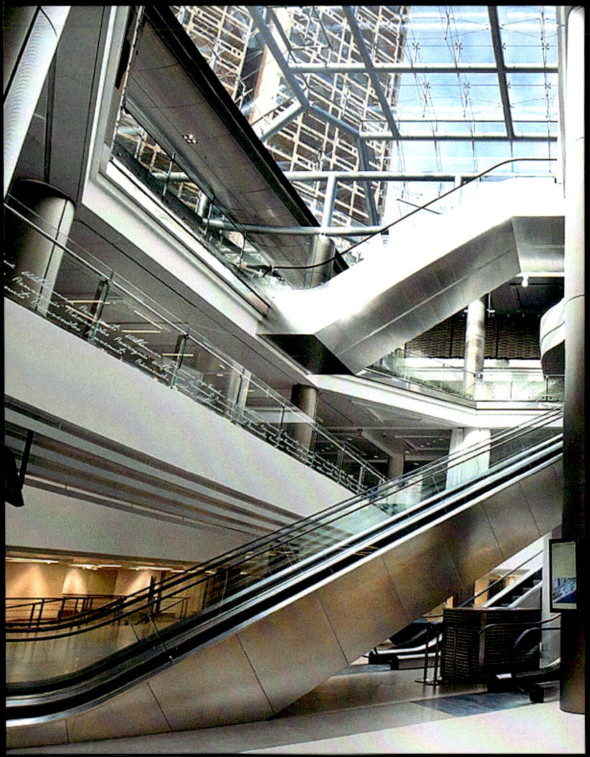

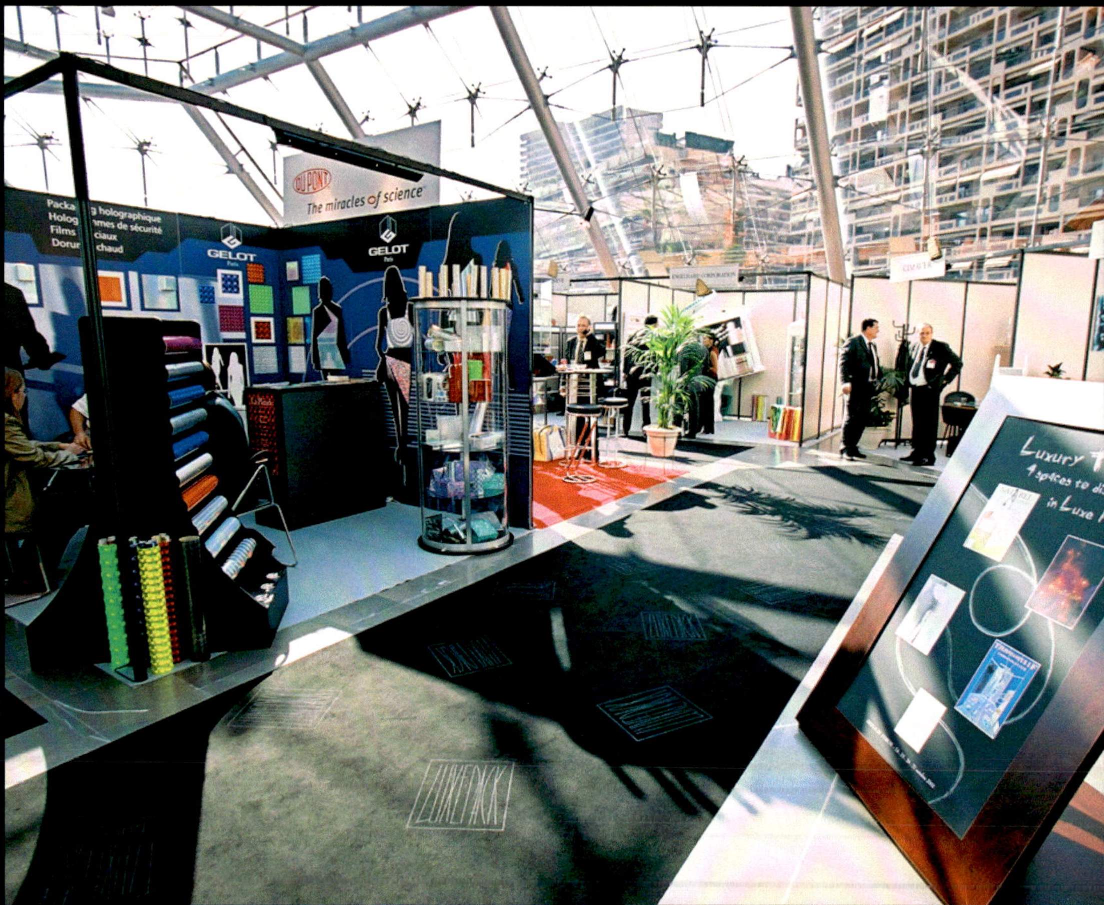
DUPONT
The miracles of science
GELOT
GELOT

Le Grimaldi Forum, avec ses 35 000 m² complètement modulables, est un véritable centre multifonctions : salles de spectacles, surfaces d'exposition, salles de commissions et de réunion, deux restaurants jumeaux, une brasserie contemporaine et une aire conviviale et moderne, modulable jusqu'à la nuit venue, des terrasses et des espaces panoramiques, un foyer bar ainsi que de nombreux services (boutiques presse, souvenirs, cadeaux, tabac…, services bancaires, poste, centre de presse, salle multimédia, plateau TV et service de PAO).

The completely modular 35,000 sq.m. space in the Grimaldi Forum makes it a real multifunctions centre: theatres, exhibition spaces, meeting rooms, two twin restaurants, a modern café, a welcoming, contemporary atmosphere with terraces and panoramic views, a foyer bar and a range of facilities (newsagents, souvenir and gift shops, tobacconists, bank, post office, press centre, multi-media room, TV studio and a DTP service).

Il Grimaldi Forum con i suoi 35.000 m² modulabili è un vero e proprio centro multifunzionale: sale di spettacoli, spazi d'esposizione, sale di commissioni, luoghi per riunioni, due ristoranti gemelli, una moderna birreria e uno spazio conviviale e moderno, aperto sino a notte inoltrata.
Inoltre sono a disposizione terrazze e spazi panoramici, un foyer bar, e numerosi servizi (negozi di giornali, regali, tabacchi, servizi bancari, postali, centro stampa, sala multimediale, studio TV e servizio PAO).

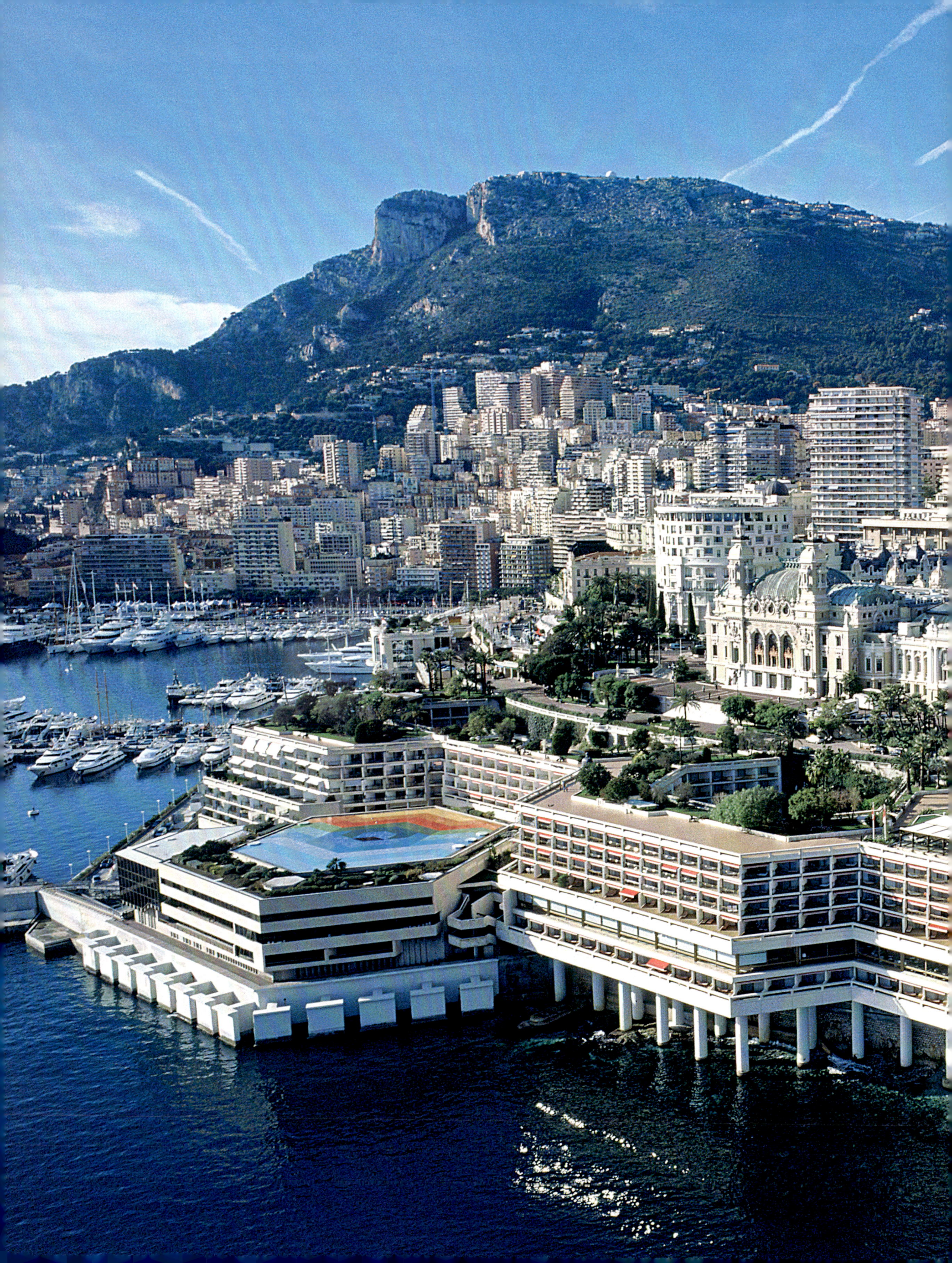

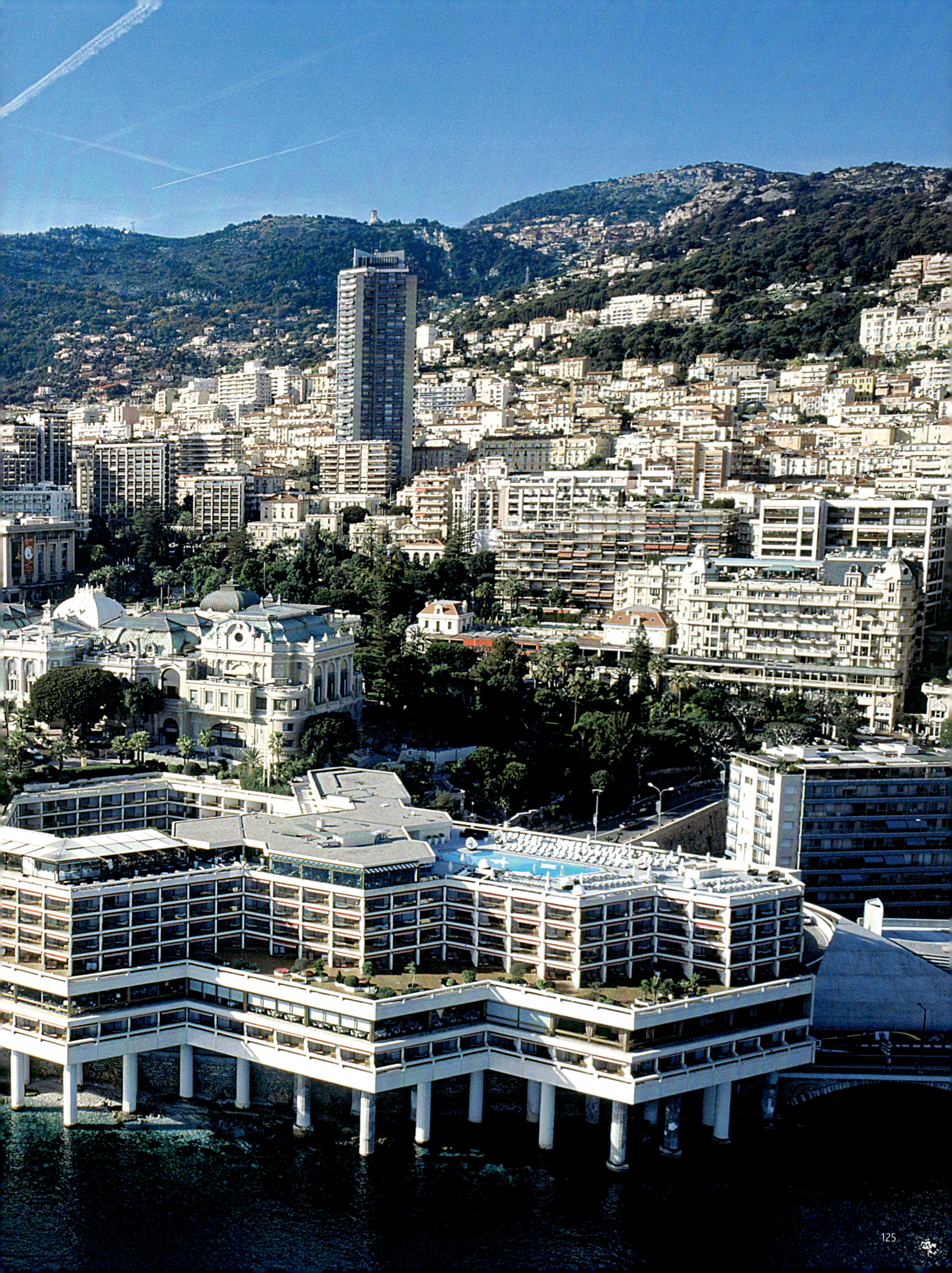

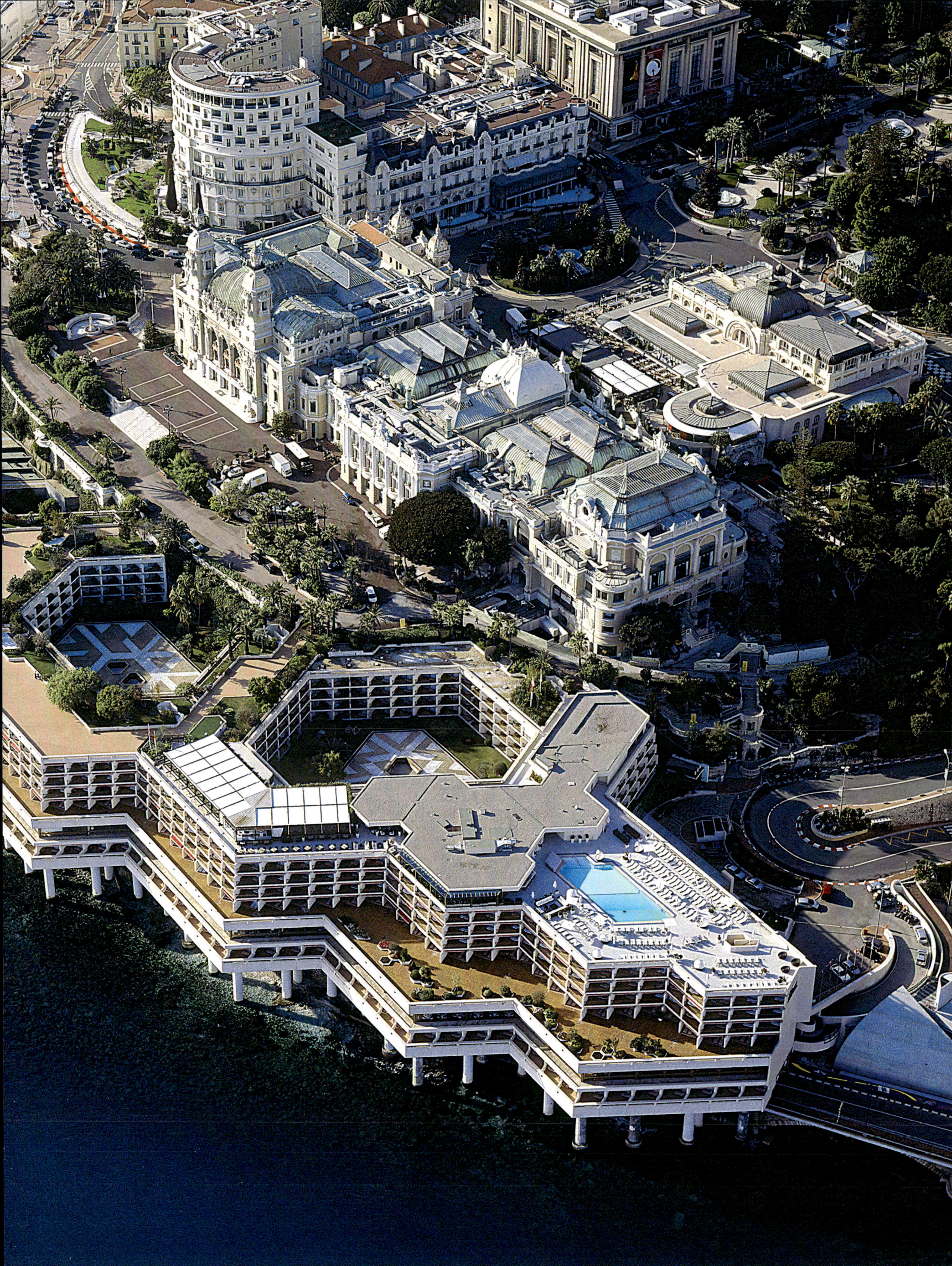

Vue imprenable sur la mer, décoration raffinée et luxueuse, tables gastronomiques ou restaurants de spécialités, piscines de rêve…
La plupart des hôtels de la Principauté proposent une gamme de produits et services répondant aux clients les plus exigeants.
C'est le cas du Fairmont Monte Carlo avec la multiplicité des activités offertes et son incomparable vue sur la mer.

Magnificent views over the sea, sophisticated, luxurious décor, gastronomic food and speciality restaurants, swimming pools to for…
The majority of hotels in the Principality offer a range of products and services that meet the requirements of the most demanding clients.
This is certainly the case at the Fairmont Monte Carlo, which offers a lot of activities and incomparable sea views.

Vista sul mare, arredamento raffinato e lussuoso, cucina gastronomica o ristoranti di specialità, piscine da sogno…
La maggior parte degli alberghi del Principato propongono una gamma di prodotti e servizi che accontentano i clienti più esigenti.
È il caso del Fairmont Monte Carlo con le sue multiple attività offerte e la sua vista impareggiabile sul mare.

La Principauté compte un parc hôtelier de renommée internationale, unique pour ses équipements de luxe. Le Monte-Carlo Bay Resort, tout dernier fleuron de la SBM, est l'exemple du resort nouvelle génération alliant la qualité à l'immense diversité des prestations.

Outre ses cinq hôtels et palaces dont le mythique Hôtel de Paris ou encore l'Hôtel Hermitage, la SBM dispose d'une offre touristique prestigieuse, tournée vers les jeux, le sport, la remise en forme, la restauration et le spectacle.

The Principality has many hotels of international repute, unique in terms of their luxurious facilities. The Monte-Carlo Bay Resort, the SBM's latest flagship, is an example of a new-generation resort combining high quality with a wide range of services.

Apart from five luxury hotels, including the legendary Hotel de Paris and the Hotel Hermitage, the SBM offers exclusive attractions for tourists in leisure and gambling, sport, well-being, restaurants and entertainment.

Nel Principato vi sono numerosi alberghi di fama internazionale, unici per lusso e prestazioni. Il Monte-Carlo Bay Resort, l'ultimo gioiello della SBM, è un esempio della nuova generazione di resort nei quali la qualità si affianca alla diversità dei servizi offerti.

Oltre ai suoi 5 hotel e alberghi di lusso, la SBM dispone di un'offerta turistica prestigiosa che comprende il gioco, lo sport, il benessere del corpo, la ristorazione e lo spettacolo.

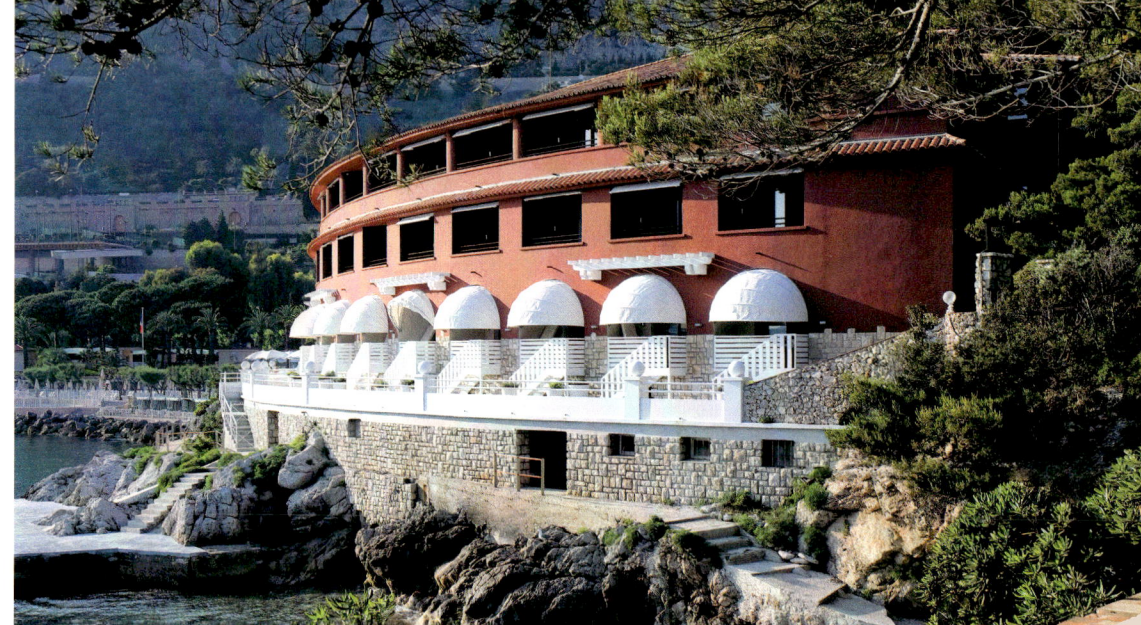

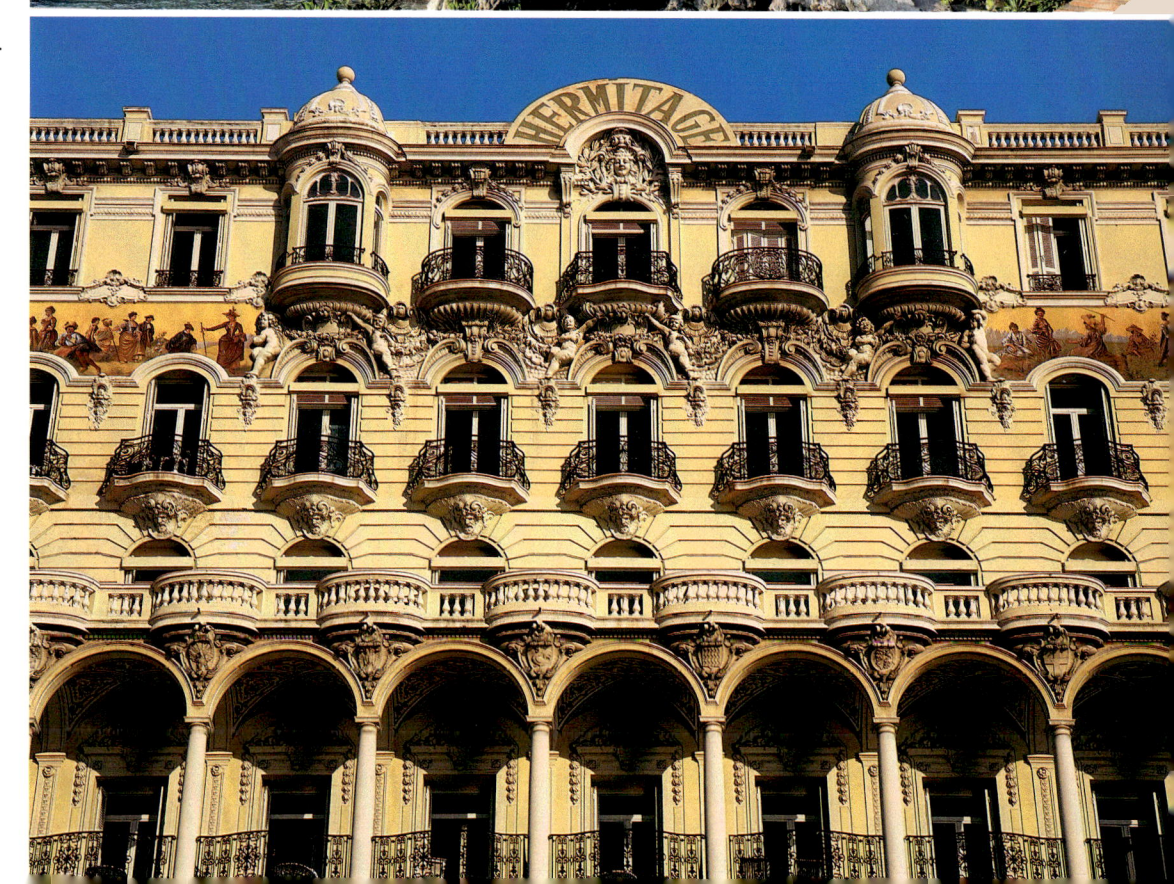

Hôtel de Paris Monte-Carlo
Monte Carlo Beach Hotel
Hôtel Hermitage Monte-Carlo

Monte-Carlo Bay Hotel & Resort

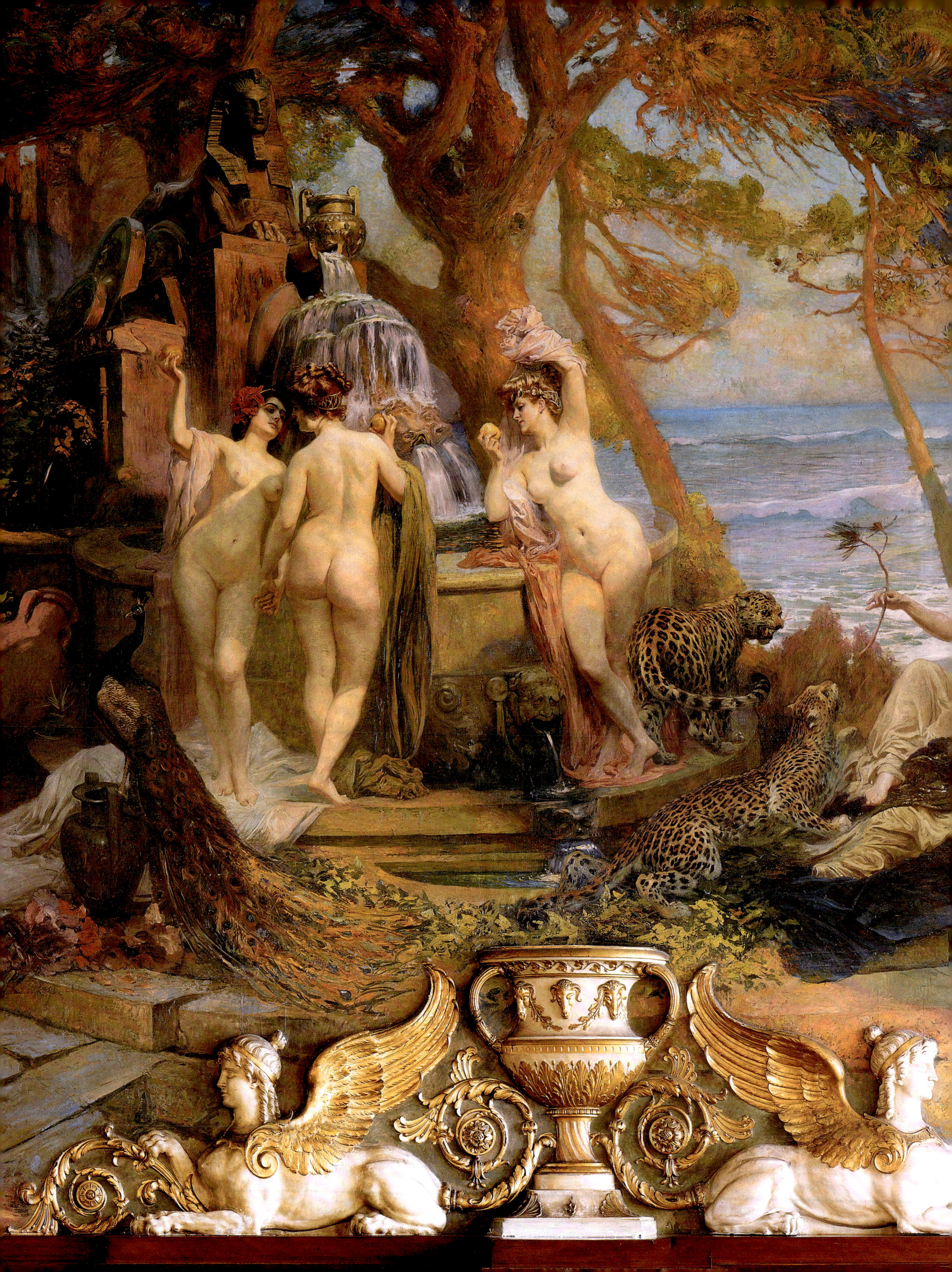

PAUL GERVAIS   PARIS. 1909

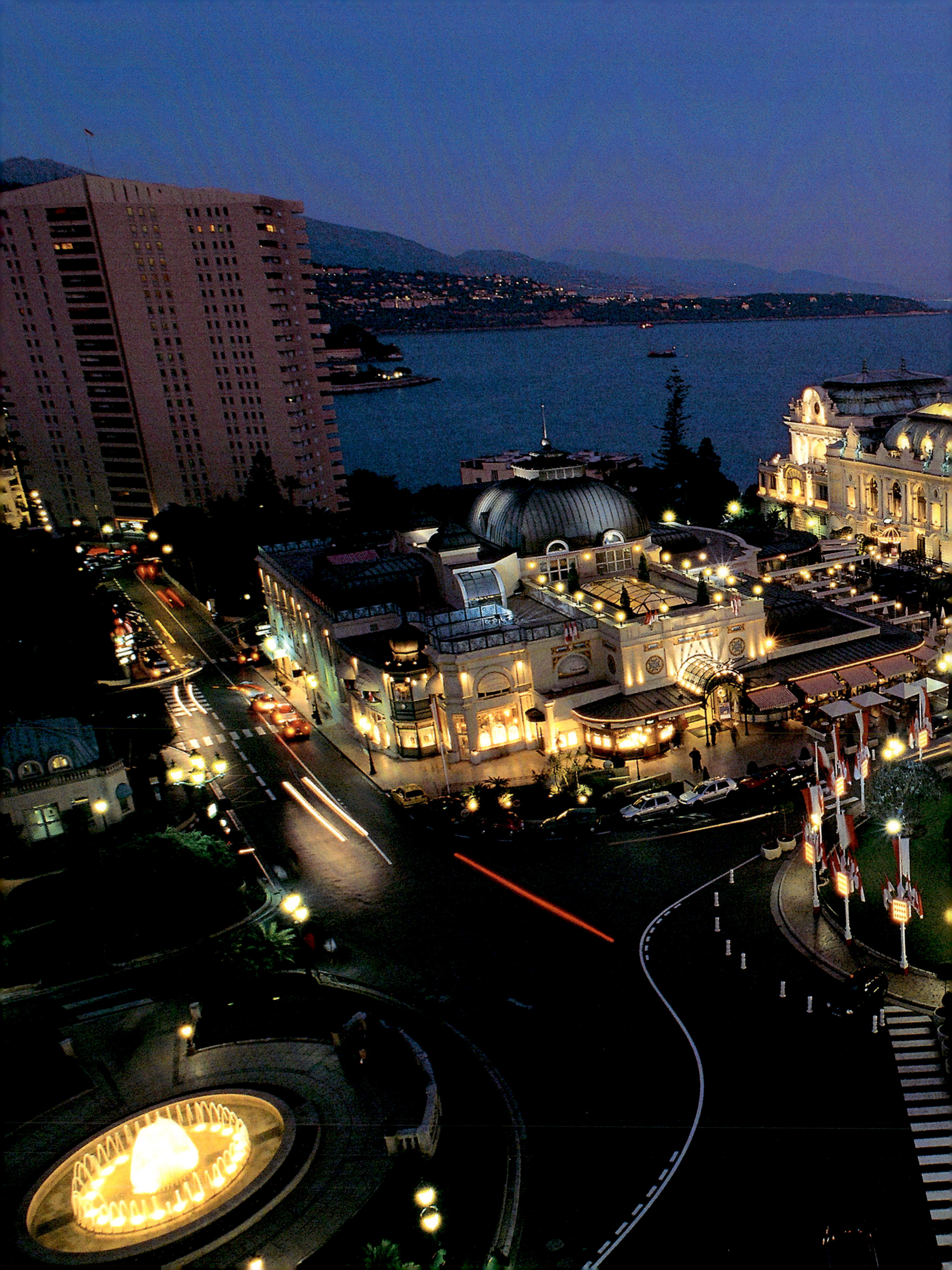

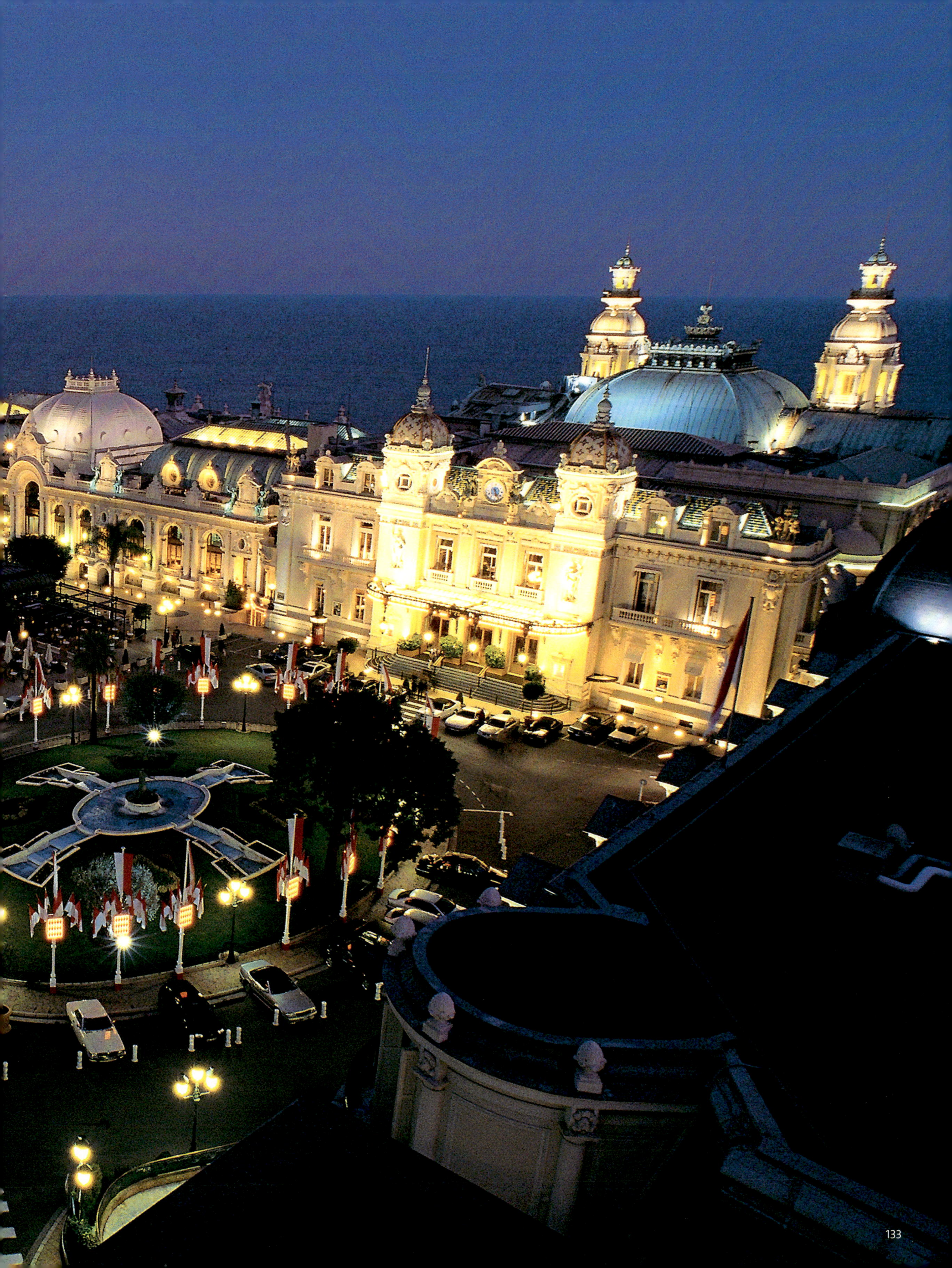

Hôtel Métropole Monte-Carlo

Classiques, modernes, "pieds dans l'eau"... les hôtels de Monaco offrent tous les styles. L'Hôtel Métropole, après sa remise en beauté par le décorateur Jacques Garcia, en est un exemple. Quel que soit le quartier, de Monte-Carlo au Larvotto, en passant par Fontvieille, un hôtel de charme est là pour accueillir la clientèle la plus variée : rois, princes, vedettes de cinéma, stars du sport, top models, hommes d'affaires...

Classical, modern, "right on the water", Monaco's hotels represent all styles. The Hotel Metropole, after its decoration's changes by the designer Jacques Garcia, is a perfect example. Whatever the district, whether Monte Carlo, Larvotto or Fontvieille, there's an enchanting hotel that welcomes the most varied clientèle: kings, princes, film stars, sports stars, top models, businesspeople...

Classici o moderni, gli alberghi di Monaco offrono qualsiasi stile. L'Hotel Metropole, dopo la ristrutturazione da parte del decoratore Jacques Garcia, ne è un esempio. Quale che sia il quartiere, da Montecarlo al Larvotto, passando per Fontvieille, un hotel di charme è là per accogliere la clientela più varia: re, principi, attori, stars dello sport, indossatrici, uomini d'affari...

Ci-contre, Le Méridien Beach Plaza
Ci-dessous, l'hôtel Port Palace

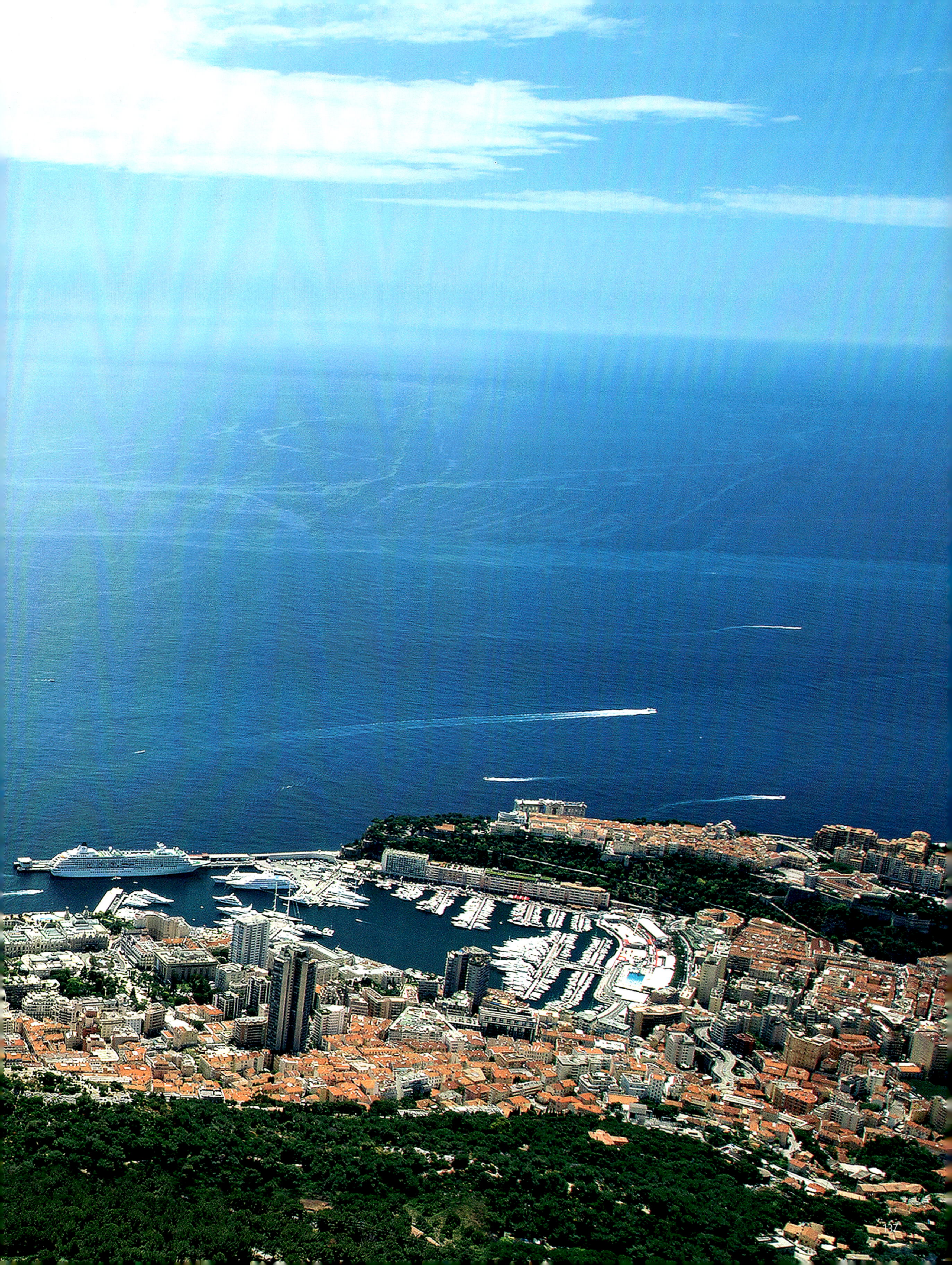

Le Rocher historique de Monaco-Ville, vers la frontière ouest de la Principauté, surplombe le port de plaisance dont les quais cernent le quartier de Fontvieille construit sur un terre-plein de 22 hectares gagnés sur la mer.

Cette réalisation qui repose sur une infrastructure protégée par une digue de conception hardie, constitue un nouveau visage de Monaco conciliant tradition et innovation.

La satisfaction de besoins d'intérêt public est l'un des aspects essentiels de l'urbanisation de ce quartier, laquelle sauvegarde la qualité des sites environnants.

Elle peut se résumer dans l'implantation de logements sociaux, l'extension d'une zone industrielle particulièrement active, la construction de bureaux, la création d'équipements scolaires, sportifs, administratifs, la mise en place d'un centre commercial, enfin l'aménagement d'un magnifique parc paysager.

The historic "Rocher" of Monaco-Ville, near the Western frontier of the Principality, overlooks the up-to-date yacht harbour of Fontvieille, whose quays surround the residential district built on the new 22-hectares polder reclaimed from the sea.

This development, built on an infrastructure protected by a dyke of bold design, constitutes a new aspect of Monte Carlo reconciling tradition and modernity.

The satisfaction of requirements in the public interest is one of the essential features of the urban planning of this district so as to safeguard the quality of the surroundings.

The development includes the construction of low-cost housing, the extension of a particurlary active industrial zone, the building of offices, the creation of educational, sporting and administrative facilities, a shopping centre and a landscape park.

L'antica Rocca di Monaco-Ville sul lato ovest del Principato, è a strapiombo sul porto turistico i cui moli delimitano il quartiere di Fontvieille, costruito su un terrapieno di 22 ettari guadagnati al mare.

Questa realizzazione che riposa su una struttura protetta da una diga di concezione ardita, costituisce un nuovo aspetto di Monaco che concilia tradizione e innovazione.

La necessità di opere di interesse pubblico è uno degli aspetti urbanistici essenziali di questo quartiere in cui si salvaguardia la qualità dei siti circostanti.

Tutto ciò si riassume nella costruzione di appartamenti sociali, nell'estensione della zona industriale particolarmente attiva, nella costruzione di uffici, centri scolastici, sportivi, amministrativi e la creazione di un centro commerciale e un bellissimo parco.

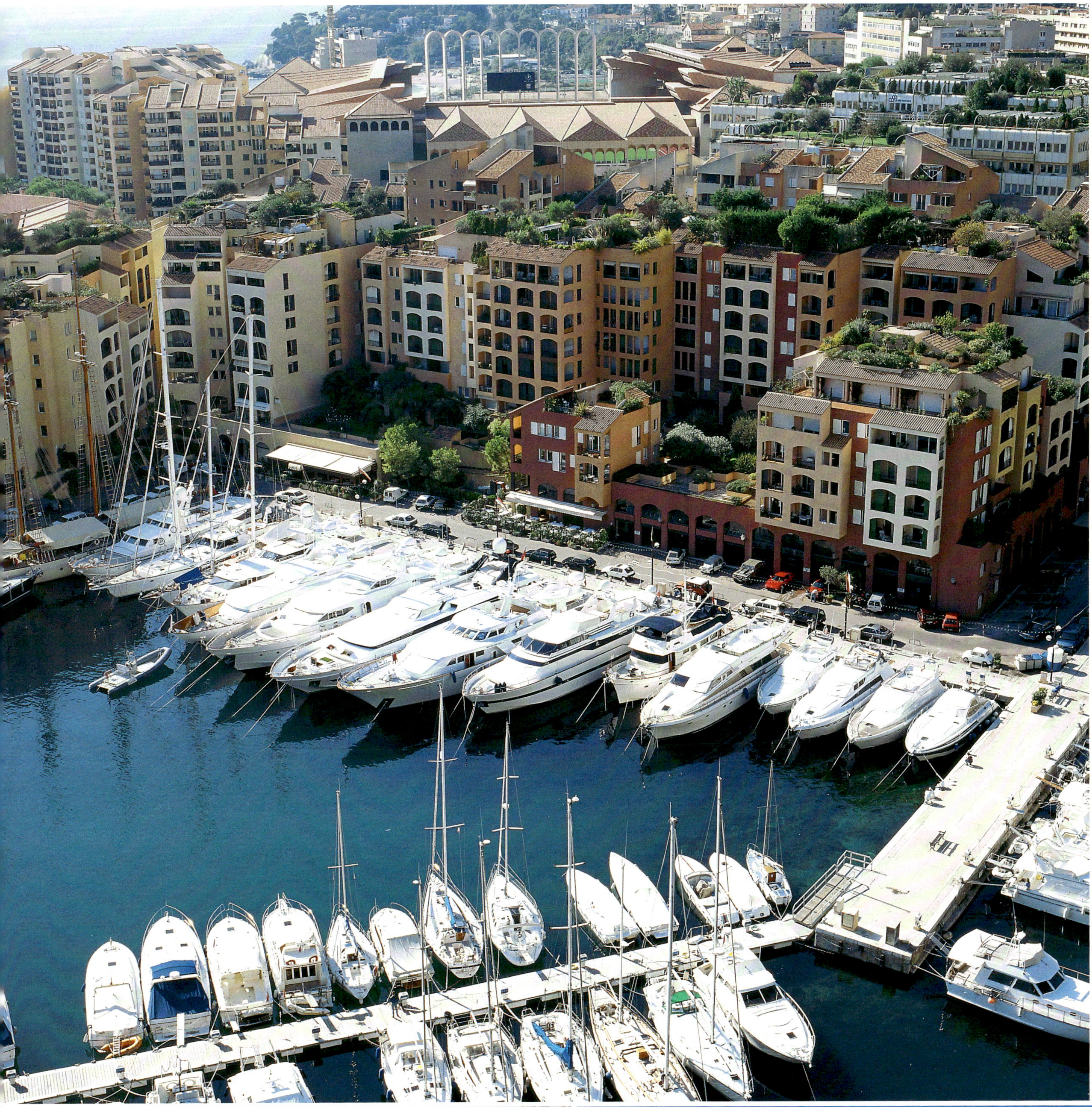
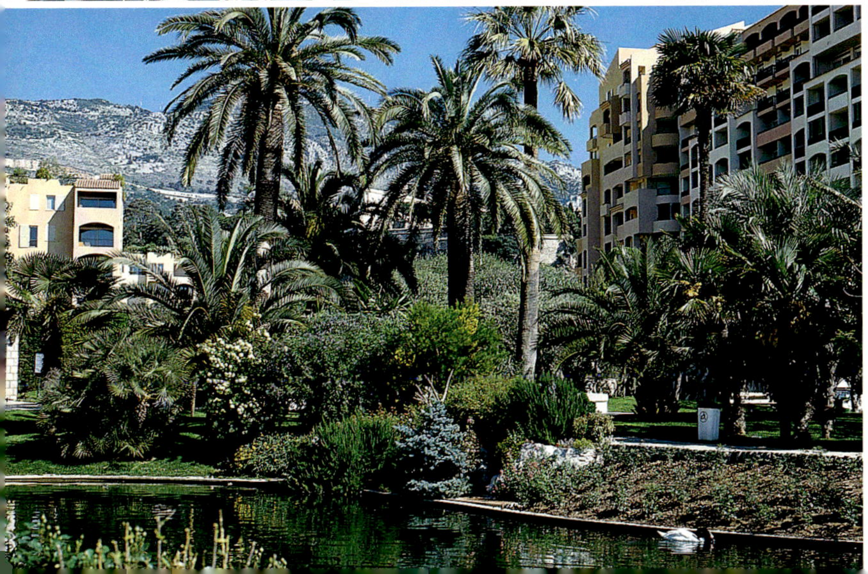
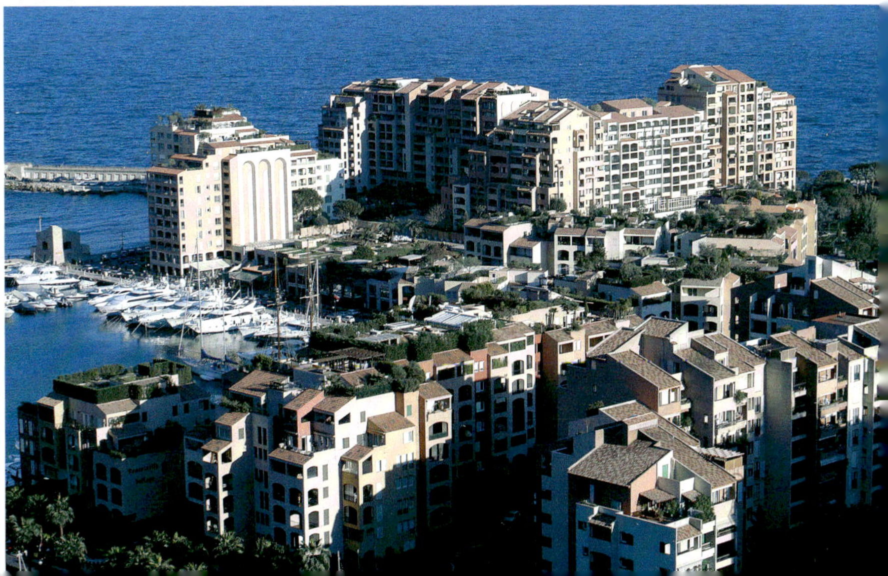

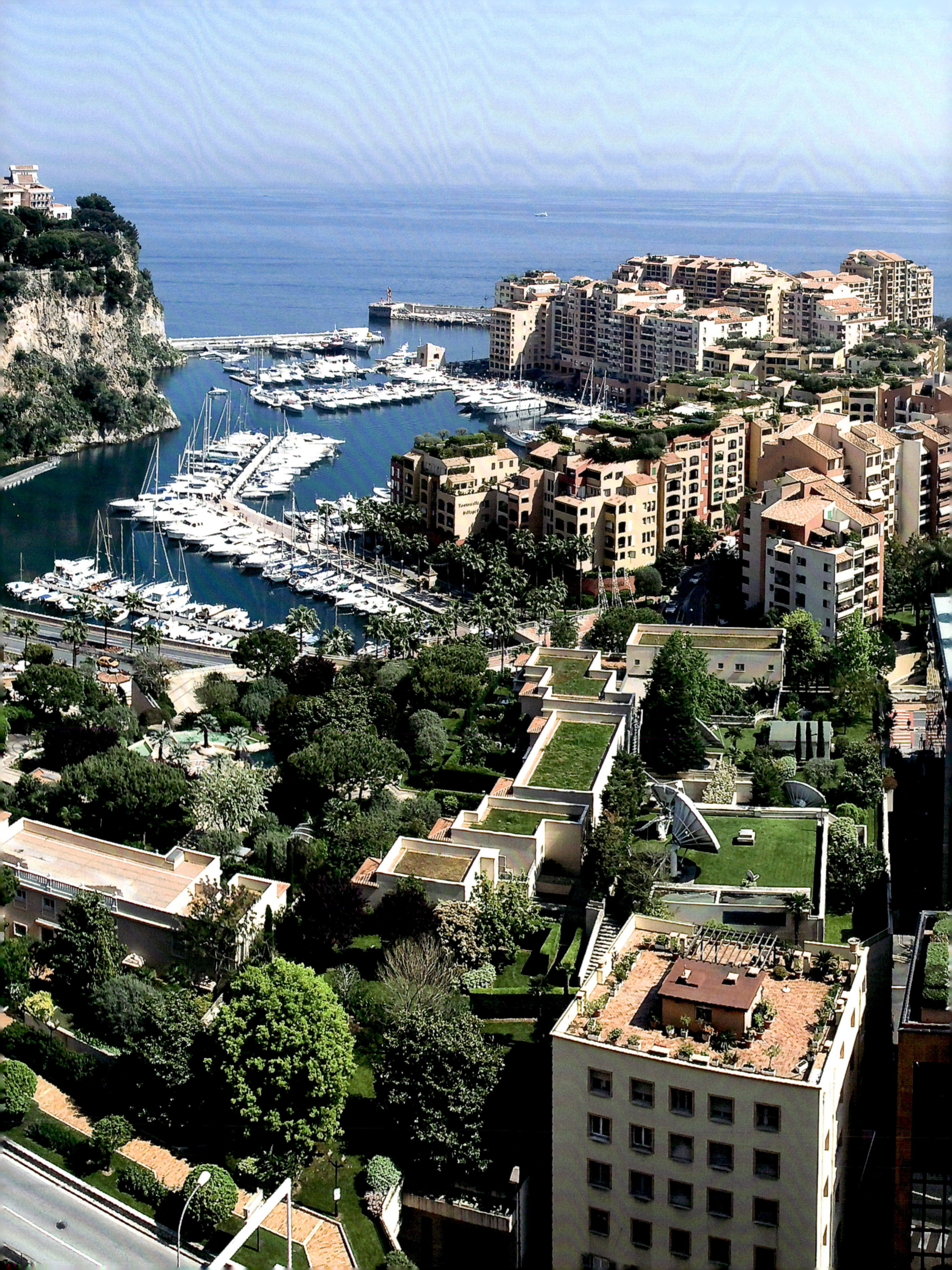

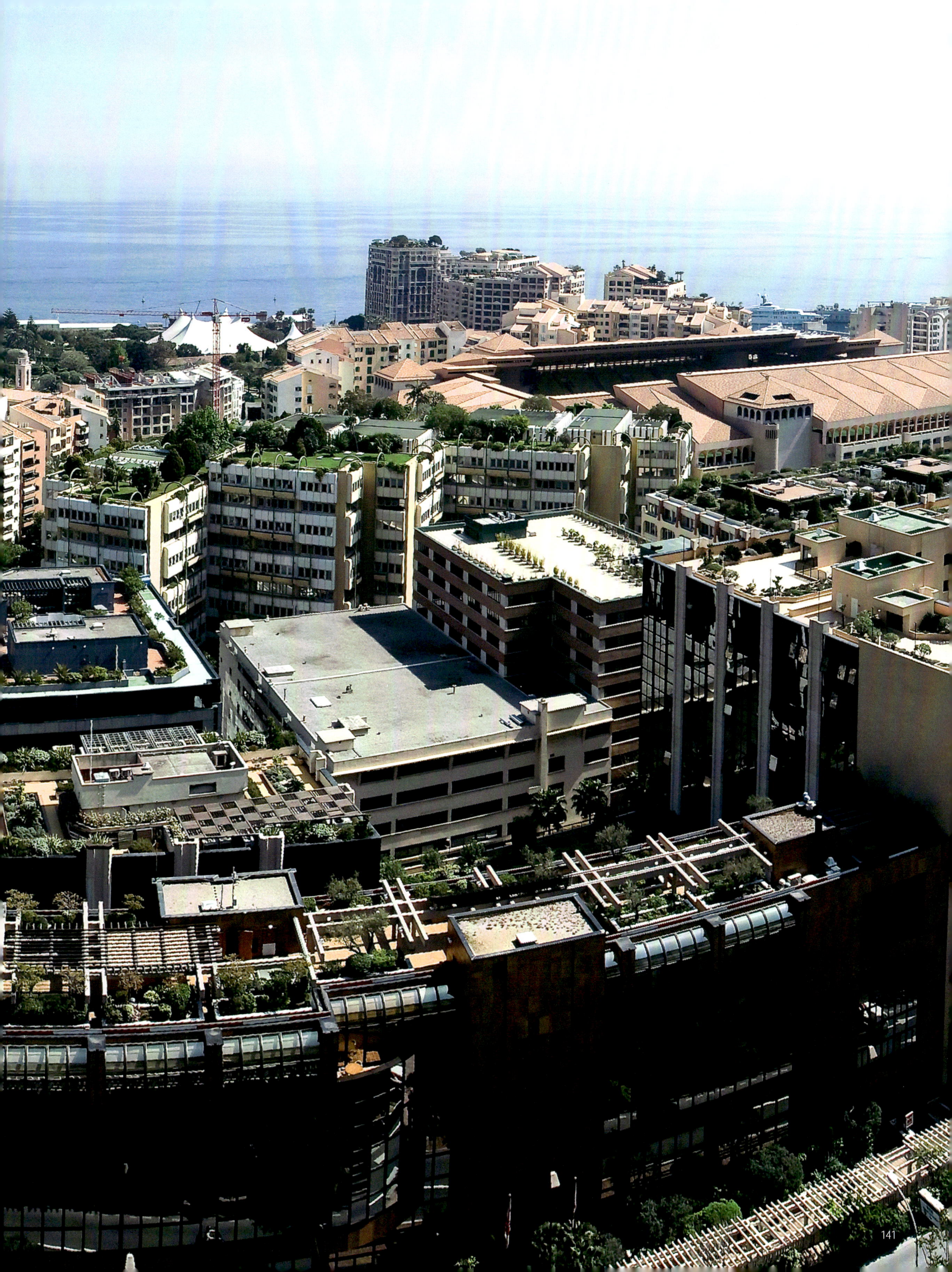

142

Un petit lac, bordé de palmiers et d'oliviers aménagés sur une superficie de près de quatre hectares, offre un espace d'agrément plein de sérénité, dans le quartier de Fontvieille où, au fil d'un chemin piétonnier, on peut découvrir de nombreuses sculptures contemporaines.

La Roseraie a été créée le 18 juin 1984. Le Prince Rainier III voulait un espace dédié au souvenir de son épouse la Princesse Grace. Près de 30 ans après, c'est une nouvelle et vaste Roseraie qui a ouvert ses portes tout en gardant le charme de l'ancienne avec 5 000 m² de surface, 8 000 rosiers de 300 variétés différentes : la Rose de la Famille Princière Grimaldi ainsi que des roses portant les noms des Princes, Princesses et autres personnalités…

A small lake bordered by palms and olive trees, laid out over an area of almost four hectares, presents a charming space full of serenity in the Fontvieille area, where following a footpath, you will discover many contemporary sculptures.

The Rose Garden first opened on 18 June 1984. Prince Rainier III wanted to create a place in memory of his wife Princess Grace. More than 30 years later, the new Rose Garden that has just opened is much larger, with a surface area of 5,000 sq.m. It retains the charm of the previous garden with its 8,000 rose bushes in 300 different varieties: the Rose of the Grimaldi Princely Family and roses named after Princes, Princesses and celebrities.

Un laghetto costeggiato da palme e ulivi in un giardino che è un'oasi di serenità su una superficie di circa quattro ettari nel quartiere di Fontvieille. Al suo interno seguendo un sentiero pedonale si possono scoprire molte sculture contemporanee.

Il Roseto è stato istituito il 18 giugno 1984. Il Principe Ranieri III ha voluto uno spazio dedicato alla memoria di sua moglie la Principessa Grace. Quasi 30 anni dopo, ha riaperto le sue porte completamente rinnovato, mantenendo il fascino del vecchio. 8000 rosai su di una superficie di 5.000 m², 300 varietà diverse: la Rosa della Famiglia Grimaldi, rose che portano nomi di principi, principesse e altre personalità…

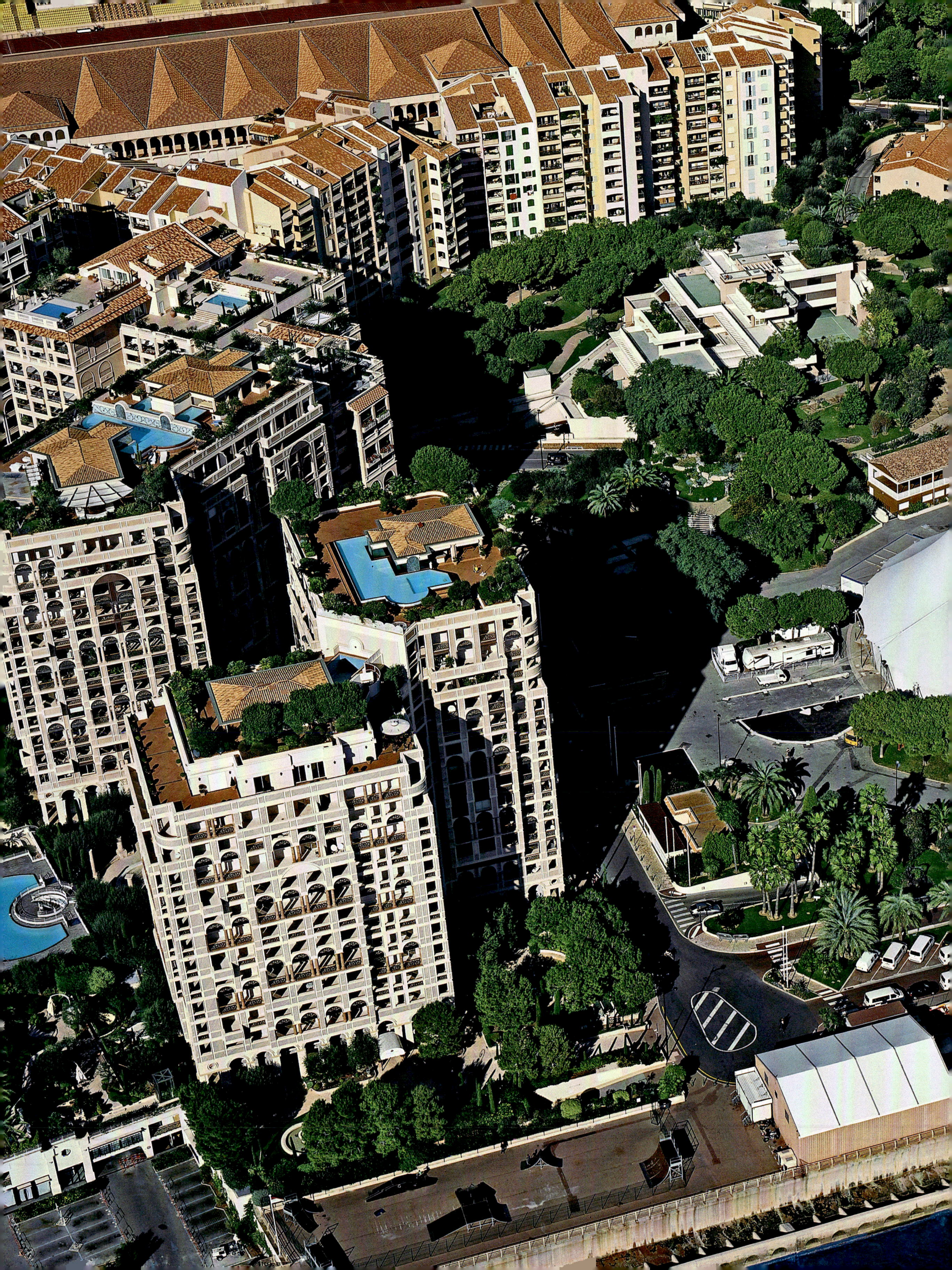

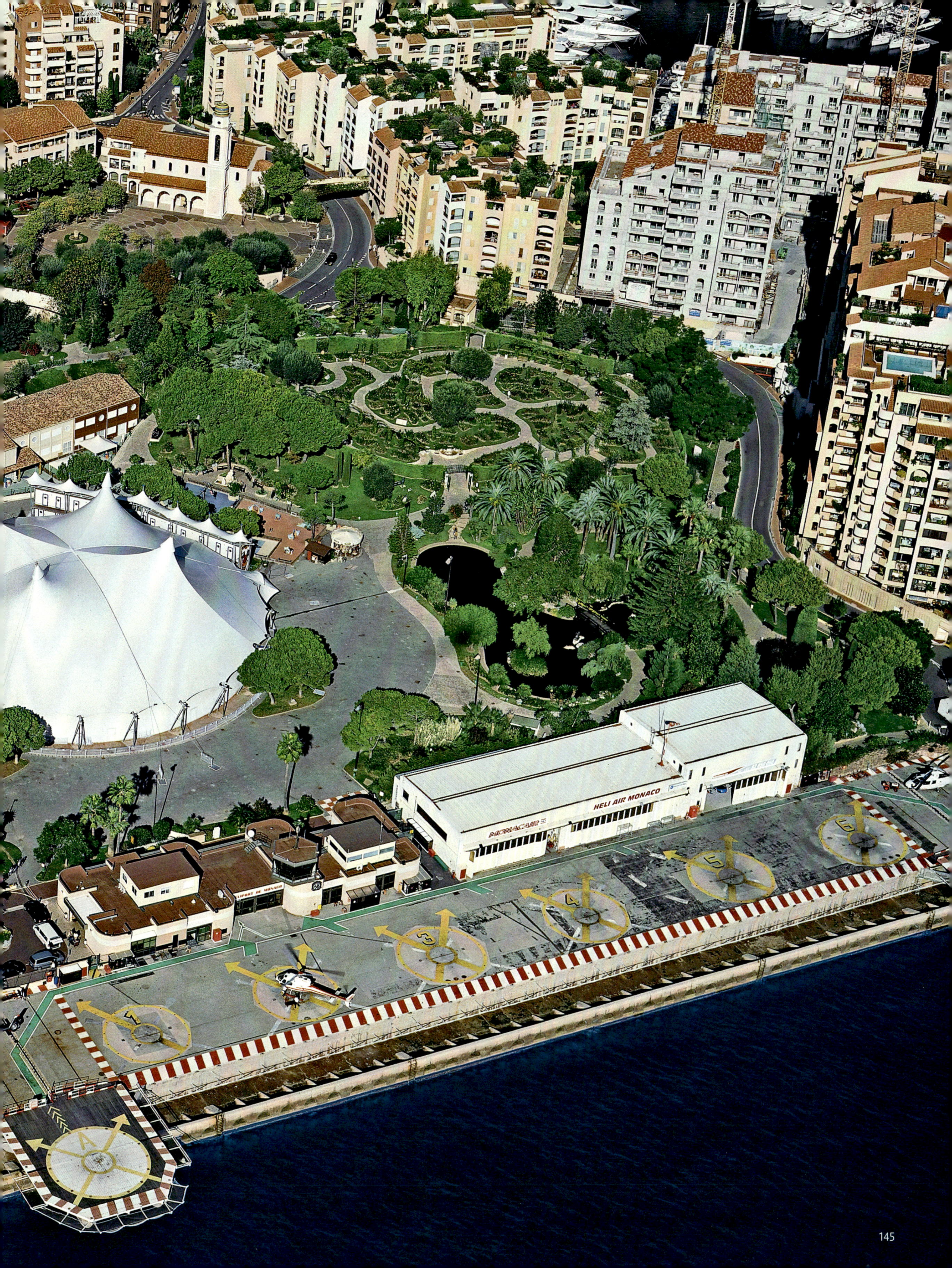
MONACAIR
HELI AIR MONACO

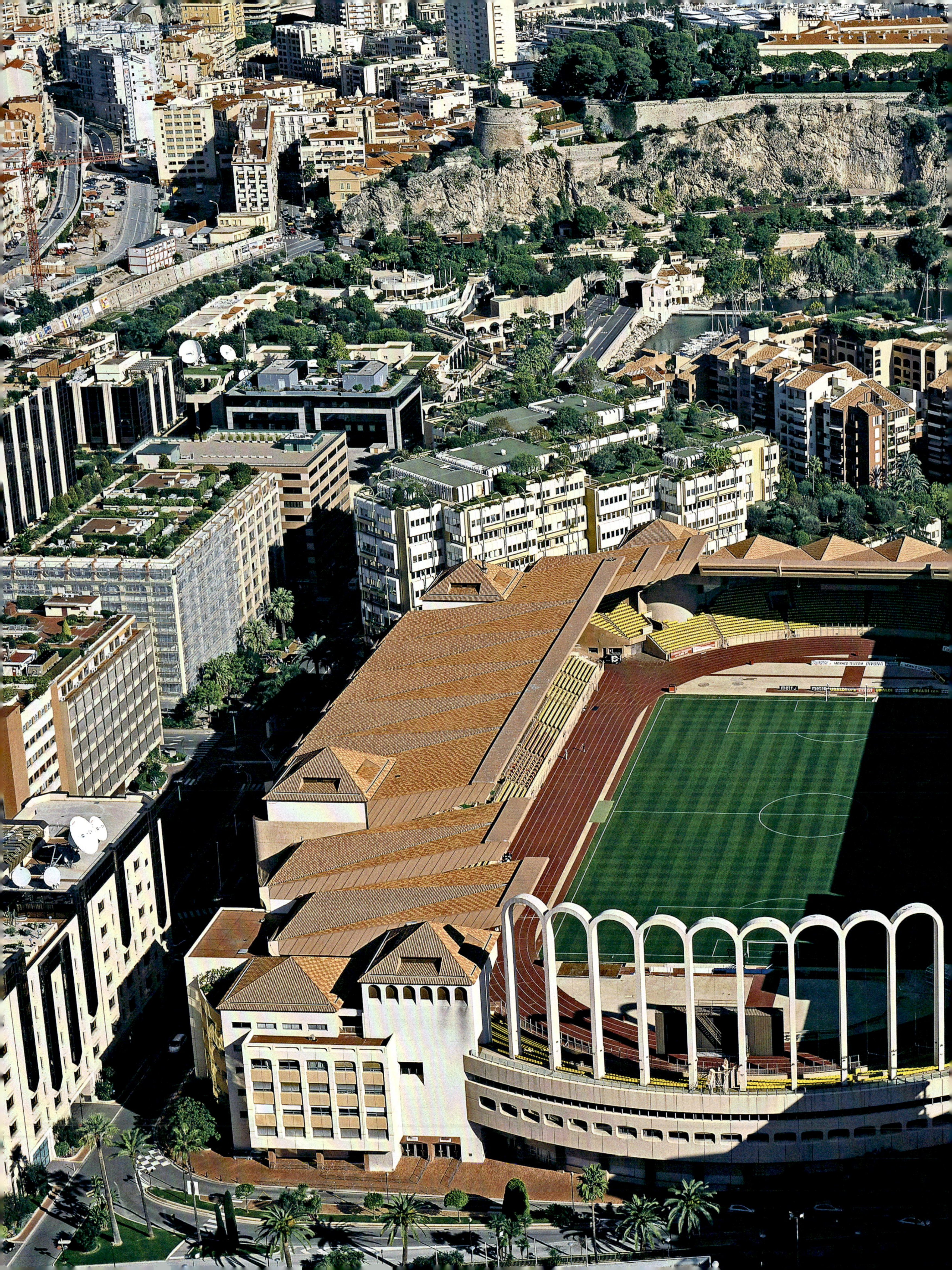

Inauguré le 11 mai 1985 par S.A.S. le Prince Rainier III, le Stade Louis-II est une grandiose réalisation d'intérêt public qui répond parfaitement aux objectifs visés : créer une structure capable de regrouper, dans un complexe très sophistiqué, un ensemble d'activités non seulement sportives, mais aussi administratives et commerciales dans une perspective d'intégration harmonieuse à l'urbanisme du quartier de Fontvieille.
On y trouve notamment un amphithéâtre pourvu d'équipements très étudiés qui offrent toutes possibilités de rencontres, notamment de football et d'athlétisme, au plus haut niveau.

Inaugurated on 11th May 1985 by H.S.H. Prince Rainier III, the Louis II Stadium is a splendid public facility which admirably achieves the objectives aimed at: the creation of a structure able to serve as the setting, in a highly sophisticated complex, for administrative and commercial activities as well as sporting events... Designed so as to harmonize with the urban landscape of the Fontvieille quarter.
The complex includes in particular an amphitheatre fully equipped for high-level contests and matches of all kinds, notably football and athletics.

Inaugurato l'11 maggio 1985 da S.A.S. il Principe Ranieri III, lo stadio Louis-II è una grande realizzazione architettonica di interesse pubblico che risponde perfettamente agli obiettivi cercati: creare una struttura capace di raggruppare in un complesso multifunzionale, un insieme di attività non solo sportive ma anche amministrative e commerciali...
Nella prospettiva di una armoniosa integrazione urbanistica col quartiere di Fontvieille.
Vi si trova in particolare il grande anfiteatro dotato di impianti specifici mirati a soddisfare ogni tipo di incontri, in particolare modo di calcio e atletica, ai più alti livelli.

Tous les sports peuvent aussi être pratiqués par les amateurs au Stade Louis-II. Toutes les manifestations professionnelles y sont accueillies grâce à la polyvalence de la salle omnisports, à l'existence d'un complexe nautique et de salles d'entraînement spécifiques à toutes les disciplines individuelles et collectives.

Amateur as well as professional sporting events can be held in the Louis-II Stadium, thanks to the versatility of the multi-sport stadium, the incorporation of a water-sports complex, and the provision of specific training facilities for all individual and team sports.

Gli sportivi dilettanti allo stadio Louis-II possono praticare qualsiasi tipo di sport. Ogni manifestazione professionistica si può svolgere grazie alla polivalenza della sala omnisport, al complesso nautico e alle numerose sale per gli allenamenti specifici delle diverse discipline individuali e collettive.

149

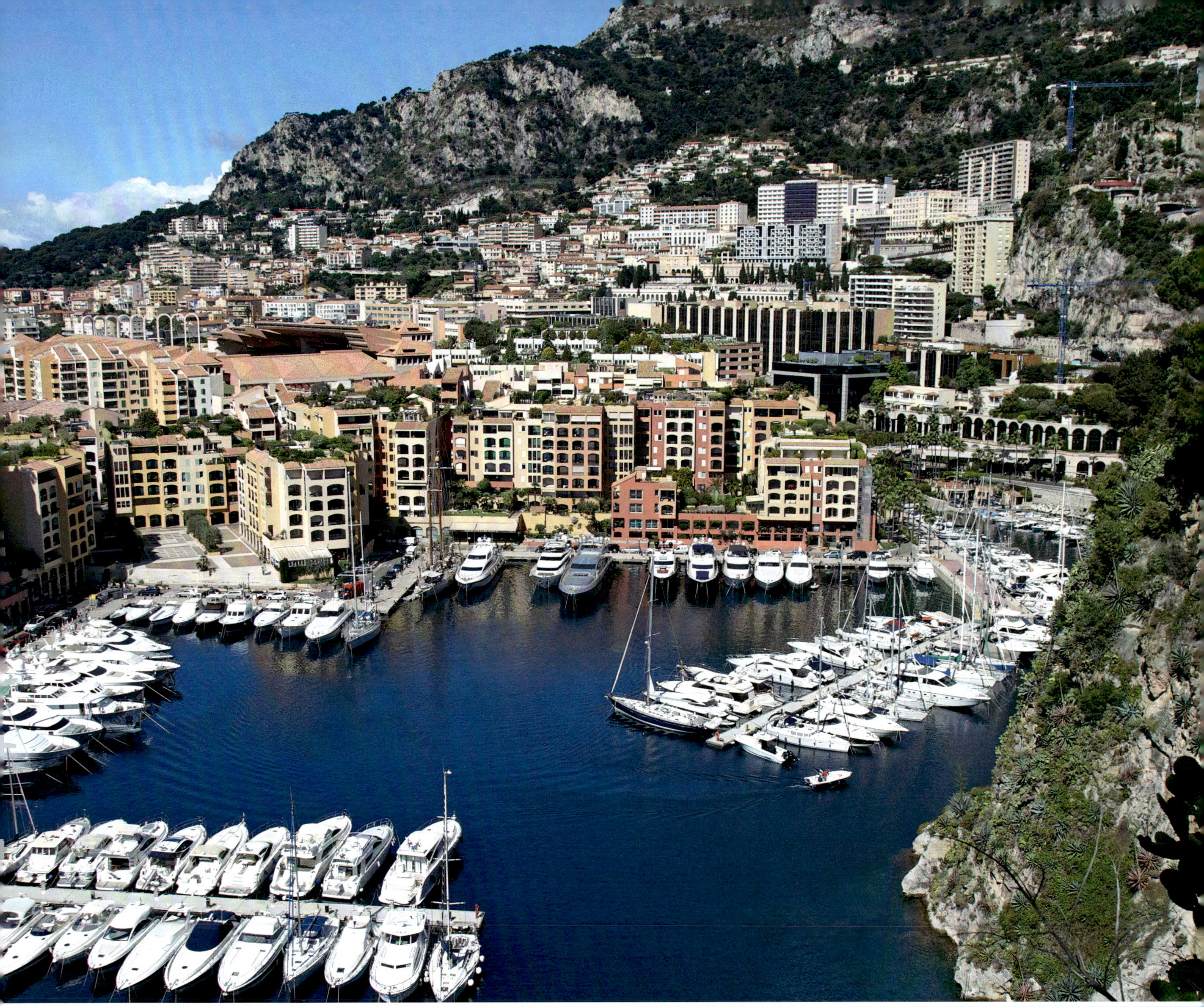

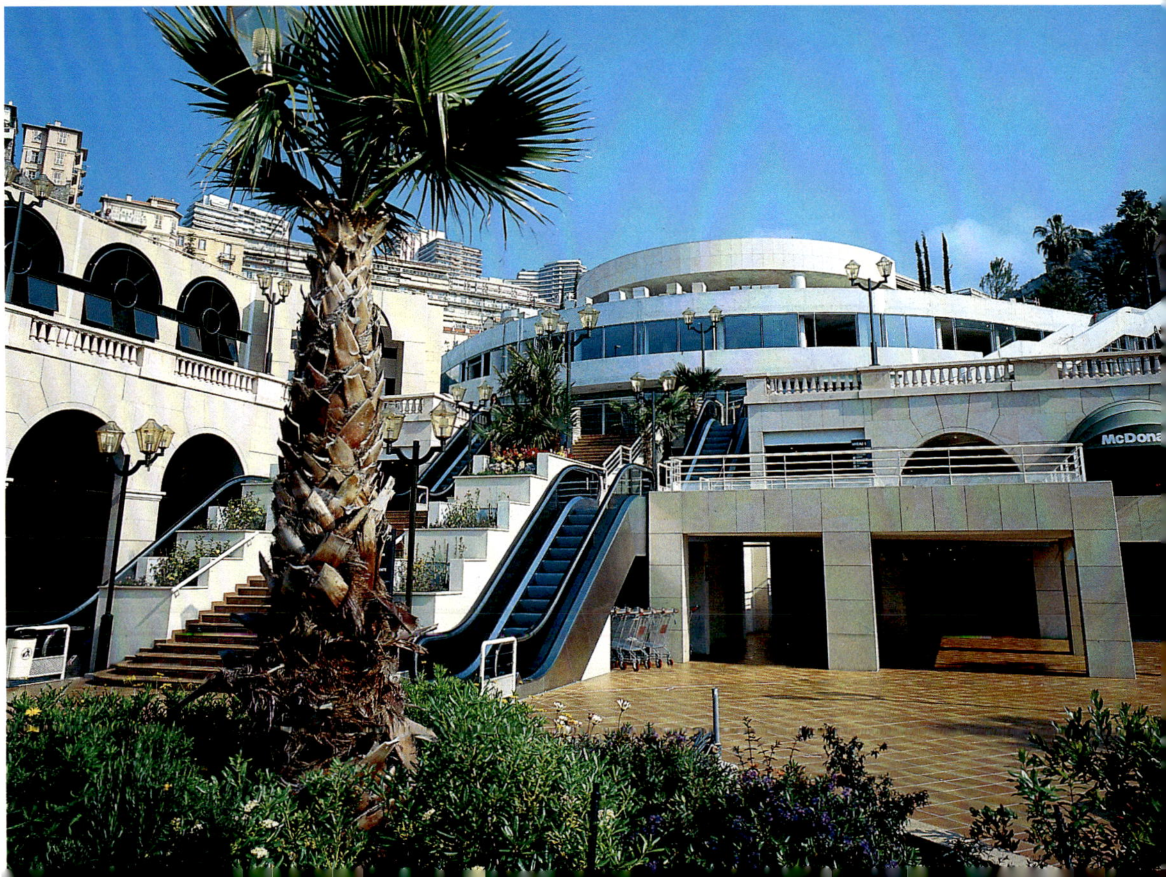

Le quartier de Fontvieille est un modèle d'urbanisation. Il est le cœur des activités industrielles et commerciales de Monaco. Les espaces de bureaux, commerces, unités de production sont alimentés en chaleur et froid par un réseau souterrain de distribution.
Desservis par de larges boulevards agrémentés de jardins et d'espaces verts, ces immeubles offrent un environnement idéal pour vivre ou travailler.

Fontvieille is a model of modern urban planning. At the heart of Monaco's industrial and commercial activity, offices, stores and factories have arisen, linked by underground distribution of heating and air-conditioning.
Set amid landscaped boulevards, gardens and parks, these new buildings provide an exceptional living and work environment.

Il quartiere di Fontvieille è un vero e proprio modello urbanistico ed è il cuore delle attività industriali e commerciali di Monaco.
Uffici, commerci, industrie sono riscaldati e climatizzati grazie a una rete sotterranea di distribuzione.
Grazie ad ampi viali abbelliti da giardini e spazi verdi, questi immobili offrono un ambiente ideale per vivere e lavorare.

L'activité économique se développe à Fontvieille de façon remarquable, particulièrement dans les domaines des nouvelles technologies, du trading, des cosmétiques, de la pharmacie et des plastiques. D'une manière générale, l'expansion de ces secteurs de l'économie monégasque est orientée vers un type d'entreprises rémunératrices et propres.

Fontvieille… une conquête sur la Méditerranée qui est une affirmation de wwvitalité riche de promesses pour l'avenir.

Economic activity is developing well here, especially in the area of new technologies, trading, cosmetics, pharmacology and plastics. In general, the expansion of Monaco's industrial economy is geared toward companies which are both lucrative and non-polluting.

Fontvieille… built on land reclaimed from the Mediterranean, asserting a vitality which holds rich promise for the future.

A Fontvieille l'attività economica si sviluppa in modo notevole, in particolare nel campo delle nuove tecnologie, del trading, della cosmesi, della farmacologica e della plastica. L'espansione di questi settori dell'economia monegasca è orientata verso un tipo di imprese ad alto valore aggiunto e pulite.

Fontvieille… una conquista sul Mediterraneo, un'affermazione della vitalità ricca di promesse per l'avvenire.

153

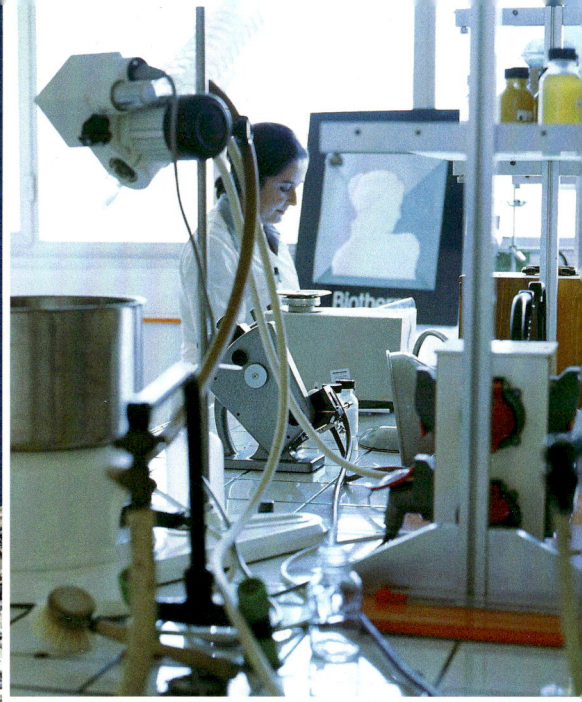

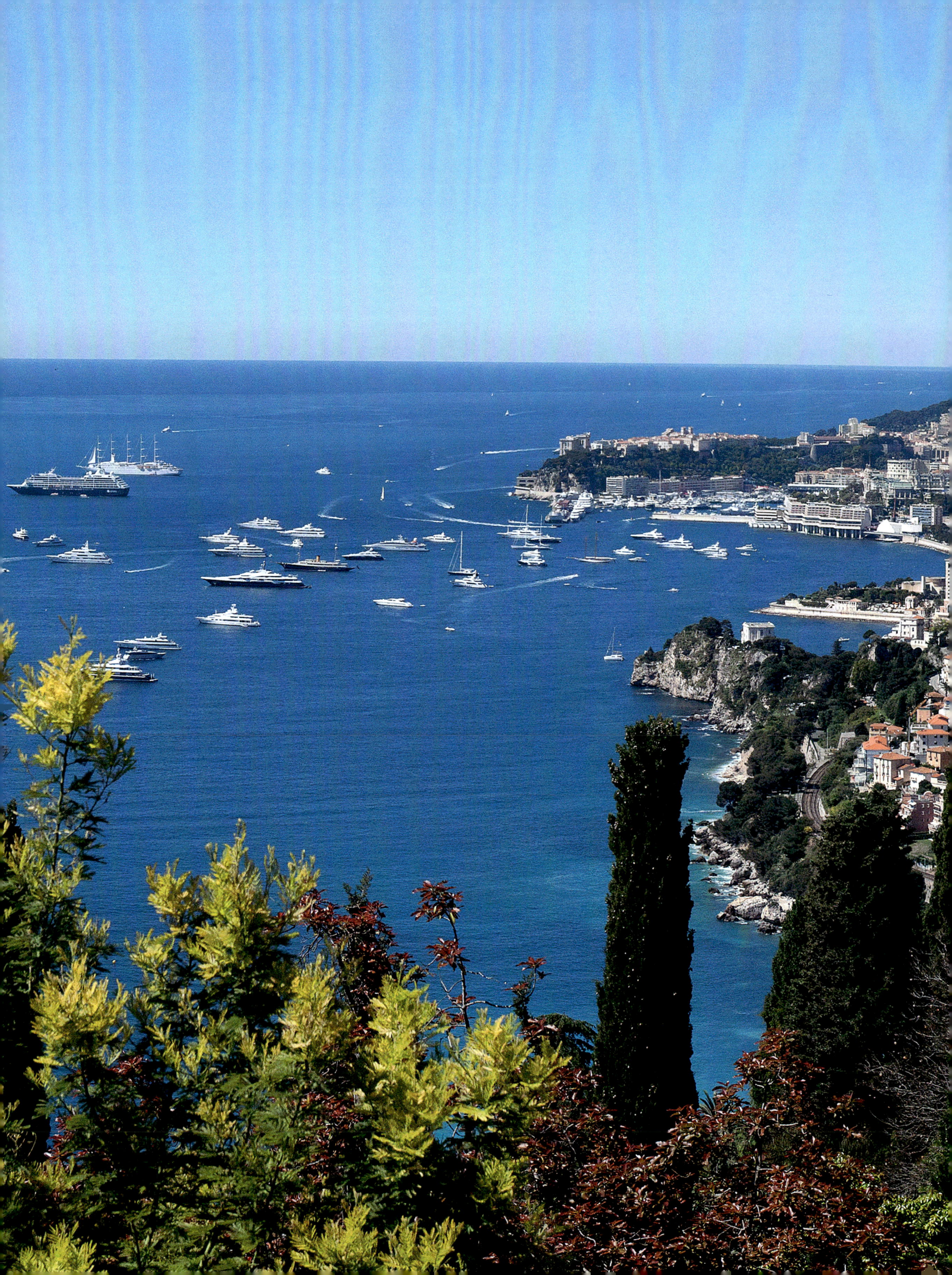

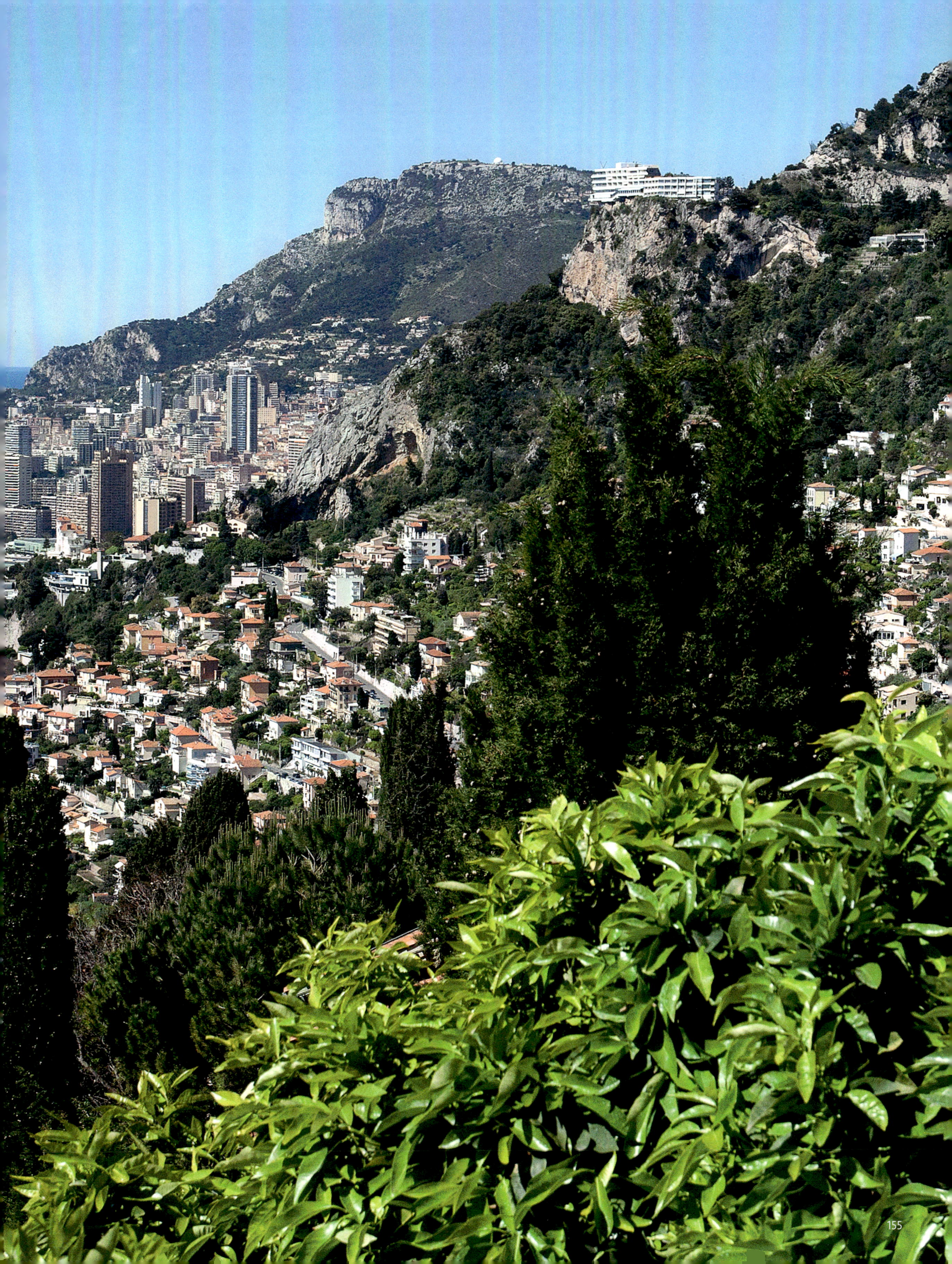

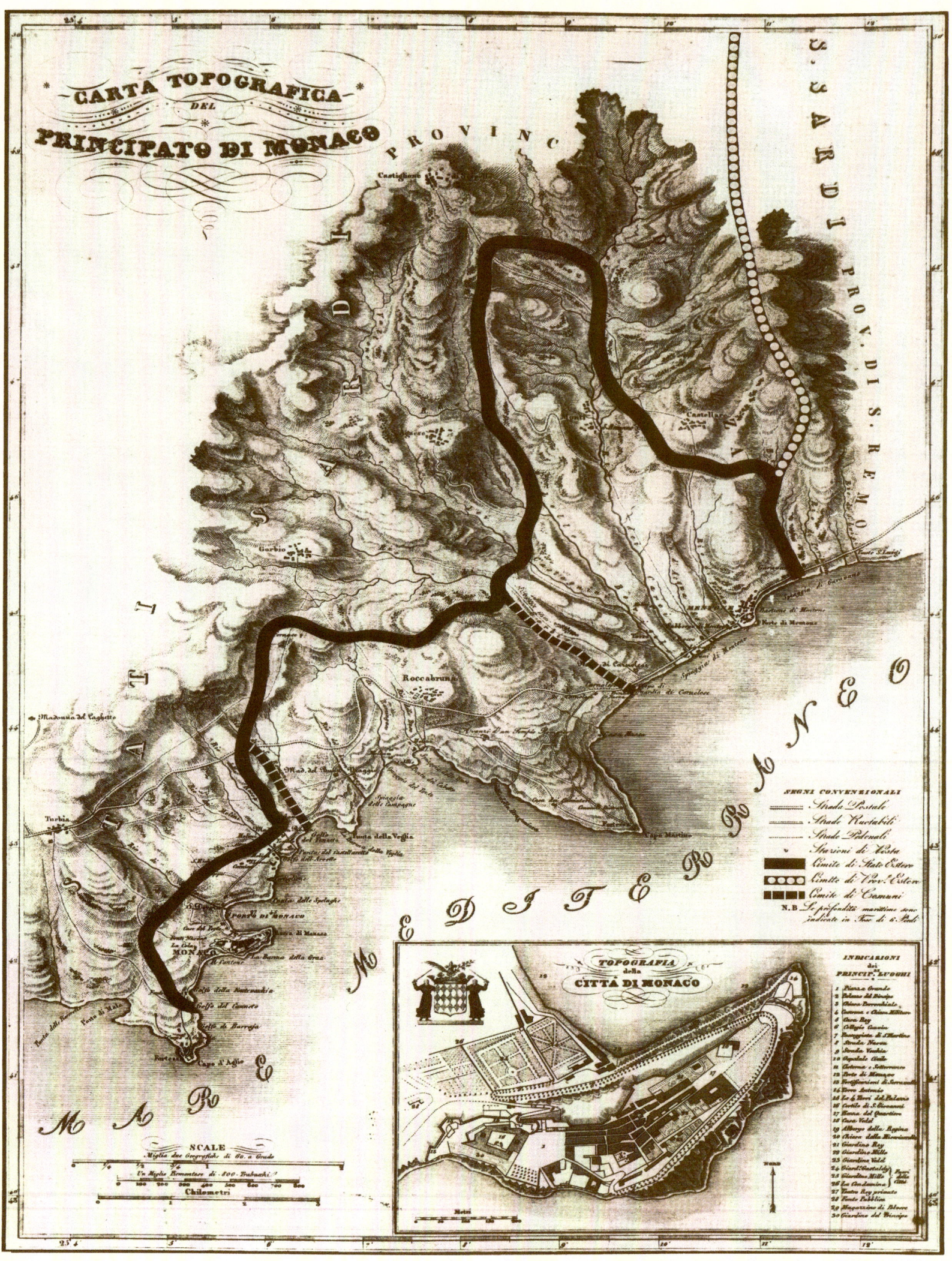

Carte de la Principauté de Monaco
antérieurement à 1861

*Map of Principality of Monaco
prior to 1861*

Mappa del Principato di Monaco
anteriore al 1861

Un peu d'histoire par Philippe Erlanger

D'Hercule à Napoléon III

Les brumes de la légende ont flotté comme il se doit autour du puissant relief rocheux qui rendait le littoral impraticable entre les Gaules et l'Italie. Selon Apollodore, Hercule, revenant d'Espagne où il avait tué Géryon, y aurait abordé et détruit le tyran qui terrorisait la contrée. Il était seul. C'est pourquoi le temple, effectivement élevé en son honneur (mais on ne saurait le situer exactement), fut dédié à Hercule Monoïkos. Strabon en déduisait que les Grecs de Phocée (Marseille) s'étaient avancés jusque-là. Les précisions manquent comme elles manquent sur les Phéniciens qui durent débarquer aux environs, sinon y fonder une colonie quand ils dominaient cette partie de la Méditerranée. On a supposé une confusion entre Hercule et leur dieu, Melkart.

Quoi qu'il en soit, les habitants de la région étaient des Ligures. Hécatée de Milet appelle Monoïkos la tribu locale qui disposait d'un village fortifié et d'un petit port. Ces Ligures étaient des guerriers farouches, ils combattirent les Romains. Bien que César se fût servi de leur port, c'est seulement Auguste qui les soumit définitivement en 14 avant J.-C. Monaco fit dès lors partie de la province des Alpes-Maritimes, administrativement rattachée à la Gaule.

Le Rocher connut donc la Paix Romaine, puis le déferlement des invasions barbares. Le système féodal le rattacha au comté de Vintimille jusqu'à ce que les empereurs Frédéric Barberousse et Henri VI aient donné la côte aux Génois. Ceux-ci élevèrent à Monaco une redoutable forteresse.

Vint le temps de la lutte féroce entre Guelfes et Gibelins. À la fin du XIIIe siècle, les Gibelins l'emportèrent à Gênes, ce qui chassa de la ville deux seigneurs éminents, François et Rainier Grimaldi, issus d'une famille de consuls et d'ambassadeurs.

La forteresse de Monaco était tenue par les Gibelins. Le soir du 8 janvier 1297, les hommes de garde virent arriver un franciscain qui demandait l'hospitalité. On l'accueillit sans prendre garde au détail insolite qu'il était chaussé. Sitôt entré, le faux religieux sortit une épée, tua quelques soldats de la garnison, ouvrit la porte à ses hommes, tapis à l'entour, et s'empara de la place.

François Grimaldi, car c'était lui, fut surnommé "la Malice" et deux franciscains chaussés, tenant chacun une épée nue, ornèrent désormais le blason des siens. Son exploit donna à son parent Rainier les moyens de faire une guerre maritime aux Génois. Rainier, plus tard Rainier Ier, devait être l'ancêtre de la Maison princière. Il reçut une pension de Philippe le Bel et finit amiral de France.

Suivit une longue période de confusion pendant laquelle les Grimaldi se virent enlever Monaco et le reconquérirent. Charles Ier fut reconnu en 1342 seigneur de la ville. Allié de la France, il fournissait des soldats à son armée.

Monaco comptant à peine mille habitants, ses maîtres ne pouvaient s'élever à la puissance des Este, des Gonzague ou des Visconti. Ils furent ballottés dans les guerres des cités italiennes et dans leurs propres dissensions. Une habileté remarquable leur permit toujours de récupérer leur bien après l'avoir perdu. Leur chance était la position militaire grâce à laquelle ils parvenaient à évoluer entre les ambitions rivales.

Lambert Grimaldi s'assura une indépendance que sanctionna le serment de la population et que garantit en 1482 un traité avec la France. Louis XI plaçait la "seigneurie" sous sa sauvegarde, libérant enfin Monaco de l'emprise génoise. Louis XII, à l'issue de diverses péripéties, confirma que Lucien Grimaldi tenait sa terre "de Dieu et de l'épée".

En 1524, changement de cap. Le traité de Burgos et l'édit de Tordesillas mirent Monaco sous la dépendance de Charles-Quint.

Le protectorat espagnol allait durer cent seize ans. Pendant les interminables conflits entre la France et la Maison d'Autriche, le Rocher eut une importance stratégique considérable. C'est pourquoi il excita aussi la convoitise des Turcs contre lesquels il dut se défendre. En 1605, les Espagnols y installèrent une garnison au grand déplaisir de la population. À titre de compensation, le roi d'Espagne reconnut à Honoré II le titre de "Seigneur de Monaco, Menton et Roquebrune, Marquis de Campagna, Prince et Seigneur". En 1612, il lui accorda la dignité de Prince Sérénissime.

Cela n'empêcha pas Honoré II de se tourner contre lui lorsque la guerre se fut rallumée. Le 14 septembre 1641, était signé secrètement le traité de Péronne aux termes duquel Louis XIII s'engageait à maintenir "la liberté et la souveraineté du pays ainsi que tous ses privilèges et droits sur mer et sur terre". Le 17 novembre, Honoré II donnait l'assaut à la garnison espagnole, qui, surprise, capitulait après avoir perdu huit hommes.

Il faut admirer l'intuition politique des Grimaldi. En 1641, comme en 1524, ils devinèrent lequel des deux puissants antagonistes allait l'emporter sur l'autre et cela juste avant Pavie, juste avant Rocroi, quand la fortune des armes n'avait pas encore fait pencher la balance.

En compensation de quelques fiefs italiens confisqués par l'Espagne, Louis XIII donna à Honoré le duché-pairie de Valentinois qui avait été celui de Diane de Poitiers, le marquisat des Baux et le comté de Carladez. Il lui envoya aussi une garnison de cinq cents hommes, étant entendu qu'elle ne se mêlerait d'aucune affaire intérieure de la Principauté.

On ne demandait même pas à cette dernière de se ranger aux côtés du nouvel allié, mais seulement de tenir le port à la disposition de ses galères. Oubliant l'influence italienne, Monaco devint dès lors un miroir de la France. Honoré spécifia en son testament que ses successeurs ne devraient jamais abandonner la protection du Roi Très Chrétien.

À l'instar de ses aïeux du XVIe siècle qui avaient été des princes de la Renaissance, il aimait les arts et possédait une vaste culture. Les trois séjours à la Cour d'Anne d'Autriche achevèrent de le placer sous l'influence intellectuelle de Paris. Monaco connut un "grand siècle" au moment où le jeune Louis XIV inaugurait le sien. L'harmonie dans la civilisation devint parfaite.

Le Prince concentra tous les pouvoirs, ce qui l'amena à former une administration efficace dirigée par un secrétaire d'État. Monaco était devenu comme la France une monarchie absolue.

Honoré II transforma son château en un palais dont les Italiens d'abord, les Français ensuite, assurèrent la décoration. Il y donna de grandes fêtes, y accueillit écrivains et artistes.

Lorsqu'il mourut en 1662, il laissait une somptueuse collection de tapisseries, d'argenterie, de meubles et une galerie de sept cents tableaux parmi lesquels se trouvaient des œuvres de Raphaël, de Dürer, du Titien, de Michel-Ange et de Rubens. On a écrit que son règne permit à la dynastie d'atteindre un "sommet au-delà duquel il fut difficile de s'élever".

Son fils et successeur, Louis Ier, parut au moins aussi attaché à sa qualité de pair de France qu'à sa dignité souveraine. Il passa une grande partie de son temps à la Cour ou aux armées de Louis XIV qui le nomma "mestre de camp" du Monaco-Cavalerie.

Il obtint du roi l'autorisation d'étendre les eaux territoriales de la Principauté à une distance inusitée, pour le plus grand profit des finances monégasques et tout en maintenant curieusement la neutralité de ses États, il guerroya au service de la France et publia le "Code Louis" qui renforça son pouvoir.

En 1701, il mourut à Rome où il s'était rendu en qualité d'Ambassadeur de France, non sans avoir ébloui la Ville Éternelle par son faste et par les trois cents carrosses de son cortège.

Antoine Ier, qu'on surnommait Goliath à cause de son imposante stature, avait passé quarante ans de sa vie à Versailles. Il devait toujours en garder la nostalgie.

Antoine Ier était un grand mélomane : il entretenait un orchestre et une troupe lyrique. Il s'éteignit en 1731.

De son mariage avec Marie de Lorraine devaient naître deux filles, dont l'aînée Louise-Hippolyte succéda à son père ; son mari, le Comte Jacques de Goyon Matignon, prit le nom et les armes des Grimaldi et le Duché de Valentinois lui fut accordé par Louis XIV.

Le règne de Louise-Hippolyte devait être très bref puisqu'elle mourut onze mois après son avènement. Son mari, qui avait pris le nom de Jacques Ier, abdiqua en 1733 en faveur de leur fils Honoré III.

Ce dernier partagea sa vie entre la Principauté et Paris où il mena la vie des grands seigneurs du XVIIIe siècle.

La Révolution française provoqua naturellement des remous à Monaco, mais, contrairement au courant général, les défenseurs de l'autorité du Prince l'emportèrent d'abord sur les émules des Jacobins. Honoré III jouissait encore d'un pouvoir absolu quand s'effondra le trône de Louis XVI. Tout changea après la création forcée d'un club des Amis de l'Égalité qui demanda l'annexion à la France.

Une convention élue par les trois Communes de Monaco, Menton et Roquebrune prononça la déchéance des Grimaldi et la confiscation de leurs biens le 19 janvier 1793. Le 14 février, elle vota l'annexion. Monaco allait être français pendant vingt et un ans. Son nom même fut changé en celui de Fort Hercule. Il constitua d'abord un canton, puis un chef-lieu d'arrondissement qui fut ensuite transféré à San Remo.

Toutes les richesses du Palais furent dispersées, les tableaux, les objets d'art vendus aux enchères. Le Palais, après avoir servi à loger les soldats et les officiers de passage, fut transformé en hôpital puis en dépôt de mendicité. Pendant toute la durée de la Révolution, les membres de la Famille Princière connurent de durs moments : emprisonnés d'abord, puis libérés, ils se trouvèrent aux prises avec toutes sortes de difficultés et obligés de vendre presque tous leurs biens.

Pendant ce temps, un de ses fils, Joseph, ayant émigré, Honoré III était jeté en prison. La Société de Torigny en Normandie où il avait un château intervint en sa faveur et obtint sa libération. Sa belle-fille, née Thérèse-Françoise de Choiseul, eut moins de chance. Elle fut guillotinée le 9 Thermidor, tandis que Robespierre tombait à la Convention. Elle aurait été sauvée si elle avait accepté de se reconnaître enceinte bien qu'elle fût séparée de son mari.

Honoré IV, fils aîné d'Honoré III, de santé fragile, vécut à la campagne pendant tout l'Empire. Il avait lui-même deux fils. Le cadet, Florestan, s'engagea au service de Napoléon et fut fait prisonnier pendant la campagne de Russie. L'aîné, Honoré V, se rallia avec plus d'éclat au nouveau régime. Il reçut la Légion d'honneur, fut nommé écuyer de l'Impératrice Joséphine et baron d'Empire. Cette position lui permit d'acquérir la précieuse amitié de Talleyrand, dont l'intervention l'aida lors de la discussion des traités de Vienne à obtenir la restitution de ses États.

Les traités signés après Waterloo lui imposèrent, malgré sa résistance, un protectorat et une garnison sardes. Pour affirmer l'indépendance de son État, Honoré créa le Corps des Carabiniers. Pour rétablir une fois encore ses finances, il institua un système fiscal très lourd, tout en s'efforçant de développer le commerce des agrumes et certaines formes de petites industries. Mais ces initiatives, inspirées davantage par les idées généreuses de l'époque que par les réalités économiques, ne devaient, hélas, pas aboutir, ce qui suscita surtout à Menton et Roquebrune un mécontentement dont les effets se mesurèrent en 1848.

Lorsqu'il mourut en 1841, son frère Florestan lui succéda.

Il était marié à Caroline Gibert. Issue de la bourgeoisie, elle possédait les qualités d'une maîtresse femme et se montra parfaitement capable d'administrer un État. Elle devait écrire un jour à son fils : "Pour commencer par la capacité que tu m'accordes, je te dirai qu'elle ne consiste chez moi que dans la rigidité que je mets à remplir consciencieusement les devoirs que je me suis imposés… Devenue malgré mon sexe chef de famille, j'ai eu à en remplir les obligations et à me faire pardonner mon élévation… N'ayant aucun droit par moi-même, je me trouve cachée sous le manteau de ton père qui conserve ainsi la plénitude de ses droits".

Elle gouverna.

Caroline allégea à peine l'oppression fiscale, si bien qu'en 1847 Menton et Roquebrune arborèrent les couleurs du roi de Sardaigne : celui-ci venait d'accorder une constitution à ses sujets. Florestan se résigna à faire de même, mais ces demi-mesures n'empêchèrent pas en 1848 la révolte ouverte des deux villes qui se déclarèrent libres.

C'était l'année des grands bouleversements européens. Le Roi Charles-Albert de Sardaigne voulait réaliser autour de lui l'unité italienne. Par un plébiscite, Menton et Roquebrune se rattachèrent à ses États. Ce projet ne put cependant être réalisé à cause de l'abdication de Charles-Albert après ses défaites devant l'Autriche.

Le conflit ne s'apaisa pas pour autant. Il durait toujours lorsqu'en 1856, Charles III succéda à Florestan en respectant l'autorité de sa mère.

À ce moment, le premier ministre sarde, le grand Cavour, cherchait l'alliance de Napoléon III contre l'Autriche. L'ayant obtenue, il accepta d'abandonner le protectorat de Monaco et de laisser Nice et la Savoie procéder à des plébiscites qui décideraient de leur rattachement à la France.

Contre le gré des intéressés, il prévit la même procédure pour Menton et Roquebrune. Ces villes, au contraire de Nice, ne votèrent pas leur annexion sans réserves. Charles III protesta vigoureusement auprès de l'Empereur, il obtint une indemnité de quatre millions de francs et la promesse que la France ouvrirait une voie carrossable de Nice à Monaco le long du littoral.

L'accord était apparemment désastreux car la Principauté devait faire avec Menton son deuil des citrons, des oranges et des agrumes qui assuraient son équilibre économique. Mais les deux concessions accordées par Napoléon III portaient en germe sa prospérité future.

Le destin de Monaco ne s'en était pas moins profondément modifié. La perte de Menton marquait la fin des ambitions territoriales des Grimaldi, la fin aussi du rôle qu'ils pouvaient jouer dans la politique internationale (1).

"Réduite au seizième de sa surface, au septième de sa population, la Principauté faisait en 1861 figure d'une bourgade de 1 200 habitants, à l'aspect médiéval et délabré, presque isolée du voisinage. Au pied du Rocher, à La Condamine, quelques vergers et cultures de violettes ; sur le plateau des Spélugues rien, sinon quelques oliviers, des garrigues et des cailloux (2)".

Qui se serait douté que cette terre misérable était sur le point de connaître une métamorphose digne des Mille et une Nuits ?

La métamorphose

Dans les années 1850, la Côte d'Azur, qu'on n'appelait pas encore ainsi, commençait à prendre un essor imprévu, tant économique que touristique. Les hivers méditerranéens amenaient des milliers d'étrangers, principalement anglais, à Nice et à Cannes. Des châteaux, des hôtels sortaient de terre, le commerce se développait à une vitesse surprenante. Monaco seul demeurait pauvre et oublié.

La Principauté disposait cependant d'un atout maître, son indépendance qui n'avait jamais été si complète, si reconnue. Pourquoi ne pas en profiter pour faire ce qui était interdit en France et réussissait admirablement à deux villes allemandes, Baden-Baden et Hombourg, c'est-à-dire ouvrir comme elles des casinos où le jeu serait autorisé ?

Telle fut l'idée que soumit à Charles III et à sa mère, Eynaud, secrétaire particulier de la princesse. Envoyé en reconnaissance à Baden-Baden, il en revint émerveillé. Eynaud conseilla de masquer l'opération qui pouvait choquer le puritanisme de l'époque derrière une société. Charles III donna son accord et aussitôt des personnages avides d'obtenir la concession l'assaillirent de leurs demandes.

Deux Français, Aubert et Langlois, obtinrent satisfaction.

Le 26 avril 1856, ils s'engagèrent à ouvrir un établissement de bains de mer, à construire un hôtel et des villas, à créer des services de bateaux à vapeur et d'omnibus entre Monaco et Nice, "surtout à fournir à leurs clients des plaisirs de toutes sortes… notamment des jeux… aussi bien que la roulette à un ou deux zéros et le trente-et-quarante".

La première pierre du Casino fut posée sur le plateau des Spélugues. En attendant la fin des travaux, Aubert et Langlois louèrent la petite villa Bellevue et, geste historique, y lancèrent la roulette dans des installations dont la précarité surprenait.

Ce triste décor n'aurait pas découragé les amateurs s'ils n'avaient dû risquer leur vie pour satisfaire leur passion. Il leur fallut en effet, nous dit le Comte Corti, emprunter "une espèce de véhicule antédiluvien… qui assurait le service une fois par jour entre Nice et Monaco. Il ne pouvait transporter, en les secouant à l'envi, que onze voyageurs. La célèbre corniche était certes pittoresque… mais elle était fort tortueuse et ne présentait pas une sécurité à toute épreuve… La diligence y avançait cahin-caha en butant contre les racines et les pierres du chemin.

La course durait plus de quatre heures. La route sans parapet longeait le précipice et maint passager arrivait à destination plus mort que vif".

On pouvait, il est vrai, recourir au "Palmeria", un "affreux sabot à vapeur qui avait tout juste l'air assez solide pour ne pas faire naufrage sur une mer d'huile". La chronique prétend que les croupiers le guettaient, l'œil vissé à un télescope. Un seul joueur entra au casino entre le 15 et le 20 mars 1857 : il y gagna deux francs !

Aubert et Langlois abandonnèrent. Ils eurent plusieurs successeurs non moins malheureux. L'un d'eux, Lefebvre, sommé d'achever le casino, préféra faire faillite en 1863. Entre-temps l'accord de 1861 avait prévu non seulement l'indemnité salutaire de quatre millions de francs, mais le passage par Monaco d'une ligne de chemin de fer Nice-Gênes. Cette dernière clause allait produire un effet magique.

Charles III eut le mérite de ne pas renoncer à l'idée d'Eynaud.

Ce dernier regagna l'Allemagne afin d'y prendre contact avec un homme qu'on appelait le "sorcier de Hombourg" car il avait su drainer vers le casino de cette ville les principales fortunes d'Europe. Il s'appelait François Blanc.

Le mémorialiste Charles Monselet a regretté que Balzac n'ait pu observer le personnage : "L'air rusé, tranquille, les lunettes d'or à demi tombant sur le nez, l'impertinence nichée au coin des lèvres, le menton ferme, le geste rare… et cette démarche toujours pressée qui n'admet aucun importun à sa suite, tel était François Blanc".

Après s'être fait prier, le "sorcier" se rendit à Monaco. Le 2 avril 1863, Charles III lui cédait pour cinquante ans le privilège d'exploiter la Société Anonyme des Bains de Mer et le Cercle des Étrangers à Monaco - "Cercle des Étrangers", parce que l'accès du casino était et demeure interdit aux joueurs monégasques.

La Société avait un capital de 15 millions divisé en 30 000 actions. La SBM était chargée des services publics qui, logiquement, reviennent à l'État. En échange, elle possédait le monopole des jeux.

Alors le prodige s'accomplit. François Blanc, qui avait le sens de la publicité, offrit, moyennant une somme dérisoire, une villa et des terrains au directeur du Figaro, Villemessant. Ce dernier écrivait : "M. Blanc a transformé Monaco en une véritable ruée vers l'or californien. Non seulement il découvre des mines, mais il en crée.

On dirait qu'une bonne fée a touché Monaco du bout de sa baguette magique. Il fallait encore récemment quatre heures par la route, une heure et demie par la mer, pour

---

(1) Cf. carte de la Principauté de Monaco antérieurement à 1861
(2) J.-R. Robert : Histoire de Monaco

Un peu d'histoire

aller de Nice à la Principauté. D'ici dix-huit mois, le trajet se fera en quinze minutes par train et Monaco deviendra le Bois de Boulogne de Nice. Monaco est le paradis sur terre".

Sur le plateau des Spélugues surgirent dix-neuf hôtels, cent seize villas, des rues, des boulevards, des places, un jardin. Charles III se voyait pourvu d'une nouvelle capitale à laquelle il fallait donner un nom. Après avoir longtemps hésité entre Charleville et Albertville – son fils s'appelait Albert – en juillet 1866, il choisit Monte-Carlo, c'est-à-dire Mont Charles. Le 12 octobre 1868, fut inaugurée la voie ferrée qui traversait la Principauté et le flot des touristes devint un torrent.

Les recettes du casino montèrent en flèche. Parallèlement, se développa une formidable spéculation sur les terrains. Afin d'en acheter, un certain Parisien démuni emprunta douze mille francs à cent pour cent. L'année suivante, ayant revendu, il payait l'usurier et réalisait un bénéfice de six cent vingt-cinq mille francs! Blanc supprima alors le deuxième zéro à la roulette, comme il l'avait fait à Hombourg. L'Europe applaudit.

De son côté, le Prince prit une décision audacieuse, plus populaire encore. Le 8 février 1869, il supprima tous les impôts directs. C'était attirer, après la clientèle du plaisir, celle de l'intérêt. La haute société, principalement anglaise, accourait à Monte-Carlo. Lord Brougham lui-même, malgré son grand âge, vint de Cannes : "En une seule semaine, écrivit-il, émerveillé, j'ai pu parler littérature avec des auteurs en vue, galanterie avec les reines des salons et des théâtres, politique avec des hommes d'État, art avec les artistes les plus renommés".

Un tel succès provoqua évidemment l'envie et l'indignation.

Les Niçois adressèrent au gouvernement français une pétition demandant l'abolition des jeux. On leur répondit : "Chaque Prince Souverain est maître chez lui". Cette précieuse souveraineté, Charles III ne négligeait rien pour l'affirmer. Il fondait l'ordre de Saint-Charles, donnait des titres de noblesse, battait monnaie, émettait des timbres-poste, obtenait la fondation du diocèse de Monaco, ce qui le détachait du diocèse de Nice. La cathédrale de l'Immaculée Conception remplaça la vieille église Saint-Nicolas. Le 6 septembre 1870, surlendemain de la proclamation de la République, les Niçois parlèrent de marcher sur Monte-Carlo et M. Blanc, effrayé, ferma le casino. Quelques mois après, non sans embarras, le préfet des Alpes-Maritimes lui demandait de le rouvrir, faute de quoi les hôtels de Nice iraient à la faillite. M. Blanc versa une contribution de deux millions à l'indemnité de cinq milliards que la France devait payer à la Prusse.

Il pouvait se le permettre : en 1871, il avait accueilli cent quarante mille joueurs. Ce nombre ne cessa d'augmenter. L'Empereur François-Joseph, le Prince de Galles, des grands-ducs russes vinrent plus ou moins régulièrement. Il y avait maintenant trente-cinq hôtels. M. Blanc, ne les jugeant pas dignes de sa clientèle, fit construire l'Hôtel de Paris par Jacobi. Il voulait que ce fût le premier du monde.

– Dépensez largement, n'épargnez rien, disait-il.

L'argenterie seule coûta cent soixante-quinze mille francs or.

En même temps, Charles Garnier traçait les plans du futur opéra, précurseur de celui de Paris.

À la mort de M. Blanc, en 1877, les recettes du casino atteignaient dix millions. Jusqu'à la fin de la Belle Époque, Monte-Carlo resta un quartier général des princes, des millionnaires, des artistes.

Charles III mourut en 1889. Son fils lui succéda à quarante et un ans et prit le nom d'Albert Ier. Il avait épousé une parente de Napoléon III, Lady Mary Victoria Douglas Hamilton, union qui dura à peine un an et dont naquit le Prince Louis. Albert Ier se remaria avec une Américaine, Alice Heine, veuve du Duc de Richelieu.

Le nouveau Prince possédait une forte personnalité. Il tenait de ses lointains ancêtres la vocation de marin à laquelle s'ajoutait la passion des sciences, plus particulièrement celle de l'océanographie. Dès 1885, sur les conseils du Professeur Milne Edwards, il avait entamé ses campagnes de recherches sur un bateau de 200 tonneaux : "L'Hirondelle I", qui le mena à travers les mers du globe.

Les résultats obtenus avec d'aussi faibles moyens sont si encourageants que le Prince, désireux d'étendre le champ de ses explorations, fait construire en 1891 un yacht spécialement conçu pour les travaux océanographiques : le "Princesse Alice I" ; puis en 1897 : le "Princesse Alice II", navire encore plus puissant et mieux aménagé à bord duquel il explorera les mers arctiques, jusqu'au nord du Spitzberg, et établira la première carte bathymétrique des océans ; enfin l'"Hirondelle II", élégant navire en acier jaugeant 1 650 tonneaux, doté de machines développant une puissance de 2 000 chevaux et disposant de laboratoires et d'un outillage scientifique des plus perfectionnés.

Sous son règne, la cité frivole devint aussi le rendez-vous des savants et fut aménagée en conséquence. Albert Ier, grand bâtisseur, posa le 25 avril 1899 la première pierre du Musée Océanographique, destiné à recevoir les collections d'animaux et de fossiles ramenées de ses expéditions. L'édifice, achevé en 1910, contient notamment une immense bibliothèque scientifique et le fameux aquarium où quatre-vingts bassins abritent des centaines de poissons venant aussi bien de la Méditerranée et de l'Atlantique que de l'océan Indien, de la mer de Chine et de la mer de Corail. Le Musée contient encore dix mille espèces de coquillages, des laboratoires, les instruments de pêche que le Prince avait fait descendre à six mille mètres de profondeur et bien d'autres merveilles.

Une station météorologique lui fut rattachée : elle n'a pas cessé de fonctionner, ainsi que des laboratoires où peuvent être poursuivies les études concernant la vie sous-marine.

Pour conserver le résultat de ses croisières, il avait fait construire le Musée Océanographique ; pour les faire connaître, il fonda à Paris l'Institut Océanographique et publia divers ouvrages dont le plus connu est "La Carrière d'un Navigateur". Le nom de ce Prince, qui fut membre de l'Institut et correspondant des sociétés savantes de son temps, est également étroitement associé à la découverte, par les Professeurs Richet et Portier, de l'anaphylaxie, découverte dont les circonstances sont liées à l'expédition qu'il dirigea en 1901 dans les parages des Açores et des Îles du Cap Vert où foisonne la physalie.

Animal fragile de la famille des cœlentérés, la physalie secrète un venin doué de la propriété de diminuer l'immunité au lieu de la renforcer.

C'est ce phénomène, dont les applications sont multiples en bactériologie et en pathologie, qui a reçu le nom d'anaphylaxie, que l'on oppose au phénomène habituel de la prophylaxie.

Albert Ier ne s'intéressait pas seulement à la mer. En 1902, il fonda le Musée d'Anthropologie, qui reçut la moisson de ses explorations préhistoriques et permet de suivre l'évolution de l'humanité depuis le pithécanthrope.

Il créa le Jardin Exotique, une des splendeurs de la Principauté.

On y voit une confrontation universelle des plantes grasses dites plantes succulentes appartenant à cent contrées diverses. La flore de la Méditerranée y voisine avec celle du Mexique, de l'Afrique et de l'Amérique. Des milliers de visiteurs viennent admirer chaque année ce prodigieux ensemble.

Albert Ier reconstruisit la place de la Visitation, restaura le Palais Princier. Il fit aménager un port moderne en approfondissant la rade protégée par deux jetées. Cela laissait une passe d'environ cent mètres. Un tunnel fut creusé sous le Rocher, il relia le port à un nouveau quartier gagné en partie sur la mer, celui de Fontvieille, où naquirent des industries (minoterie, brasserie).

Les sports mécaniques ne pouvaient que passionner un savant tel que le Prince. 1898 avait vu se dérouler à Monte-Carlo un singulier concours d'élégance, celui des "voitures sans chevaux". En 1911, eut lieu le premier Rallye Automobile tandis que les canots automobiles et les "hydroaéroplanes" se mesuraient dans le port où, rappelons-le, de grands noms de l'aviation, Santos-Dumont et Rougier notamment, effectuèrent des essais.

Les arts n'étaient pas oubliés. Dirigé de 1892 à 1951 par Raoul Gunsbourg, l'Opéra de Monte-Carlo accueillait les plus illustres chanteurs, de Chaliapine à Caruso, de Nellie Melba à Félia Litvinne. Nombre d'œuvres lyriques y furent créées, notamment la "Damnation de Faust" de Berlioz, le "Don Quichotte" de Massenet, "L'Enfant et les Sortilèges" de Ravel.

En 1911, Monte-Carlo devint un haut lieu de la chorégraphie, refuge de l'École Impériale Russe quand Serge de Diaghilev y eut installé ses Ballets Russes. Là furent dansés pour la première fois des ballets aussi fameux que "le Spectre de la Rose", "Petrouchka" et le "Prélude à l'Après-Midi d'un Faune".

Le progrès sous ses aspects multiples trouvait son compte à la fête perpétuelle où se pressait l'élite d'une société qui atteignait son apogée à la veille de disparaître. De 1200 habitants en 1861, la population monégasque était passée à 23 000 en 1913.

Albert Ier était l'ami de tous les souverains d'une Europe encore monarchique et joua maintes fois un rôle discret dans la politique internationale. S'efforçant de prévenir un conflit trop prévisible, il fonda un Institut International de la Paix. Il promulgua, le 5 janvier 1911, une Constitution qui ne donna pas entièrement satisfaction et fut modifiée en 1917.

La Première Guerre mondiale avait éclaté. Monaco observa une stricte neutralité bien que le Prince Héréditaire Louis combattît dans l'armée française et se couvrît de gloire au Chemin des Dames.

Les hôtels de Monte-Carlo se changèrent en hôpitaux. C'était la fin d'une ère, la fin d'une certaine douceur de vivre, d'une certaine folie, d'ailleurs propice à des créations magnifiques, et dont Monte-Carlo avait été l'un des plus prestigieux symboles. ■

Philippe Erlanger

Dynamisme et tradition

L'année suivante, à un moment particulièrement critique de la guerre, la France s'inquiéta de l'avenir de la Principauté. Le Prince Héréditaire Louis était en effet célibataire à quarante-huit ans et sa succession paraissait destinée à la famille allemande d'Uracht-Wurtemberg issue d'une sœur de Charles III. Aussi, les deux États furent-ils amenés à définir leurs rapports : le traité signé le 17 juillet 1918 fut entériné par la Conférence de Versailles. Parallèlement, le Prince obtint, d'une part, la révision des accords économiques périmés en raison de la dévaluation du franc, d'autre part, il assura la sauvegarde de la dynastie.

La fille du Prince Louis, la Princesse Charlotte, fut solennellement adoptée à Paris en présence de Raymond Poincaré, président de la République, et du ministre des Affaires Étrangères. Elle était en même temps reconnue comme héritière de la Maison régnante.

En 1920, la Princesse Charlotte épousa le Comte Pierre de Polignac, grand seigneur, autant par sa naissance que par l'étendue de son esprit. Conformément aux statuts régissant la Famille Souveraine, il prit le nom et les armes des Grimaldi. Deux enfants naquirent : en 1921, la Princesse Antoinette ; en 1923, celui qui serait un jour le Prince Rainier III.

D'autres problèmes, très graves, se posaient depuis la fin de la guerre. Les grands-ducs de la Belle Époque et ses magnats d'Europe centrale étaient loin. Le nombre de millionnaires qui passaient leur vie à se distraire avait singulièrement diminué. Monaco devait maintenant se conformer aux goûts d'une nouvelle clientèle.

À peine cet effort accompli, il fallut affronter la grande crise internationale qui sévit à partir de 1929, puis la concurrence des jeux désormais autorisés en France.

En 1922, le Prince Louis II avait succédé à Albert Ier. Sous son règne, la Principauté montra une fois encore son extraordinaire faculté de s'adapter à des circonstances difficiles. Ne l'avait-elle pas fait continuellement au cours des siècles ? Notons pendant cette période le percement, pour faciliter la circulation, d'une grande galerie sous le Rocher, la fondation du Bureau Hydrographique International et surtout celle du Grand Prix Automobile de Monaco, première course dans une ville. Elle n'a pas cessé d'attirer la foule des spectateurs. On les compte aujourd'hui par dizaines de milliers.

Bien que la Société des Bains de Mer eût créé le Sporting d'Hiver, son importance diminuait au cours de l'évolution qu'exigeaient les temps modernes. En 1887, ses redevances représentaient 95 % des revenus du Trésor. Elles tombèrent à 30 %. En 1936, la SBM devint une société privée.

Durant l'entre-deux-guerres, la Principauté sut non seulement éviter les récifs, mais améliorer son économie qui restait cependant fragile. Pendant le deuxième conflit mondial, les Italiens, puis les Allemands l'occupèrent. Lorsque les alliés débarquèrent en Provence, le Prince Héréditaire Rainier s'engagea à son tour dans l'armée française.

Sa brillante conduite, notamment en Alsace, lui valut la croix de guerre.

En 1949, le Prince Louis II s'éteignit.

Le Prince Rainier III monta sur le trône le 11 novembre (sa mère, Son Altesse Sérénissime la Princesse Charlotte ayant renoncé à ses droits de succession) et fit choix du 19 novembre, journée dédiée à Saint-Rainier de Pise, pour la célébration de la Fête Nationale Monégasque. Ce jeune souverain de vingt-six ans, sportif, cultivé, curieux de toutes choses, manifesta immédiatement le souci de maîtriser les multiples tâches du Gouvernement.

"Un esprit nouveau introduit dans des cadres anciens a consacré des principes modernes sans pour autant renier la tradition ; il y a ajustement et non bouleversement ; il y a évolution et non révolution" : cette phrase, prononcée par le Prince Rainier III lors de la promulgation de la Constitution de 1962, résume bien les deux idées-forces complémentaires qui l'ont guidé : donner à l'État les structures correspondant aux nécessités de l'époque et respecter les traditions qui en faisaient l'originalité.

En 1956, le Prince épousa une artiste américaine universellement connue aussi bien pour son talent que pour sa beauté, Miss Grace Patricia Kelly.
Trois enfants naquirent : la Princesse Caroline en 1957, le Prince Albert en 1958 et la Princesse Stéphanie en 1965. Ce mariage eut un immense retentissement, en particulier aux États-Unis, et contribua en grande partie au rayonnement de la Principauté.

Sous le règne du Prince Rainier III, les initiatives ont en effet été innombrables dans tous les domaines : politique, économique, culturel, artistique ou encore sportif. Visionnaire, le Prince Rainier est resté fidèle à ses idées : jusqu'à la fin de sa vie, il a inlassablement œuvré pour asseoir la souveraineté de la Principauté, développer les relations avec la communauté internationale, étendre le territoire afin de développer l'économie, diversifier les secteurs d'activités, préserver l'environnement et favoriser l'essor des sciences, des arts, de la culture et du sport.

Sur le plan de la politique intérieure, le Prince Rainier, confronté au problème de la question constitutionnelle qui n'avait jamais été réglée de façon satisfaisante depuis 1911, décida de suspendre partiellement l'application de la Constitution le 28 janvier 1959 et en fit préparer une autre qu'il promulgua le 17 décembre 1962*. Toujours soucieux de suivre les évolutions du temps, le Prince Rainier fit réviser la Constitution par la loi n° 1249 du 2 avril 2002**, une révision par ailleurs indispensable pour prétendre adhérer au Conseil de l'Europe selon son souhait.

Les relations avec la France ont évolué tout en restant placées sous le signe de l'amitié et de la coopération. En 1962, la crise entre Monaco et la France, qui demandait l'alignement fiscal sur son propre régime, aboutit aux accords du 18 mai 1963. Ils instituaient un impôt direct sur les bénéfices de certaines entreprises industrielles ou commerciales, mais ils maintenaient le régime d'exonération, créé par l'ordonnance du 6 février 1869, pour l'ensemble des entreprises industrielles ou commerciales qui n'exerçaient leur activité que sur le territoire monégasque, ainsi que pour les personnes physiques sur leurs revenus personnels (à l'exception des personnes physiques de nationalité française qui ne pouvaient justifier de 5 ans de résidence habituelle à Monaco à la date du 13 octobre 1962, lesquelles devenaient assujetties en France à l'impôt sur le revenu dans les mêmes conditions que si elles y avaient leur domicile ou leur résidence). Sur le plan monétaire, un échange de lettres datant du 31 décembre 1998 prévoyait l'introduction de l'euro à Monaco par substitution au franc. Le Traité de 1918 étant devenu quasi obsolète, les deux États lui substituèrent le Traité du 24 octobre 2002. Confirmant les liens d'amitié et de coopération entre Monaco et la France, ce Traité, "se fondant sur les principes du droit international et de la Charte des Nations Unies", stipulait que "la République française assure à la Principauté de Monaco la défense de son indépendance et de sa souveraineté".

La Principauté de Monaco a conforté son statut d'État souverain et a renforcé son rôle au sein de la communauté internationale. D'une part, le Prince Rainier a multiplié les relations diplomatiques, d'autre part, il a encouragé l'adhésion de Monaco aux plus grandes organisations internationales et a développé la coopération. Membre de l'ONU depuis 1993 et du Conseil de l'Europe depuis 2004, Monaco adhère également à plus d'une douzaine d'institutions spécialisées de l'ONU, à de nombreuses organisations intergouvernementales et ONG.

En tant que petit État européen, la Principauté de Monaco constitue un État tiers de l'Union européenne faisant partie du territoire douanier de l'Union et elle est un point de passage autorisé pour l'entrée dans l'espace Schengen. En application des accords avec la France et de ceux signés avec l'Union européenne, Monaco a adopté l'euro et a le droit de frapper des pièces à son effigie. Un accord signé avec l'Union Européenne en 2003 permet aux produits pharmaceutiques et cosmétiques et aux dispositifs médicaux fabriqués à Monaco d'être exportés dans l'UE. Enfin, à l'instar des autres pays tiers, la Principauté a signé un accord sur la fiscalité de l'épargne en décembre 2004 par lequel est mise en place une retenue à la source sur les paiements d'intérêt effectués par les agents payeurs situés le territoire monégasque aux personnes physiques résidents d'un État membre de l'UE.

Si le surnom du Prince Rainier a été "Prince Bâtisseur", c'est qu'il avait compris que le gain d'espace était vital pour le pays. Au prix d'une politique de grands travaux audacieuse, il a accru le territoire de façon pacifique de 1/5e de sa superficie, modelé une cité moderne, amélioré le cadre de vie et favorisé la diversification économique. Avec le tourisme qui subissait une mutation inévitable passant d'une villégiature d'hiver à des séjours d'été, il comprit très vite l'importance de créer un Bord de mer attractif. À la fin des années cinquante, le déplacement de la voie ferrée et la mise en souterrain d'une partie du tracé permettait de dégager 51 000 m² et d'ouvrir un accès direct à la mer depuis Monte-Carlo. La réalisation des terre-pleins du Portier et du Larvotto, bordés par une plage artificielle de 450 m de long permit le développement d'un quartier dédié aux activités hôtelières et de loisirs. Des hôtels neufs ont été construits et la Société des Bains de Mer a édifié, sur le terre-plein du Larvotto, un complexe touristique comprenant le Sporting Monte-Carlo – une salle prestigieuse, inaugurée en 1974, où de nombreuses vedettes internationales se produisent chaque été – et le Monte-Carlo Bay, un hôtel 4 étoiles inauguré en 2005.

Mais c'est sans conteste le terre-plein de Fontvieille qui restera l'opération la plus ambitieuse réalisée par le Prince Rainier : la création d'un quartier de 220 000 m² de surfaces constructibles gagnées sur la mer, devenu en quelques années un pôle d'activités et de vie aussi dynamique que le légendaire quartier de Monte-Carlo. Autre projet d'ampleur, la mise en souterrain totale de la voie ferrée et de la gare dans les années 1990 a permis de gagner 4 hectares. Enfin, des travaux d'envergure tels que la construction, sur le terre-plein du Portier, du Grimaldi Forum, un centre de congrès et des expositions de 35 000 m² sur dix niveaux, et le réaménagement total de la zone du port Hercule avec la mise en place d'une digue semi-flottante de 352 m et d'une contre-jetée, ont été entrepris pour doter la Principauté d'infrastructures à la pointe, l'une pour répondre

Un peu d'histoire

aux besoins du tourisme d'affaires, l'autre pour développer le tourisme de plaisance de croisières de luxe.

L'extension du territoire et la politique de grands travaux ont conditionné le développement économique. Les recettes du Casino ayant considérablement baissé après guerre pour ne plus représenter que 3,5 % du budget de l'État, le Prince Rainier mena une politique de diversification de l'économie : tourisme, finance, commerce, services, bâtiment et industrie ont été et, restent, les piliers de l'expansion de Monaco. Avec un chiffre d'affaires en constante évolution, un nombre de salariés supérieur au nombre d'habitants depuis le milieu des années 1990 et plus de 4 000 entreprises, la Principauté est devenue un véritable centre économique et un bassin d'emploi pour la Côte d'Azur. Ses commerces, ses enseignes de luxe, sa quarantaine de banque de stature internationale, ses hôtels de luxe, la variété de ses restaurants, son riche programme de manifestations, ses nombreux salons internationaux en font une ville dynamique et cosmopolite où il fait bon vivre tant pour les habitants que pour les visiteurs. C'était le vœu du Prince Rainier qui aura presque totalement remodelé la ville sans lui faire perdre son caractère spécifique.

Sensible aux questions liées à l'environnement, le Prince Rainier s'impliqua particulièrement dans la préservation des milieux et il fut à l'origine d'un grand nombre d'initiatives dans le domaine scientifique. Cet engagement s'est traduit par l'adhésion de la Principauté à une série d'accords de coopération techniques et scientifiques ainsi qu'à des processus internationaux dans les domaines de la biodiversité, du climat, de la désertification…

Président, de 1956 à 2001, de la Commission Internationale pour l'Exploration Scientifique de la Méditerranée (CIESM), le Prince Rainier fonda le Centre Scientifique de Monaco en 1960 et initia la création du Laboratoire international de Radioactivité marine en 1961 (rebaptisé depuis Laboratoire de l'Environnement marin). Il soutient le projet "RA.MO.GE.", un accord, signé en 1976 par Monaco, la France et l'Italie, qui crée une vaste zone pilote de prévention des pollutions en Méditerranée. En 1974, il édicta une loi prévoyant des dispositions pour la protection de la qualité de l'eau et de l'air et il créa la réserve sous-marine du Larvotto en 1975. En 1992, il participait au "Sommet de la Terre" de Rio et créait un Service de l'Environnement au sein du Département des Travaux Publics qui prit d'ailleurs la dénomination de Département de l'Équipement, de l'Environnement et de l'Urbanisme en 2005, traduisant sa volonté d'intégrer la notion d'environnement aux décisions politiques.

Autres domaines chers au Prince Rainier, les arts et la culture. Là aussi ses initiatives ont été multiples pour faire de Monaco une terre d'accueil de l'art sous toutes ses formes :
– réhabilitation et création de lieux (Fort Antoine dans les années 1950, Théâtre Princesse Grace en 1981, ateliers d'artistes et salle d'exposition au quai Antoine Ier à la fin des années 1990, Grimaldi Forum en 2000) ;
– ouverture de musées (Musée des Souvenirs napoléoniens en 1970, Musée National en 1972, Musée de la Chapelle de la Visitation en 1995, Musée des Timbres et des Monnaies en 1996, Collection Privée de Voitures Anciennes en 1993) ;
– lancement de nouvelles manifestations (Concerts du Palais Princier en 1959, Festival International de Télévision en 1961, Festival International de Feux d'Artifice en 1966, Concours International de Bouquets en 1968, Festival International du Cirque en 1974, Printemps des Arts en 1984, Monaco Dance Forum en 2000…) ;
– création d'entités (Fondation Princesse Grace en 1964 ; Fondation Prince Pierre de Monaco en 1966 ; Direction des Affaires culturelles en 1966 ; Orchestre Philharmonique de Monte-Carlo en 1980 remplaçant l'Orchestre National de l'Opéra de Monte-Carlo ; Ballets de Monte-Carlo en 1985).

La Principauté offre un programme artistique et culturel digne d'une grande capitale avec ballets, concerts, opéras, pièces de théâtre, conférences, colloques, expositions… autant de spectacles et de manifestations participant au rayonnement du pays tel que le souhaitait le Prince Rainier.

Les sports, déjà à l'honneur avec le Rallye Automobile et le Grand Prix Automobile de Monaco, connurent une nouvelle poussée de croissance avec l'organisation notamment de l'Open de Tennis de Monte-Carlo, devenu plus tard le Master Series Monte-Carlo, du meeting d'Athlétisme Herculis, du Jumping de Monaco, ou encore du Meeting International de Natation. L'importance du sport aux yeux du Prince Rainier s'est traduit également par la construction d'infrastructures de qualité telles que le Stade Nautique Rainier III ou le Stade Louis II, inauguré en 1985. D'une capacité de 20 000 places, il comprend un terrain de football, où évolue au plus haut niveau l'équipe de l'AS Monaco FC, une piste d'athlétisme, une salle omnisports et une piscine olympique.

Il n'est aucun domaine où le progrès n'ait reçu une impulsion particulière et où le prestige de Monaco ne se soit affirmé tout au long du règne du Prince Rainier.

Une nouvelle ère

Le 6 avril 2005, le Prince Rainier III s'éteignait après 56 ans de règne. S.A.S. le Prince Héréditaire Albert, préparé de longue date à la charge de prince régnant, succédait à son père à l'âge de 47 ans.

Après des études aux États-Unis, S.A.S. le Prince Albert II, diplômé en Sciences politiques, a suivi une formation de gestion financière et de marketing au cours de plusieurs stages au sein de grands groupes internationaux. Associé très jeune aux affaires de l'État, Il s'est fait l'Ambassadeur de la Principauté auprès de l'ONU comme lors de multiples voyages officiels à l'étranger et a assuré très activement la présidence de nombreuses entités culturelles, artistiques ou humanitaires. Sportif émérite, S.A.S. le Prince Albert II a toujours été particulièrement présent au niveau des instances sportives tant locales qu'internationales.

Le 12 juillet 2005, après 3 mois de deuil, S.A.S. le Prince Albert II prononçait un discours d'avènement dans lequel il jetait les bases d'un règne qu'il souhaite placé sous le signe de l'éthique, de l'humanisme et de l'environnement ainsi que des grands principes qui ont fait la réussite de Monaco : diversité de l'activité économique, unité nationale et politique, ouverture sur le monde.

Sur le plan politique, une étape importante a été franchie dans les relations franco-monégasques avec la signature, le 8 novembre 2005, lors d'une rencontre avec le Président Jacques Chirac, d'une convention remplaçant celle de 1930 qui reconnaît désormais l'accession des Monégasques à l'ensemble des postes de hauts fonctionnaires dont celui de Ministre d'État. Afin de développer la politique internationale du pays, S.A.S. le Prince Albert II a effectué plusieurs voyages à l'étranger, notamment à l'ONU, avec pour objectif principal que la voix de la Principauté soit davantage entendue.

L'engagement de S.A.S. le Prince Albert II en faveur de l'environnement s'est manifesté durant sa première année de règne au travers de deux événements forts : une expédition scientifique au Pôle Nord en avril 2006, sur les traces de son trisaïeul le Prince Albert Ier, et la création, le 27 juin 2006, de la Fondation Albert II dédiée à des programmes concrets en faveur de la préservation de l'état de la planète.

Ayant épousé le millénaire sans renoncer à ses traditions, Monaco offre un modèle accompli du dynamisme méditerranéen dans le halo doré de sa légende.

---

* La Constitution fixe l'organisation du gouvernement et des Pouvoirs publics, aménage leurs rapports et consacre les libertés et droits reconnus aux Monégasques et aux étrangers. Monarchie héréditaire et constitutionnelle, la Principauté de Monaco est un "Etat de droit" où le pouvoir exécutif relève de la souveraineté fondamentale du Prince. Le Gouvernement, nommé par le Prince, est exercé sous sa haute autorité par un Ministre d'État assisté de trois Conseillers.

Le pouvoir législatif et budgétaire est exercé conjointement par le Prince et le Conseil National, le parlement monégasque, composé de 18 membres élus pour cinq ans au suffrage universel direct par les citoyens majeurs possédant la nationalité monégasque depuis plus de cinq ans. L'initiative et la sanction des lois relèvent du Prince, la délibération et le vote reviennent au Conseil National. Certes, le Parlement n'a pas le pouvoir de renverser le Gouvernement mais il vote les lois et le budget national préparé par l'État.

Le pouvoir judiciaire appartient au Prince qui en délègue le plein exercice aux Cours et Tribunaux chargés de rendre justice en son nom mais en toute indépendance.

Monaco forme une seule Commune, administrée par une municipalité, composée d'un maire et d'adjoints désignés par le Conseil Communal parmi ses 15 membres élus pour quatre ans au suffrage universel. La Commune est chargée principalement de tout ce qui relève de l'intérêt urbain propre à la ville.

** La réforme constitutionnelle a porté sur un certain nombre de points :

– Les règles en matière de succession dynastique stipulent que la succession au trône s'effectue "par descendance directe et légitime du Prince régnant par ordre de primogéniture avec priorité masculine au même degré de parenté".

– Les pouvoirs du Parlement sont étendus en matière de politique étrangère : certains traités ne peuvent être ratifiés qu'avec l'assentiment des élus.

– Sur le plan électoral, le mode de scrutin du Conseil National est désormais mixte (majoritaire et proportionnel) et le nombre de conseillers nationaux passe à 24.

– La majorité est abaissée à 18 ans au lieu de 21 ans précédemment.

– La disposition relative à la transmission de la nationalité est modifiée, la seule transmission par le père est abrogée.

– Les associations n'ont plus qu'à déclarer leur existence sans demander un agrément.

– L'article 35 prévoit l'aliénation des biens de l'Etat.

– Les Ordonnances souveraines ayant trait à la Famille Souveraine sont dispensées de délibérations en Conseil de Gouvernement.

Un peu d'histoire

Monaco à l'International

Le 5 octobre 2004, S.A.S. le Prince Albert conduisait la délégation de Monaco à Strasbourg pour la cérémonie officielle d'adhésion de la Principauté au Conseil de l'Europe, comme 46ème Etat membre de cette Organisation.

En avril 2006, S.A.S. le Prince Albert II se rend au Pôle Nord en traîneau à chiens depuis la base russe de Barneo distante de 120 kilomètres. Cette traversée fut l'occasion de rendre hommage à son trisaïeul, le Prince Albert Ier de Monaco, pionnier de l'océanographie moderne, qui, en 1906, entreprenait au Spitzberg, dans l'archipel du Svalbard, la plus fructueuse de ses quatre campagnes d'exploration arctique. Le raid de S.A.S. le Prince Albert II a servi aussi de support à une campagne destinée à sensibiliser l'opinion mondiale aux enjeux planétaires que représentent, à court terme, les risques liés au réchauffement climatique et aux dangers des pollutions d'origine industrielle.

En juin 2006, S.A.S. le Prince Albert II a créé la Fondation Prince Albert II de Monaco dédiée à la protection de l'environnement. Elle encourage une gestion durable et équitable des ressources naturelles et place l'Homme au cœur des projets. Elle soutient la mise en œuvre de solutions innovantes et éthiques dans trois grands domaines: le changement climatique, la biodiversité et l'eau.

En janvier 2009, le Prince Albert II de Monaco a entrepris un voyage scientifique de trois semaines en Antarctique. Il y a visité un grand nombre de stations scientifiques et rallié le Pôle Sud en compagnie de l'explorateur Mike Horn. Un film est tiré de ce voyage "Antarctique 2009, terre en alerte" présenté aux habitants de la Principauté en avril 2009.

Le Prince et la Politique intérieure

S.A.S. le Prince Albert II se montre particulièrement soucieux du développement économique de la Principauté dans un esprit d'éthique et de transparence. Il engage une politique d'équipement et de grands travaux qui permet notamment la mise en chantier d'un nouvel hôpital (Centre hospitalier Princesse Grace), la réalisation d'équipements collectifs (lycée hôtelier, nouveau collège) sur les terrains "délaissés" des voies de chemins de fer, et le lancement de nombreuses opérations, abritant logements sociaux et bureaux.

Diverses initiatives ont été conduites en vue de favoriser l'activité économique, rendant le fonctionnement des entreprises plus transparent tout en maintenant un haut niveau d'éthique :
- création du statut de la S.A.R.L.,
- introduction dans le droit pénal monégasque du délit d'escroquerie fiscale,
- introduction du principe général de responsabilité pénale des personnes morales,
- adoption de dispositifs de lutte contre le blanchiment, la criminalité organisée et la corruption.

S.A.S. le Prince Albert II s'attache à conduire dans son pays une politique exemplaire sur le plan environnemental en privilégiant le développement des transports en commun, les véhicules écologiques, les énergies renouvelables et les constructions à haute qualité environnementale.

Dans le domaine des Droits de l'Homme, durant les premières années du règne de S.A.S. le Prince Albert II, plusieurs modifications législatives importantes ont vu le jour, notamment :
- l'introduction et la réglementation de la garde à vue, la détermination du régime juridique des écoutes téléphoniques, la restructuration et la rationalisation des procédures de détention provisoire et la réorganisation de la procédure de contumace,
- le renforcement de la protection juridique des individus, de leurs données personnelles et de leur vie privée, dans le cadre de l'évolution exponentielle des nouvelles technologies,
- la réaffirmation du principe de la liberté d'expression des médias et l'organisation d'un régime de responsabilité dans le cadre du respect des droits et libertés fondamentaux de la personne et de l'ordre public,
- la modernisation de la loi sur l'éducation (intégration des enfants handicapés) et la protection accrue des droits de l'enfant,
- l'introduction du principe de liberté d'association et de différents textes sur la transmission de la nationalité visant à l'égalité parfaite entre l'homme et la femme.

Mariage et descendance

Le 23 juin 2010, par un communiqué officiel, S.A.S. le Prince Albert II annonce ses fiançailles avec Charlène Wittstock, une nageuse sud-africaine avec qui il entretient une relation depuis 2006. Leurs fiançailles sont annoncées par le Palais Princier le 23 juin 2010. Le mariage civil a lieu le 1er juillet 2011, le mariage religieux le lendemain.

Le 30 mai 2014, S.A.S. le Prince Albert II de Monaco et son épouse Charlène annoncent officiellement attendre un enfant pour la fin de l'année 2014. En octobre 2014, Il annonce que S.A.S. la Princesse Charlène attend des jumeaux. Le 10 décembre 2014, le couple princier devient parent de jumeaux, une fille et un garçon :
- S.A.S. la Princesse Gabriella de Monaco, née le 10 décembre 2014, Comtesse de Carladès,
- S.A.S. le Prince Jacques de Monaco, né le 10 décembre 2014, Prince Héréditaire, Marquis des Baux.

A brief history by Philippe Erlanger

From Hercules to Napoleon III

The mists of legend have drifted, as indeed they should, around the powerful rock formation which bars the coastline between Gaul and Italy. According to Apollodorus, Hercules, returning from Spain where he had killed Geryon, landed there and destroyed a tyrant who terrorised this countryside. He was alone. That is why a temple, which was actually built in his honour (although its exact location is not known), was dedicated to Hercules Monoecus.

From this, Strabo concluded that the Greeks from Phocaea (Marseille) had advanced as far as there. Details are lacking, as they are concerning the Phoenicians who must have landed in the neighbourhood, even if they did not found a colony here when they were dominating this part of the Mediterranean. Confusion between Hercules and their god, Melkart, has been presumed.

However that may be, the inhabitants of the region were Ligurians. Hecate of Miletus called Monoecus the local tribe which possessed a fortified village and a small harbour. They were fierce warriors who fought against the Romans. Although Caesar used their harbour they were not finally subdued until 14 B.C., by Augustus. Thenceforward, Monaco became part of the Maritime Alps, province under the administration of Gaul.

The Rock, therefore, experienced the Pax Romana followed by the onslaught of the barbarian invaders. Under the feudal system it was subordinated to the Count of Ventimiglia, until the Emperors Frederick Barberossa and Henry VI gave the coast to the Genoese, who raised a formidable fortress at Monaco.

Next came the period of fierce combat between the Guelphs and Ghibellines. At the end of the thirteenth century, the Ghibellines won the day at Genoa and cast out of the city two eminent lords, François and Rainier Grimaldi, descended from a family of consuls and ambassadors.

The fortress of Monaco was held by the Ghibellines. On the evening of 8th January, 1297, the guard was approached by a Franciscan monk who asked for shelter. He was welcome, and nobody noticed the unusual fact that he was wearing boots. As soon as he was inside, the impostor drew his sword, killed a few members of the garrison, opened the gate to the soldiers who waited nearby and siezed the castle.

The false monk was none other than François Grimaldi, nicknamed "the clever". Since then, his family coat of arms has consisted of two booted Franciscan monks each holding a naked sword. His exploit provided his kinsman Rainier with the means of waging a sea war against the Genoese. Rainier who later became Rainier I, was to be the founder of the princely house. He received a pension from Philippe le Bel and finished up as an Admiral of France.

There followed a long and confused period during which the Grimaldis lost Monaco and reconquered it. Charles I was recognised as Lord of the City in 1342. He was allied to France and provided soldiers for her army.

Since the population of Monaco was barely a thousand, its masters could not rise against the power of the Estes, the Gonzagues and the Viscontis. They were buffeted in the wars between Italian cities and in their own domestic feuds. But they had the remarkable ability to recover what they had lost. Their trump card was their military position, thanks to which they succeeded in steering a path between rival ambitions.

Lambert Grimaldi ensured their independence, which was ratified by an oath of the population and guaranteed in 1482 by a treaty with France. Louis XI placed the seigneury under his tutelage and finally freed Monaco from the Genoese. Louis XII, after many vicissitudes, confirmed that Lucien Grimaldi held his land "from God and by the sword".

In 1524, there was a change of fortune. The Treaty of Burgos and the Edict of Tordesillas placed Monaco under the domination of Charles V. This Spanish protectorate was to last one hundred and sixteen years. During the interminable conflicts between France and the House of Austria, the Rock was of considerable strategic importance. It therefore also aroused the envy of the Turks, against whom it had to defend itself. In 1605 the Spanish installed a garrison there, much against the will of the population. In compensation, the King of Spain recognised Honoré II as "Lord of Monaco, Menton and Roquebrune, Marquis of Campagna, Prince and Lord". In 1612 he conferred on him the title of "Most Serene Highness".

This did not prevent Honoré II from turning against him when the war started up again. On 14th September 1641, the Treaty of Péronne, in which Louis XIII undertook to maintain "the liberty and sovereignty of the country and all its privileges and rights on sea and on land" was signed secretly. On 17th November Honoré II launched an attack on the Spanish Garrison which, overcome by surprise, capitulated with the loss of eight men.

The political intuition of the Grimaldis was astonishing. In 1641, as in 1524, they guessed correctly which of two powerful antagonists was going to win the day - just before Pavia and just before Rocroi - when the fortune of arms had not yet weighed in the balance.

In compensation for a few Italian fiefs confiscated by Spain, Louis XIII gave to Honoré II the Duchy of Valentinois (which had been that of Diana of Poitiers), the Marquisate of Baux and the Earldom of Carladez.

He also sent him a garrison of five hundred men on the understanding that it would not be used in any internal disputes of the Principality. The latter was not even asked to take sides with the new ally but merely to make the harbour available to its shipping. Forgetting its Italian influence, Monaco thenceforth became a reflection of France. Honoré II laid down in his will that his successor should never abandon the protection of his most Christian Majesty. Like his sixteenth century ancestors, who had been princes of the Renaissance, he loved the arts and was extremely cultured. Three periods spent at the court of Anne of Austria completed the process of placing him under the intellectual influence of Paris. Monaco too had its "grand siècle" at the time when the young Louis XIV was entering his own - an example of perfect harmony between civilizations. The Prince concentrated all powers in his own hands and thus formed an efficient government directed by a State Secretary. Monaco, like France, had become an absolute monarchy.

Honoré II transformed his castle into a Palace, which was decorated first by the Italians and then by the French. He gave vast receptions there and welcomed both writers and artists.

When he died in 1662 he left a sumptuous collection of tapestries, silver ware, furniture, and a gallery of seven hundred paintings, including works by Raphaël, Durer, Titian, Michaelangelo and Rubens. It has been written that his reign enabled the dynasty to attain a "summit which it would be difficult to surpass".

His son and successor Louis I appeared to be at least as much attached to his standing as a peer of France as to his sovereign position. He passed a good part of his time at Court or in the armies of Louis XIV who named him "mestre de camp" (colonel) of the Monaco Cavalry.

He obtained from the King the authorisation to extend the territorial waters of the Principality to an unheard of distance, all to the greater profit of Monegasque finances and, while maintaining the neutrality of his State, waged war in the service of France and published the Code Louis, which reinforced his position.

In 1701 he died in Rome, where he had gone as French Ambassador and had dazzled the eternal city by his pomp and by his retinue of three hundred coaches.

Antoine I, who was nicknamed Goliath on account of his imposing height, had passed forty years of his life at Versailles, for which he pined for the rest of his life. He was a great music lover and kept an orchestra and an opera company. He died in 1731.

By his marriage with Marie of Lorraine, he had two daughters, the eldest of whom, Louise-Hippolyte, succeeded her father; her husband, Count Jacques de Goyon Matignon, assumed the name and arms of the Grimaldis and the Duchy of Valentinois was betowed on him by Louis XIV.

The reign of Louise-Hippolyte was doomed to be a short one, since she died eleven months after her succession. Her husband, who had assumed the title of Jacques I, abdicated in 1733 in favour of their son Honoré III. The latter shared his time between the Principality and Paris, where he led the life of the grands seigneurs of the eighteenth century.

The French Revolution naturally had repercussions in Monaco but, swimming against the general current of events, the protagonists of princely authority won the day in the first instance over the emulators of the Jacobins. Honoré III was still enjoying absolute power when the throne of Louis XVI collapsed. But everything changed after the contrived formation of a club of the "Friends of Equality", which demanded annexation to France.

A convention elected by the three Communes of Monaco, Menton and Roquebrune dispossessed the Grimaldis and confiscated their property on 19th January 1793. Annexation to France was voted on 14th February. Monaco was to remain French for twenty-one years. Even its name was changed to Fort Hercules. It first constituted a Canton, then a chief town of Arrondissement, and was later transferred to San Remo.

All the wealth of the Palace was dispersed; pictures and objets d'art were sold by auction. The Palace, first used to house soldiers and officers in transit, was then transformed into a hospital and later into a poorhouse.

Throughout the Revolution, members of the Princely family suffered many trials and tribulations: they were first imprisoned, then freed, and found themselves in all sorts of difficulties, being obliged to sell nearly all their goods.

During this period, Honoré III was thrown into prison because one of his sons, Joseph, had emigrated. The Société de Torigny in Normandy, where he had a castle, intervened in his favour and secured his liberation. His daughter-in-law, born Thérèse-Françoise de Choiseul, was less fortunate. She was guillotined on 9 Thermidor, just as Robespierre was defeated in the Convention. She could have saved her life if she had agreed to recognise that she was pregnant, although separated from her husband.

Honoré IV, the eldest son of Honoré III, was delicate and lived in the country throughout the Empire Period. He himself had two sons. The second, Florestan, volunteered to serve with Napoleon and was taken prisoner during the Russian campaign.

The elder, Honoré V, rallied to the new régime with more distinction. He was awarded the Legion of Honour, appointed equerry to the Empress Josephine and made a Baron of the Empire. This position enabled him to acquire the valuable friendship of Talleyrand, who assisted him during the Vienna Congress in securing the restitution of his position.

The treaties signed after Waterloo imposed on him a Sardinian protectorate and garrison in spite of his resistance. In order to affirm the independence of his Principality, Honoré created the Corps of Carabiniers. To put his finances into order, he instituted a very severe system of taxation, while attempting to develop trade in citrus fruits and certain minor industries. Unfortunately, these schemes, which were inspired rather by the liberal ideas of the time than by economic reality, did not succeed, which resulted in discontent, particularly at Menton and Roquebrune, the effects of which could be judged in 1848.

When he died in 1841, he was succeeded by his brother Florestan, who was married to Caroline Gibert. She came from a middle-class family and had the qualities of a managing woman perfectly capable of administering a country. One day she wrote to her son: "First of all, about the capabilities you attribute to me, all I will say is that they are due to the discipline which I impose upon myself in conscientiously doing my duty. In spite of my sex, I have become the head of a family. I had to fulfil my obligations and ask for forgiveness for rising to power. Having no rights of my own, I was hidden under the mantle of your father, who thus retained all his rights". She governed.

Caroline did little to lighten the burden of taxation, with the result that, in 1847, Menton and Roquebrune hoisted the colours of the King of Sardinia: the latter had just granted a constitution to his subjects. Florestan resigned himself to doing the same, but these half measures did not prevent the open revolt of the two towns, which declared themselves independent in 1848.

This was the year of the great European upheavals. King Charles-Albert of Sardinia wanted to unite Italy around himself. Menton and Roquebrune voted by plebiscite for incorporation into his State. However, the project was not implemented on account of the abdication of Charles-Albert after his defeat by Austria.

This did not, however, diminish the conflict. It went on until, in 1856, Charles III succeeded Florestan, while still respecting his mother's authority. At that time, the Prime Minister of Sardinia, the great Cavour, was seeking an alliance with Napoleon III against Austria. Having obtained it, he agreed to forego the Monaco protectorate and to allow Nice and Savoy to carry out plebiscites, as a result of which they decided on incorporation into France.

Against the will of those concerned, he made provision for the same procedure for Menton and Roquebrune. These towns, unlike Nice, only voted for annexation with reservations. Charles III protested vigorously to the Emperor. He obtained an indemnity of four millions and a promise that France would open up a road suitable for traffic along the coast between Nice and Monaco.

The agreement, apparently, was disastrous, for the Principality had to forego the lemons, oranges and other citrus fruits from Menton which ensured its economic balance. But the two concessions granted by Napoleon III bore in themselves the seed of its future prosperity.

This did not alter the fact that Monaco's destiny was profoundly modified. The loss of Menton marked the end of the territorial ambitions of the Grimaldis, and also the end of any part they might play in international politics (1).

"Reduced to one sixteenth of its area, and one seventh of its population, the Principality in 1861 resembled a township of mediaeval, run down aspect, almost isolated from its neighbours and with a population of only 1,200. At the foot of the cliffs, at La Condamine, were a few orchards and violet beds; on the Spélugues plateau was nothing but a few trees, garrigues and pebbles" (2).

Who would suspect that this wretched land was on the point of undergoing a metamorphosis worthy of the Arabian Nights?

(1) Cf. map of Principality of Monaco prior to 1861.
(2) J.R. Robert: Histoire de Monaco.

The metamorphosis

During the 1850s both the economy and the tourist business of the Côte d'Azur (which was not yet so called) began to undergo an unforeseen development. The mild Mediterranean winters were bringing thousands of foreigners, mainly English, to Nice and Cannes. Mansions and hotels were springing up like mushrooms, and trade was developing at an astonishing rate. Monaco alone remained poor and forgotten.

However the Principality had a trump card - its independence - which had never been so complete or so widely recognised. Why not take advantage of it to do what was forbidden in France and was having such a remarkable success in two German towns, Baden-Baden and Homburg? Why not open casinos where gaming would be legal? This was the idea submitted to Charles III and his mother by Eynaud, the Princess' private secretary. The latter was sent off on a fact-finding tour to Baden-Baden and came back enchanted. The reigning grand duke had increased his annual income by two millions!

Eynaud advised that the operation, which might shock puritan elements, should be camouflaged by being run as a sea-bathing company. Charles III signified his agreement, and was immediately assailed with requests for the concession.

Two Frenchmen, Aubert and Langlois, obtained satisfaction. On 26th April 1856, they undertook to open a sea-bathing establishment, build a hotel and villas, set up steamboat and omnibus services between Monaco and Nice, "and above all to provide pleasures of all sorts, particularly games, including both roulette with one or two zeros and trente-et-quarante".

The first stone of the Casino building was laid on the Spélugues plateau. While waiting for the work to be completed, Aubert and Langlois rented the small villa of Bellevue and, as a historic gesture, started roulette there in astonishingly precarious surroundings.

Apparently, the dismal surroundings, would not have discouraged enthusiasts, had they not been compelled to risk their lives to satisfy their passion. For according to Count Croti, they had to take a "sort of antediluvian vehicle… which ran once a day from Nice to Monaco. This boneshaker could transport only eleven persons. The famous Corniche was no doubt picturesque… but it was very tortuous and not particularly safe… the coach struggled along, bouncing from the roots of trees to the stones on the roads. The journey lasted over four hours. The road ran along a precipice without guard rail and many a passenger arrived at his destination more dead than alive".

It was also possible to resort to the "Palmeria", a "frightful old tub of a steamship which seemed to be just about sound enough not to sink on a perfectly calm sea". The story goes that the croupiers watched it coming with a telescope. Only one player visited the Casino between l5th and 20th March 1857; he won two francs!

Aubert and Langlois gave up. They were followed by many others who were no more successful. One of them, Lefebvre, called upon to complete the casino, preferred to become bankrupt in 1863. Meanwhile, the Agreement of 1861 provided not only for an indemnity of four million of francs, but a railway line from Nice to Genoa which was to pass through Monaco. This last clause was to produce magic results.

Charles III had not abandoned Eynaud's idea. Eynaud went back to Germany to make contact with a man known as the "wizard of Homburg", because he had succeeded in drawing the chief fortunes of Europe to the Casino of that town. His name was François Blanc.

Charles Monselet, in his memoirs, regretted that Balzac had never seen this person: "Imperturbable, with a crafty look, his gold-framed spectacles falling halfway down his nose, an impertinent smile on the corner of his lips, a strong chin, making no unnecessary gestures… and the air of being always in a hurry and not allowing any importunate person to follow him; such was François Blanc". The "wizard" finally allowed himself to be persuaded to go to Monaco. On 2nd April 1863, Charles III granted him a fifty year concession to run the "Société Anonyme des Bains de

A brief history

Mer" and the "Cercle des Étrangers à Monaco" - a "Foreigners" Club - because access to the Casino was and still is forbidden to Monegasques.

The Company had a capital of 15 million divided into 30,000 shares. The SBM was made responsible for public services which were normally incumbent on the State. In exchange it was given a monopoly on gaming activities. And then, the miracle occurred. François Blanc, who had a sense for promotion, offered to Monsieur Villemessant, the director of the "Figaro", for a purely nominal sum, a villa and grounds.
Monsieur Villemessant wrote: "M. Blanc has transformed Monaco into a veritable Californian goldrush. He not only discovers the mines but also creates them. It might be said that a good fairy has touched Monaco with the end of her magic wand. Until recently, it took four hours to go from Nice to the Principality by road, or one and a half hour by sea. Eighteen months from now the journey will take fifteen minutes by train, and Monaco will become the Bois de Boulogne of Nice. Monaco is Paradise on earth".

Nineteen hotels and one hundred and sixteen villas, streets, boulevards, squares and a park emerged from the Spélugues plateau. Charles III realised that he was being provided with a new capital to which a name would have to be given. After hesitating for a long time between Charleville and Albertville - his son's name was Albert - in 1866 he chose Monte Carlo, i.e. Mount Charles. On 12th October 1868 the railway running through the Principality was inaugurated, and the trickle of tourists became a torrent. Takings at the casino rocketed. At the same time, there was terrific speculation on building sites. In order to buy one, a certain Parisian borrowed 12,000 francs at 100% interest. The following year, he resold, repaid the usurer, and still made a profit of 625,000 francs! Then Blanc abolished the second zero at the roulette table as he had done at Homburg. Europe applauded him.

For his part, the Prince took a bold decision which was even more popular. On 8th February 1869 he abolished all direct taxation. By this means he attracted, in addition to those who came for pleasure, those who came for interest. High society, particularly the English, flocked to Monte Carlo. Lord Brougham himself, in spite of his great age, came from Cannes: "In one week", he wrote astounded, "I have been able to talk of books with authors in the public eye, pay compliments to the queens of salons and theatres, talk politics with statesmen and art with renowned artists".

Such a success, obviously, caused both envy and indignation. The inhabitants of Nice sent a petition to the French Government asking for the abolition of gaming. They were told that "every sovereign Prince is master in his own house". Charles III neglected nothing in affirming this precious sovereignty. He founded the Order of Saint Charles, bestowed titles of nobility, minted money, issued postage stamps and arranged for the founding of the Bishopric of Monaco thus rendering it independent of the Bishopric of Nice. The Cathedral of the Immaculate Conception replaced the old church of Saint Nicholas.

On 6th September 1870, two days after the proclamation of the Republic in France, the inhabitants of Nice threatened to march on Monte Carlo, and M. Blanc, terrified, closed the casinos. A few months later the Prefect of the Maritime Alps department asked him, in some embarrassment, to reopen it, otherwise the hotels of Nice would go bankrupt.

M. Blanc contributed two million to the reparations of five thousand million which France had to pay to Prussia. He could afford it: in 1871 he had received one hundred and forty thousand gamblers. The number continued to increase. The Emperor Franz-Joseph, the Prince of Wales, and Russian Grand Dukes came more or less regularly. There were now thirty-five hotels. M. Blanc, who did not consider them suitable for his customers, had the Hôtel de Paris built by Jacobi. He wanted it to be the best in the world.
"Spend liberally and do not stint", he said.

The silverware alone cost one hundred and seventy-five thousand gold francs. At the same time Charles Garnier was drawing the plans of the future opera house, a replica of that in Paris. At the death of M. Blanc in 1877, the casino revenue had reached ten million. Until the end of the Belle Époque, Monte Carlo remained the venue of princes, millionaires and artists.

Charles III died in 1889. His son succeeded him at the age of forty-one and took the name of Albert I. He had married a relative of Napoleon III, Lady Mary Victoria Douglas Hamilton, a marriage which lasted scarcely a year and from which was born Prince Louis. Albert I then married Alice Heine, an American, widow of the Duke of Richelieu.

The new Prince had a strong personality. From his remote ancestors he had inherited a call of the sea to which was added a passion for the sciences, and particularly oceanography.

As from 1885, on the advice of Professor Milne Edwards, he had begun his campaign of research with a 100 ton ship - Hirondelle I - on which he sailed the seven seas.

The results obtained with such slight resources were so encouraging that the Prince, wishing to extend the scope of his explorations, had a yacht specially designed for oceanographic research built in 1891 - Princess Alice I. This was followed in 1897 by Princess Alice II - an even more powerful ship with better equipment on board with which he explored the arctic seas to the North of Spitzberg and made the first bathymetric chart of the oceans. Last, there came Hirondelle II - an elegant ship of steel with a displacement of 1,650 tons and equipped with engines developing 2,000 h.p., laboratories and the most highly perfected scientific instruments.

During his reign, the frivolous city also became a rendez-vous for scientists and was equipped for this purpose. Albert I the great builder, laid the first stone of the Oceanographic Museum for housing the collections of animals and fossils brought back from his expeditions, on 25th April 1899. The building, which was completed in 1910, included a huge scientific library and the famous aquarium where eighty tanks contained hundreds of fishes coming from the Mediterranean, the Atlantic, the Indian Ocean, the China Sea and the Coral Sea. The museum still contains ten thousand species of shells, laboratories, and fishing equipment which the Prince had lowered to six thousand metres, and many other marvels. A meteorological station was attached to it; it is still operating, as are the laboratories in which research into marine life is pursued. In order to preserve the results of his cruises, he had the Oceanographic Museum built; in order to make them known he founded the Oceanographic Institute in Paris and published various works, the best known of which is "La Carrière d'un Navigateur".

The name of this Prince, who was a member of the Institute and a correspondent of the learned societies of his time, is also closely associated with the discovery, by professors Richet and Portier, of anaphylaxy, discovered in circumstances related to the expedition he directed in 1901 in the neighbourhood of the Azores and Cape Verde islands, where the Physalia abounds.

This delicate animal of the coelentera family secretes a poison endowed with the property of decreasing rather than increasing immunity.

This phenomenon, the applications of which in bacteriology and pathology are numerous, has been given the name of anaphylaxia as opposed to the usual phenomenon of prophylaxia.

Albert I was not only interested in the sea. In 1902 he founded the Anthropological Museum to house the fruits of his prehistoric explorations and showing the evolution of mankind since pithecanthropus.

He created the Exotic Garden - one of the splendours of the Principality. Here can be seen a comparison of all the succulent plants from a hundred different countries. The flora of the Mediterranean rubs shoulders with that of Mexico, Africa and America. Thousands of visitors come to see this prodigious collection every year.

Albert I rebuilt the "Place of Visitation" and restored the Palace of the Princes. He had a modern harbour made by deepening the moorage formed by the two jetties, providing a harbour entry about one hundred metres wide. A tunnel was pierced under the Rock to join the harbour to a new district partly reclaimed from the sea - that of Fontvieille, where industries (milling and brewing) sprang up.

Mechanical sports could not fail to interest a scientist such as the Prince. In 1898 a remarkable and fashionable competition - that of the "horseless carriages" - took place at Monte Carlo. In 1911 the first car rally took place there, while motor boats and seaplanes competed in the harbour where, incidentally, such great names in the history of aviation as Santos Dumont and Rougier carried out tests.

Nor were the arts forgotten. The Monte Carlo Opera, directed from 1892 to 1951 by Raoul Gunsbourg, received the most famous singers from Chaliapine to Caruso and from Nelly Melba to Félia Litvinne. Numerous operas were performed there for the first time, including "The Damnation of Faust" by Berlioz, "Don Quichote" by Massenet and "L'Enfant et les Sortilèges" by Ravel.

In 1911 Monte Carlo became a centre of ballet and the refuge of the Russian Imperial School when Serge de Diaghilev installed his Ballets Russes. Here ballets as famous as "Le Spectre de la Rose", "Petruchka", and "Prélude à l'Après-Midi d'un Faune" were danced for the first time.

Progress from all points of view was taking its toll of the very way of life pursued by the elite of a society which was reaching its zenith and was doomed to disappear. The population of Monaco had increased from 1,200 in 1861 to more than 23,000 in 1913.

Albert I was a friend of all the sovereigns of a Europe which was still monarchical, and he frequently played a discreet role in international politics. In an effort to prevent the conflict whose imminence was only too clear, he founded an International Peace Institute. On 5th January 1911, he promulgated a constitution which, however, did not give entire satisfaction and was modified in 1917.

By then, the first world war had already broken out. Monaco observed a strict neutrality, although the hereditary Prince Louis fought in the French army and distinguished himself at the Chemin des Dames.

The hotels of Monte Carlo were converted into hospitals. This was the end of an epoch, the end of a certain "dolce farniente" and a certain madness which, incidentally, was propitious to magnificent creative innovations, of which Monte Carlo has been one of the most famous symbols.

Philippe Erlanger

Energy and tradition

The following year, at a particularly critical time of the war, France became anxious about the future of the Principality. The hereditary Prince Louis was still unmarried at 48, and the next in line of succession was a member of the German family of Uracht-Wurtemberg, the descendant of a sister of Charles III. The two States were therefore obliged to define their relations; the treaty signed on 17th July 1918 was ratified by the Versailles peace conference. At the same time, the Prince secured the revision of the economic agreements, which were outdated by the devaluation of the franc, and also ensured the future of the dynasty.

The daughter of Prince Louis, Princess Charlotte, was solemnly adopted in Paris in the presence of Poincaré, President of the Republic, and the Minister of Foreign Affairs. At the same time she was recognised as successor to the reigning house.

In 1920, Princess Charlotte married Count Pierre de Polignac, a great aristocrat not only by birth but by his breadth of culture, nobility of spirit and graceful manners. In accordance with the statutes governing the sovereign Family, he took the name and coat of arms of the Grimaldis. There were two children from this marriage; in 1921 Antoinette was born, and in 1923 the child who was to become Prince Rainier III.

Other very serious problems arose at the end of the war. The great dukes of the Belle Époque and the magnates of central Europe were far away. The number of millionaires who spent their life in amusements had singularly declined. Monaco henceforth had to accomodate the tastes of a new public. Hardly had the effort to do so been completed when the great international crisis of 1929 began to wreak havoc; this was followed by competition from gaming establishments henceforth authorised in France.

In 1922, Prince Louis II had succeeded Albert I. Under his reign, the Principality once again gave proof of its extraordinary ability to adapt itself to difficult circumstances. Had it not been doing so for centuries? During this period a tunnel was pierced under the Rock to facilitate the flow of traffic, the International Hydrographical Bureau was founded, and, above all, the Grand Prix Automobile of Monaco, the first race to take place in a town, was inaugurated. It still draws crowds; spectators today number in tens of thousands.

Although during this period the "Société des Bains de Mer" had created the "Sporting d'Hiver", its role changed with modern progress. In 1887 it had accounted for 95% of Treasury revenue. This now decreased to 30%. In 1936, the SBM became a private company. Thus, between the wars, the Principality was not only able to avoid disaster but to improve its economy, although it still remained fragile.

During the Second World War it was occupied first by the Italians and then by the Germans. When the allies landed in Provence, the Hereditary Prince in his turn volunteered for the French army. His brilliant conduct, particularly in Alsace, won him the Croix de Guerre.

In 1948, Prince Louis II died.

On attaining his majority in 1944, Rainier III became Hereditary Prince (his mother, Her Most Serene Highness Princess Charlotte, having renounced her right of succession) and ascended to the throne on 11th November; he chose the 19th November, the day devoted to Saint Rainier of Pisa, for the celebration of the Monegasque national holiday. This young, twenty-six year old Sovereign, a sportsman, cultured and interested in everything, immediately gave evidence of a concern for taking in hand the various tasks of government.

"A new spirit introduced into an old framework has approved modern principles without, however, going against tradition; there is adjustment but not upset; there is evolution but not revolution". These words from Prince Rainier III during the pronouncing of the Constitution in 1962 is a good résumé of the two ideas – the complementary forces which guided him: to give the State structures that corresponded to the needs of that time and which at the same time respected the traditions that made it original.

In 1956 the Prince married an American film star famous throughout the world for both her talent and her beauty, Miss Grace Patricia Kelly. Three children were born: Princess Caroline in 1957, Prince Albert in 1958 and Princess Stephanie in 1965. Their marriage had great repercussions, especially in the United States and contributed largely to the Principality's reputation.

Under Prince Rainier III's reign, initiatives were innumerable in every sector: political, economic, cultural, artistic and in sport.

A visionary, Prince Rainier remained faithful to his ideas. Up until the end of his life he tirelessly worked to establish the sovereignty of the Principality, developing relations with the international community and extending the Principality's territory in order to expand the economy, diversify industrial sectors and conserve the environment and to promote the expansion of science, art, culture and sport.

With regards to internal politics, Prince Rainier, confronted with the problem of constitutional issues that dated back to 1911 which never been sorted out in a satisfactory way, decided to partially suspend the application of the Constitution on January 29 1959 and drew up another which he promulgated on December 17 1962*. Always anxious to follow the evolution of time, Prince Rainier reviewed the Constitution by law no.1249 of April 2 2002**, a review which was indispensable in order to become a member of the Council of Europe as he wished.

The Relationship with France evolved, whilst remaining predominantly one of friendship and cooperation. In 1962 there was a crisis between Monaco and France, who asked for Monaco to align itself with France's own regime, resulting in the agreements of May 18 1962. They set up a direct tax on the profits of some industrial and commercial businesses, but they kept their exoneration regime created by Royal ordinance on February 6 1869 for all industrial and commercial businesses that only operated on Monegasque territory, and also for individuals living on private income (excepting French nationals who had to justify 5 years of residence in Monaco as of October 13 1962 who became subject to income tax in France in the same terms as if they were domiciled there of had their home there). On the monetary plan, correspondence dating from December 31 1998 forecast the introduction of the Euro in Monaco to substitute the Franc.

As the 1918 Treaty had become almost obsolete, the two States replaced it with the Treaty of October 24 2002. As confirmation of the friendly links and cooperation between Monaco and France, this Treaty "founded on the principles of international law and the United Nations Charter" stipulated that the "French Republic guarantees the Principality of Monaco to defend its independence and sovereignty".

The Principality of Monaco so had strengthened its Sovereign status and reinforced its role at the heart of the international community.

Prince Rainier had increased diplomatic relations and also encouraged Monaco's membership of one of the biggest international organisations and developed cooperation. As a member of the UN since 1993 and of the Council of Europe since 2004, Monaco also belongs to one of the twelve specialised institutions in the UN, to numerous intergovernmental and NGO organisations.

As a small European state, the Principality of Monaco constitutes a third State of the European Union as part of the Union's customs territory and it is an authorized passing point for entry into Schengen. In applying agreements with France and the two signed agreements with the European Union, Monaco adopted the Euro and the right to print its own coins. An agreement signed with the European Union in 2003 allowed pharmaceutical products and cosmetics for medical use made in Monaco to be exported in the EU.

A brief history

Finally at the instigation of other third-party countries, the Principality signed an agreement on the taxation of savings in December 2004 by which revenue on interest payments made by intermediaries situated on Monegasque territory is retained at source for private residents of EU member states.

If Prince Rainier's nickname was 'The Building Prince' it's because he understood that gaining land space was vital for the country. By employing a policy of bold, large-scale construction projects, he increased his territory by 1/5th in a peaceful manner; a model for a modern country, as well as improved lifestyle and promoting economic diversity. With tourism undergoing an inevitable transformation, passing from a winter destination to a popular summer resort, he quickly realised the importance of creating an attractive sea front. At the end of the 1950s, the railway track was moved and part of the track was put underground, freeing up 51,000 sq. metres of land and allowing direct access to the sea from Monte-Carlo.

The achievement of the land reclamations in Portier and Larvotto, bordered by an artificial beach of 450 metres allowed the expansion of a district dedicated to hotel and leisure activities. New hotels were built and the Société des Bains de Mer built a tourist complex on the landfill in Larvotto, including the Sporting Monte-Carlo – a prestigious concert hall opened in 1974 where many internationally famous stars perform each summer – and the Monte-Carlo Bay, a 4 star hotel opened in 2005.

But it's incontestably the land fill in Fontvieille that remains the most ambitious project undertaken by Prince Rainier: the creation of a district with 220,000 sq. metres of land possible to build on reclaimed from the sea that in a few short years became a centre of industry and of life as dynamic as the legendary district of Monte-Carlo. Another sizable project was making the railway and station totally underground in the 1990s which meant that the Principality gained 4 hectares of land. Finally, major works such as the construction of the Grimaldi Forum, a conference and exhibition centre with 35,000 sq. metres spread over ten levels, and in the Port Hercule area with the installation of a semi-floating harbour 352 metres long plus a side-jetty were completed to give the Principality leading-edge infrastructures to meet the needs of the business tourism industry and the other to develop luxury tourism from cruise ships.

The land extension and the policy of embarking on major construction projects have conditioned economic development. When the Casino's turnover took a downturn after the war so that it represented no more than 3.5% of the State budget, Prince Rainer initiated a policy to diversify the economy: tourism, finance, commerce, services and building and industry were, and remain, the pillars of Monaco's expansion. With a turnover that is constantly increasing, a workforce that has outnumbered the number of residents since the 1990s and more than 4,000 businesses, the Principality has become a real economic centre and a source of employment for the Cote d'Azur. Shops, luxury brands, forty international banks, first class hotels, a huge variety of restaurants, many events and entertainment and plenty of international trade fairs has made Monaco a dynamic and cosmopolitan city where the good life is available for residents and also for visitors. This was Prince Rainier's wish, which has almost totally restructured the city without losing its special character.

Sensitive to environmental issues, Prince Rainer got very involved in the preservation of the environment and he was at the origin of a great number of initiatives in the scientific arena. This undertaking showed itself through the Principality's membership of a series of agreements involving technical and scientific cooperation in the areas of biodiversity, climate and desertification…

President of the International Commission for Scientific Exploration of the Mediterranean (CIESM), Prince Rainier founded the Monaco Scientific Centre in 1960 and initiated the creation of the International Marine Radioactivity Laboratory in 1961 (later renamed the Laboratory of Marine Environment). He supported the "RA.MO.GE." project; agreed to in 1976 by Monaco, France and Italy, which created a vast pilot zone to prevent pollution in the Mediterranean. In 1974 he enacted a law foreseeing measures to protect the quality of water and air and he created the Larvotto underwater reserve in 1975. In 1992 he took part in the "Earth Summit" in Rio and he created an Environmental Department within the Department of Civil Engineering that managed the denomination of the Department of Equipment, the Environment and Urban Development in 2005. His desire to integrate the notion of the environment into political decisions was clear.

Other areas close to Prince Rainer were Arts and Culture. His initiatives in these areas were also multiple to make Monaco a host for art in all shapes and sizes.

– Renovation of and creation of premises (Fort Antoine in the 1950s, Theatre Princesse Grace in 1981, artists' workshops and the exhibition centre in quay Antoine Ier at the end of the 1990s, Grimaldi Forum in 2000)

– Opening museums (Napoleonic Souvenir Museum in 1970, National Museum in 1972, Museum of the Visitation and Chapel in 1995, Stamp and Currency Museum in 1996, Private Classic Car Collection in 1993).

– Launching new events (Concerts in the Prince's Palace in 1959, International Television Festival in 1961, International Festival of Fireworks in 1966, International Bouquet Competition in 1968, International Circus Festival in 1974, Printemps des Arts in 1984, Monaco Dance Forum in 2000…);

– Creation of associations (Princess Grace Foundation in 1964; Prince Pierre de Monaco Foundation in 1966; Cultural Affaires Department in 1966; Monte-Carlo Philharmonic Orchestra in 1980 which replaced the Monte-Carlo National Opera Orchestra; and the Monte-Carlo Ballet Company in 1985).

The Principality offers an artistic and cultural programme worthy of a great capital with ballets, concerts, operas, theatre plays, conferences, symposiums and exhibitions… as many events and shows to increase the Principality's repute as Prince Rainier wished.

Sport, already revered with the Monaco Rally and Grand Prix, was given a new lease of life with the organisation of several new tournaments, notably the Monte-Carlo Tennis Open, which later became the Monte-Carlo Master Series, the Herculis Athletics meeting, the Monaco Jumping competition and the International Swimming Meeting. The importance of sport in Prince Rainier's eyes was also conveyed by the building of high quality infrastructures such as the Stade Nautique Rainier III and the Stade Louis II, opened in 1985. With capacity for an audience of 20,000, it has a football ground where the AS Monaco Football Club grew to the highest level, an athletics track, a multipurpose sports hall and an Olympic swimming pool.

There wasn't one area that progress didn't touch and where Monaco's prestige wasn't confirmed throughout the reign of Prince Rainier.

---

*The Constitution decides the organisation of the Government and the Public Authorities, develops rapport and dedicates the freedom and rights of Monegasque citizens and foreigners. Being a hereditary and constitutional monarchy, the Principality of Monaco is a "State of Law" where executive power arises from the fundamental sovereignty of the Prince. The Government named by the prince is operated under the Prince's high authority by the Minister of State assisted by three Counsellors.

Legislative and budgetary powers are jointly operated by the Prince and National Council, the Monegasque Parliament composed of 18 members elected for five years by universal suffrage by adult Monegasque citizens who have had Monegasque nationality for more than five years. Implementation and sanctioning of laws arising from the Prince, debating and voting comes under the National Council. Of course, Parliament does not have the power to overturn the Government, but it votes in laws and the national budget prepared by the State.

Judiciary power belongs to the Prince who delegates it in full to the courts and tribunals responsible for implementing justice in his name, although independently.

Monaco forms one single Community, administered by the municipality made up of a Mayor plus the Mayor's assistants appointed by the Community Council amongst 15 members elected for four years by universal suffrage. The Community is mainly responsible for all that relates to urban matters of the city.

**The constitutional reform dealt with a number of issues:
– Rules concerning succession of the dynasty stipulate that accession to the throne is determined "by direct and legitimate line to the Reigning Prince in primogenitary order giving priority to males from the same parents."
– Parliamentary giving priority to males from the same parents.

– Parliamentary powers have been extended in terms of foreign policy: some Treaties can only be ratified with the consent of elected members.
– with regards to the elections, the National Council's poll method is now mixed (majority and proportional) and the number of National Counsellors has increased to 24.
– Voting age has come down to 18 years instead of 21 as it was previously.
– Guidelines concerning nationality rights have changed: transmission via the father only has been repealed.
– charities may no longer declare their existence without asking for approval.
– Article 35 foresees the disposal of State property.
– Sovereign orders with reference to the Sovereign Family are excluded from debate by the Government Council.

A brief history

A New Era

On April 6th 2005 Prince Rainier III passed away after 56 years of reign. H.S.H. Hereditary Prince Albert, who had been well prepared to take on the responsibilities of the Reigning Prince, succeeded his father at the age of 47.

After studying in the United States, H.S.H. Prince Albert II, with a diploma in Political Science, continued his education in Financial Management and Marketing during several traineeships within large international corporations. Linked to affairs of State at a very young age, he became UN Ambassador for the Principality during many official trips abroad and very proactively took on the presidency of many cultural, artistic and humanitarian associations. An experienced sportsman, H.S.H. Prince Albert II has always been at the forefront of sporting events, both local and international.

On July 12th 2005, after 3 months of mourning, H.S.H. Prince Albert II gave an accession speech where he announced the basis of the reign that he wanted to see: based on ethics, humanitarianism and environmental concerns as well as the major principles that have led to Monaco's success in terms of diversifying economic activity, national and political unity and opening out to the world.

On a political level, an important step was taken in Franco-Monegasque relations with the signature of a convention during a meeting with President Jacques Chirac on November 8 2005. This convention replaced the 1930 Convention and now accepts the right of Monegasque citizens to occupy high-ranking civil servant positions including that of the Minister of State. In order to develop the country's international politics, H.S.H. Prince Albert II made several visits abroad, particularly to the UN, with the principal objective of making sure that the Principality's voice would reach further.

H.S.H Prince Albert's commitment in favour of the environment was made clear during his first year of reign through two distinct events: a scientific expedition to the North Pole in April 2006, following in the footsteps of his great-great grandfather Prince Albert I, dedicated to firm programmes in favour of planetary conservation.

Having seen in the new Millennium without renouncing its traditions, Monaco offers a model of Mediterranean accomplishment and dynamism in the golden halo of its legendary existence.

Monaco Worldwide

On 5th October 2004, H.S.H. Prince Albert presided over the delegation of Monaco in Strasbourg for the official ceremony of accession of the Principality to the Council of Europe as the 46th member state of that organisation.

In April 2006, H.S.H. Prince Albert II visited the North Pole by dog sled from the Russian base of Barneo 120 kilometres away. This journey was the opportunity for him to pay tribute to his great-great grandfather, Prince Albert I of Monaco, a pioneer of modern oceanography, who, in 1906, set out to Spitzberg, in the archipelago of Svalbard, the most successful of his four Arctic exploration campaigns. The trip also helped to raise the world's awareness of the planetary challenges which, in the short term, represent risks related to climate change and the dangers of industrial pollution.

In June 2006, H.S.H. the Prince set up the Prince Albert II of Monaco Foundation dedicated to protecting the environment. It encourages sustainable and fair management of natural resources and places man at the centre of its projects. It supports the implementation of innovative and ethical solutions in three broad areas: climate change, water and biodiversity.

In January 2009, H.S.H. Prince Albert II undertook a three week scientific journey in the Antarctic. He visited a large number of scientific stations and rejoined the South Pole in the company of the explorer Mike Horn. They made a film of this journey "Antarctique 2009, Terre en Alerte" [Antarctic 2009, Earth on Alert] which was presented to the Principality's inhabitants in April 2009.

The Prince and Domestic Policy

H.S.H. Prince Albert II has proved to be particularly concerned with the Principality's economic development in a spirit of ethics and transparency. He is committed to a policy of developing facilities and conducting major works, enabling in particular the construction of a new hospital (the Princess Grace General Hospital), the creation of community facilities (hotel school, new secondary school) on "abandoned" railway tracks and the launch of many operations, accommodating social housing and offices.

Various initiatives have been conducted with a view to promoting economic activity and making company operations more transparent while maintaining a high level of ethics:
– creation of the legal status of Limited Liability Company,
– introduction of the offence of tax fraud into Monegasque criminal law,
– introduction of the general principle of the criminal liability of people,
– adoption of systems to combat money laundering, organised crime and corruption.

H.S.H. Prince Albert II is committed to carrying out an exemplary policy in his country in terms of the environment, by favouring the development of public transport, ecological vehicles, renewable energies and high environmental quality buildings.

In the field of Human Rights, during the first years of the reign of H.S.H. Prince Albert II, several important legislative modifications emerged, in particular:
– the introduction and regulation of custody, the establishment of a judicial system for telephone taps, the restructuring and rationalisation of temporary detention procedures and the reorganisation of the in absentia procedure,
– the strengthening of the judicial protection of individuals, their personal data and their private life, as part of the exponential growth in new technologies,
– the reaffirmation of the principle of freedom of expression for the media and the organisation of a system of responsibility within the respect of basic human rights and public order,
– the modernisation of the law on education (integration of handicapped children) and the increased protection of child rights,
– the introduction of the principle of freedom of association and different laws on the transfer of nationality aimed at perfect equality between men and women.

Marriage and descendants

On June 23, 2010, H.S.H. Prince Albert II announces by an official statement his engagement to Charlene Wittstock, a South African swimmer with whom he has a relationship since 2006. Their engagement was announced by the Prince's Palace on June 23, 2010. The civil marriage took place on 1 July 2011, the church wedding the following day.

On May 30, 2014, H.S.H. Prince Albert II of Monaco and his wife H.S.H. Princess Charlene officially announce they expect a child to the end of 2014. In October 2014, he announced that Charlene was expecting twins. On December 10, 2014, the princely couple became parents of twins, a girl and a boy:
– H.S.H. Princess Gabriella of Monaco, born December 10, 2014, Carladès Countess,
– H.S.H. Prince Jacques of Monaco, born December 10, 2014, Crown Prince, Marquis of Baux. ∎

Un po' di storia a cura di Philippe Erlanger

Da Ercole a Napoleone III

Numerose sono le leggende attorno a quel rilievo roccioso che rendeva il litorale, tra la Gallia e l'Italia, inaccessibile. Secondo Apollodoro, Ercole, tornando dalla Spagna dove aveva ucciso Gerione, sarebbe approdato distruggendo il tiranno che terrorizzava la contrada. Era solo e per questo il tempio eretto in suo onore (ma se ne ignora l'ubicazione), fu dedicato a Ercole Monoïkos. Strabone ne dedusse che i Greci di Focea (Marsiglia) si fossero spinti fino là. Le precisazioni mancano, come quelle sui Fenici che sbarcarono nelle vicinanze fondandovi una colonia, quando erano i dominatori in quella parte del Mediterraneo. Si suppone una confusione tra Ercole e il suo dio, Melkart.

In ogni caso, gli abitanti della regione erano i Liguri. Ecate di Mileto chiama "Monoïkos" la tribù locale: essa viveva in un villaggio fortificato dotato di un piccolo porto. I Liguri erano feroci guerrieri che combattevano contro i Romani. Anche se Giulio Cesare si servì del loro porto, fu solamente nel 14 secolo a.C. che furono sottomessi definitivamente dall'imperatore Augusto. Da quel momento, Monaco fece parte della provincia delle Alpi Marittime, amministrata dalla Gallia.

La Rocca conobbe la "Pax Romana", poi il dilagare delle invasioni barbariche. Il sistema feudale la unì alla Contea di Ventimiglia, sino al momento in cui gli imperatori Federico Barbarossa ed Enrico VI donarono la costa ai Genovesi. Questi trasformarono Monaco in una temibile fortezza. Giunsero gli anni delle feroci lotte tra i Guelfi e i Ghibellini. Alla fine del XIII secolo quest'ultimi ebbero la meglio a Genova e ciò provocò l'espulsione dalla città di due principi Guelfi: Francesco e Ranieri Grimaldi, appartenenti a una famiglia di consoli e ambasciatori.

La fortezza di Monaco era in mano ai Ghibellini. La sera dell'8 gennaio 1297 gli uomini di guardia alla fortezza videro arrivare un francescano che chiese ospitalità. Lo fecero entrare senza accorgersi di un dettaglio insolito: l'uomo indossava dei calzari. Una volta entrato, il falso frate sguainò la spada, uccise qualche soldato della guarnigione, aprì il portone agli uomini nascosti nelle vicinanze che lo accompagnavano, e s'impossessò della fortezza.

L'uomo non era altri che Francesco Grimaldi e fu soprannominato "il Malizia". In memoria di ciò lo stendardo di famiglia è ornato da due francescani calzi che tengono ciascuno una spada nuda. Questa azione coraggiosa permise al padre Ranieri di dichiarare guerra marittima ai Genovesi. Ranieri, futuro Ranieri I, fu il capostipite della Famiglia Regnante. Egli ricevette una pensione da Filippo il Bello e divenne Ammiraglio di Francia.

Seguì un lungo periodo d'instabilità in cui Monaco fu persa e poi riconquistata dai Grimaldi. Carlo I fu riconosciuto signore della città nel 1342 e come alleato della Francia, forniva i soldati per le sue armata. All'epoca Monaco contava appena 1.000 abitanti e suoi signori non potevano certo competere col potere degli Estensi, dei Gonzaga o dei Visconti. Furono coinvolti nelle guerre delle città italiane e nei loro dissensi. La grande abilità dei Grimaldi permise loro di recuperare sempre i beni che perdevano. La loro grande fortuna era la posizione militare che permise loro di muoversi tra le ambizioni rivali.

Lamberto Grimaldi si assicurò un'indipendenza che sancì il giuramento della popolazione e garantì nel 1482 un trattato con la Francia. Il re di Francia, Luigi XI, porta la "signoria" sotto la protezione francese, liberando finalmente Monaco dall'influenza genovese. Luigi XII, dopo diverse peripezie, confermò la proprietà di quella terra "con Dio e con la spada" a Luciano Grimaldi.

Nel 1524 un nuovo cambiamento: il Trattato di Burgos e l'Editto di Tordesillas posero Monaco sotto l'egemonia di Carlo V. Il protettorato spagnolo durerà 116 anni, durante i quali giocò un importante ruolo strategico negli interminabili conflitti tra Francia e Austria. Ragione per la quale attirò l'avidità dei Turchi contro i quali dovette difendersi.

Nel 1605 gli Spagnoli vi installarono una guarnigione, con grande disappunto della popolazione. In compensazione il re di Spagna riconobbe a Onorato II il titolo di "Signore di Monaco, Mentone e Roquebrune, Marchese di Campagna, Principe e Signore". Nel 1612 gli accordò la dignità di Principe Serenissimo. Nonostante ciò, Onorato II gli si rivolse contro quando la guerra riprese. Il 14 settembre 1641, fu firmato in gran segreto il Trattato di Peronne in cui il re Luigi XIII s'impegnò a mantenere "la libertà e la sovranità del paese così come tutti i privilegi e diritti su terra e mare".

Il 17 novembre, Onorato II ordinava l'attacco alla guarnigione spagnola che, sorpresa, capitolò dopo aver perduto otto uomini. Bisogna ammirare l'intuizione politica dei Grimaldi: nel 1641, come nel 1524, intuirono quale delle due potenze in conflitto sarebbe uscita vincitrice e tutto questo prima dei fatti di Pavia e di Rocroi quando la fortuna delle armi non aveva ancora annunciato il verdetto finale. In compensazione di qualche feudo italiano confiscato dalla Spagna, Luigi XIII offrì a Onorato il Ducato di Valentinois, appartenuto a Diane de Poitiers, il Marchesato di Baux e la Contea di Carladez. Inviò anche una guarnigione di cinquecento uomini per proteggere il Principato, senza interferire negli affari interni. Al Principato venne solo chiesto di mettere a disposizione il porto per le navi francesi.

Non più sotto l'influenza italiana, Monaco divenne il riflesso della Francia. Nel proprio testamento, Onorato II precisa che i suoi successori non dovranno mai abbandonare il protettorato del Re Devotissimo. Come i suoi avi, che nel XVI secolo erano stati dei principi del Rinascimento, anch'egli amava le arti ed era uomo di vasta cultura. I tre soggiorni alla corte di Anna d'Austria completarono il suo passaggio alla cultura di Parigi.

Monaco conobbe un grande secolo proprio quando iniziò l'epoca del giovane Re Sole, Luigi XIV: l'armonia della civilizzazione divenne perfetta. Il Principe concentrò tutti i poteri, creò un'amministrazione efficace, diretta da un Segretario di Stato e divenne una monarchia assoluta come la Francia.

Onorato II trasformò il suo castello in un palazzo, all'inizio decorato dagli italiani e poi dai francesi. Vi organizzò grandi feste, accogliendo artisti e scrittori.

Quando morì nel 1662, lasciò un'importante collezione di tappezzerie, argenteria, mobili e una galleria di 700 quadri tra i quali si trovavano opere di Raffaello, Dürer, Tiziano, Michelangelo e Rubens. È stato scritto che il suo regno permise alla dinastia dei Grimaldi di raggiungere "un apice al di là del quale fu difficile di elevarsi".

Suo figlio e successore, Luigi I, difese con dignità sia la posizione di Pari di Francia che quella di regnante. Trascorse molto tempo alla Corte o nelle armate di Luigi XIV che lo nominò "maestro di campo" della cavalleria di Monaco. Ottenne dal Re l'autorizzazione di estendere i limiti delle acque territoriali del Principato a una distanza inusuale per quei tempi, con gran profitto delle finanze monegasche. Il tutto fu ottenuto mantenendo curiosamente la neutralità dei propri territori; combatté al servizio della Francia, pubblicò il "Codice Luigi" che rafforzò il proprio potere.

Nel 1701 morì a Roma dove si era recato come ambasciatore di Francia, non senza aver abbagliato la Città Eterna col suo fasto e le trecento carrozze del suo seguito.

Antonio I, soprannominato "Golia" per il fisico imponente, aveva trascorso quarant'anni della sua vita a Versailles. Ne dovette avere una grande nostalgia. Era un gran melomane: manteneva un'orchestra e un coro lirico. Morì nel 1731.

Dal suo matrimonio con Maria di Lorena nacquero due figlie.
La primogenita, Luisa-Ippolita succedette al padre: suo marito, il conte Giacomo de Goyon Matignon prese il nome e le armi dei Grimaldi e il Ducato di Valentinois gli fu concesso dal Re di Francia Luigi XIV.

Il regno di Luisa-Ippolita fu molto breve in quanto morì undici mesi dopo l'incoronazione. Suo marito, che aveva preso il nome di Giacomo I alla sua morte, abdicò nel 1733 in favore del figlio, Onorato III. Quest'ultimo si divise tra il Principato e Parigi, dove condusse la vita dei gran signori del XVIII secolo. La rivoluzione francese provocò dei fermenti a Monaco, ma, contrariamente alla corrente generale, i difensori dell'autorità del Principe ebbero la meglio sugli emuli giacobini. Onorato III deteneva ancora il potere assoluto quando Luigi XVI decadde.

Tutto però cambiò con la creazione forzata di un club degli "Amici dell'Uguaglianza" che domandò l'annessione alla Francia.

Una convenzione eletta dai tre comuni di Mentone, Monaco e Roquebrune il 19 gennaio del 1793 proclamò la caduta dei Grimaldi e la confisca dei loro beni. Il 14 febbraio dello stesso anno fu votata l'annessione e per 21 lunghi anni Monaco fu francese e il suo nome diventò Forte Ercole.

All'inizio costituì un cantone, poi un capoluogo di circoscrizione che fu trasferito in seguito a Sanremo. Tutte le ricchezze del Palazzo furono disperse, i quadri, gli oggetti d'arte venduti all'asta. Il Palazzo stesso fu utilizzato prima come alloggio per ufficiali e soldati di passaggio, in seguito fu trasformato in ospedale e infine in un ospizio per mendicanti.

Durante la Rivoluzione, la famiglia Grimaldi conobbe mille avversità: imprigionata e una volta liberata, costretta a vendere i propri beni per poter sopravvivere. Onorato III fu messo in prigione perché il figlio Giuseppe era riuscito a emigrare. La Società di Torigny, in Normandia dove il principe possedeva un castello, intervenne in suo favore per liberarlo. La nuora, nata Teresa-Francesca de Choiseul, ebbe meno fortuna: fu decapitata nel periodo in cui Robespierre perdeva alla Convenzione.

Si sarebbe potuta salvare, se avesse accettato di dichiarare di essere incinta, benché separata dal marito.

Onorato IV, figlio maggiore di Onorato III, di salute cagionevole, visse in campagna durante il periodo dell'Impero. Era padre di due figli: il minore, Fiorestano, s'ingaggiò al servizio di Napoleone e cadde prigioniero durante la campagna di Russia. Il maggiore, Onorato V, aderì con maggior vigore al nuovo regime. Ricevette la Legione d'Onore, fu nominato scudiero dell'Imperatrice Giuseppina e barone dell'Impero. Questa posizione gli permise di ottenere la preziosa amicizia di Talleyrand, il quale lo aiutò durante le discussioni dei trattati di Vienna a ottenere la restituzione dei suoi Stati.

I trattati firmati dopo Waterloo gli imposero un protettorato e una guarnigione di soldati sardi. Per affermare l'indipendenza dello Stato Monegasco, il Principe fondò il Corpo dei Carabinieri.

Per migliorare un po' le finanze istituì un sistema fiscale molto pesante cercando allo stesso tempo di sviluppare il commercio degli agrumi e certe forme di piccole industrie. Ma queste iniziative ispirate più dalle idee del tempo che dalle realtà economiche, non ebbero successo e ciò creò un malessere soprattutto a Mentone e Roquebrune i cui effetti si videro nel 1848.

Quando morì nel 1841, fu il fratello Fiorestano a succedergli. Egli era sposato con Carolina Gibert. Proveniente dalla borghesia, ella era una donna di grandi capacità e si mostrò perfettamente capace di amministrare uno Stato. In un lettera indirizzata al figlio scrisse: "Per cominciare dalla capacità che tu mi accordi, ti dirò che essa consiste nel rigore che metto nell'eseguire con coscienza i doveri che mi sono imposta… Diventata, malgrado il mio essere donna, capo famiglia, ho dovuto assumere obbligazioni inerenti e allo stesso tempo farmi perdonare "questa elevazione"… Non avendo alcun diritto di mio, mi trovo nascosta sotto il mantello di tuo padre che al contrario mantiene tutti i suoi diritti".

Fu lei a governare.

Carolina prese la decisione di alleggerire un po' il peso fiscale, sebbene Mentone e Roquebrune nel 1847 sventolassero la bandiera del re di Sardegna che in quell'anno accordò una Costituzione ai propri sudditi. Fiorestano dovette adeguarsi, ma queste mezze misure non evitarono nel 1848 l'insorgere delle due città che si dichiararono libere. Il 1848 fu un anno di grandi capovolgimenti in Europa. Il re Carlo Alberto di Sardegna voleva realizzare l'Unità d'Italia.

Con un plebiscito popolare, Mentone e Roquebrune chiesero l'annessione al Regno di Sardegna: ciò non potè avvenire poiché nel frattempo Carlo Alberto abdicò dopo la disfatta contro l'Austria.

I tumulti però non si calmarono, nemmeno con la salita al trono di Carlo III alla morte del padre Fiorestano nel 1856. In quel momento, il primo ministro sardo Cavour cercava l'alleanza di Napoleone III per combattere gli Austriaci. L'ottenne in cambio dell'abbandono del protettorato di Monaco e concedendo dei plebisciti a Nizza e alla Savoia, che decideranno della loro annessione alla Francia. Cavour decise d'integrare in queste ultime richieste anche Mentone e Roquebrune, andando contro il parere degli stessi abitanti. Questi due comuni firmarono l'annessione alla Francia con molte riserve, al contrario di Nizza. Ciò provocò le proteste di Carlo III presso l'Imperatore. Egli ottenne un risarcimento di quattro milioni di franchi e la promessa della Francia di costruire una strada costiera carrozzabile tra Nizza e Monaco.

In un primo momento l'accordo sembrò disastroso per Monaco che rinunciò ai commerci degli agrumi mentonesi e quindi a una buona parte delle entrate economiche. In realtà le due concessioni date dall'Imperatore furono alla base della futura prosperità economica del paese.

Il destino di Monaco ne fu profondamente modificato. La perdita di Mentone marcò la fine delle ambizioni territoriali dei Grimaldi e del ruolo di poter pesare nella politica internazionale (1). "Ridotta a 1/16 della superficie, a 1/7 della popolazione, il Principato, nel 1861, risultava poco più di un borgo di 1.200 abitanti, dall'aspetto medioevale in rovina quasi isolato dai vicini.
Ai piedi della Rocca, nell'attuale quartiere della Condamine, vi si trovavano alcuni frutteti e culture di violette; sull'altopiano delle Spélugues niente, se non qualche olivo, della garriga e sassi (2)".

Chi mai avrebbe pensato che una terra così miserabile stava per conoscere una metamorfosi degna delle Mille e una Notte?

(1) Cfr. carte de la Principauté de Monaco antérieurement à 1861
(2) Cfr. J.R. Robert: Histoire de Monaco

La metamorfosi

Dopo il 1850, il litorale che in futuro si chiamerà Costa Azzurra, cominciò a svilupparsi sia economicamente che come luogo di villeggiatura: gli inverni miti richiamavano migliaia di turisti, in particolare inglesi, a Nizza e Cannes. Furono costruiti palazzi e alberghi, il commercio si sviluppava ad una velocità sorprendente. Solo Monaco continuava a restare povera e dimenticata.

Tuttavia il Principato disponeva di un vantaggio: era uno Stato Indipendente riconosciuto. Allora perchè non approfittarne per offrire ciò che era proibito in Francia e, sull'esempio delle città tedesche di Baden-Baden e Amburgo, aprire dei casinò dove il gioco era autorizzato?

Questa fu l'idea che Eynard, segretario particolare della Principessa-Madre, sottomise a Carlo III e a sua madre. Eynard suggerì anche di mascherare tale progetto sotto una copertura societaria, evitando così di scandalizzare il puritanesimo dell'epoca. Carlo III diede il suo accordo e ben presto personaggi avidi d'ottenere la concessione l'assillarono di richieste. Due francesi, Aubert e Langlois, il 26 aprile 1856 assunsero l'impegno di aprire uno stabilimento balneare, costruire un hotel e alcune residenze, creare un servizio di trasporto marittimo a vapore e di omnibus tra Nizza e Monaco, ma "soprattutto fornire ai clienti ogni tipo di piacere… specialmente giochi… come la roulette a uno o due zeri e il trente-et-quarante".

La prima pietra del Casinò fu posata sull'altopiano delle Spélugues. In attesa della fine dei lavori, i due ideatori francesi affittarono la piccola villa "Bellevue" e, gesto storico, vi installarono la prima roulette, in condizione a dir poco precarie.

Tali condizioni non scoraggiarono gli amatori, se non fosse che rischiavano la vita ogni volta per soddisfare la loro passione. Essi dovevano in effetti, come dice il conte Corti, utilizzare "un veicolo antidiluviano… che assicurava una volta al giorno, il servizio tra Nizza e Monaco. Non poteva trasportare, sballottandoli, più di 11 passeggeri. La celebre corniche era sicuramente pittoresca… ma era tortuosa e non presentava di sicuro una sicurezza a tutta prova… la diligenza vi avanzava urtando contro le radici e le pietre del sentiero. La corsa durava più di quattro ore, per una strada senza parapetto lungo il precipizio del litorale e più di un passeggero arrivava a destinazione più morto che vivo".

Per via mare le cose non erano migliori, si poteva ricorrere al "Palmeria", un "orribile battello a vapore che aveva l'aria di essere abbastanza solido per non naufragare su un mare liscio come l'olio". La cronaca riporta che i croupier ne attendessero l'arrivo con un telescopio. Un solo giocatore entra nel casinò tra il 15 e il 20 marzo 1857: vi vincerà due franchi!

Aubert e Langlois abbandonarono, così come coloro che presero in mano il progetto negli anni successivi. Uno di loro, Lefebvre, dichiarò fallimento nel 1863. Nel frattempo, l'accordo del 1861 con l'imperatore francese, aveva previsto un indennizzo salutare di quattro milioni di franchi più il passaggio a Monaco della linea ferroviaria Nizza e Genova. Quest'ultima clausola produsse un effetto magico.

Carlo III ebbe il merito di non abbandonare l'idea di Eynaud, il quale partì per la Germania per prendere contatto con un uomo che chiamavano lo "stregone di Amburgo" poiché era stato capace di portare nei casinò di questa città le grandi fortune d'Europa. Si chiamava François Blanc.

Il memorialista Charles Monselet ha rimpianto che Balzac non abbia potuto osservare il personaggio: "L'aria furba, tranquillo, occhiali d'oro che scivolavano sul naso, l'impertinenza nascosta ai lati delle labbra, il mento fermo, il gesto raro… e questo modo di muoversi sempre affrettato che non ammetteva inopportuni dietro di sé, questo era François Blanc."

Dopo lunghe trattative, Blanc giunse a Monaco. Il 2 aprile 1863 Carlo III gli cedette per 50 anni il privilegio di gestire la "Società Anonima dei Bagni di Mare ed il Circolo degli Stranieri a Monaco". "Circolo degli Stranieri" poiché l'ingresso del casinò era, e resta, proibito ai giocatori monegaschi.

La Società aveva un capitale di 15 milioni di franchi, divisi in 30.000 azioni. Si occupava dei servizi pubblici che, logicamente, erano di competenza dello Stato. In cambio aveva il monopolio dei giochi.

Si avverò il prodigio. François Blanc, che capiva l'importanza della pubblicità, per una piccola somma, offrì una casa e dei terreni al direttore del Figaro, Villemessant. Questi scrisse sul suo giornale "Blanc ha trasformato Monaco in una vera corsa all'oro. Non solo scopre le miniere, ma le crea pure.

Si direbbe che una buona fata abbia toccato Monaco con la sua bacchetta magica. Finora si impegnavano quattro ore per arrivarci da Nizza, un'ora e mezza per via mare.

Un po' di storia

Con la ferrovia tra un anno e mezzo il tragitto sarà compiuto in 15 minuti. Monaco diventerà il Bois de Boulogne di Nizza. Monaco è il paradiso su terra".

Sull'altopiano delle Spélouges vennero costruiti 19 hotel, 116 ville, strade, viali, piazze e un giardino. Carlo III si vedeva dotato di una nuova capitale alla quale bisognava dare un nome. Dopo aver esitato tra "Charlesville" e "Albertville" – suo figlio si chiamava Alberto – nel luglio 1866 decise per Montecarlo (il Monte di Carlo). Il 12 ottobre 1868 fu inaugurata la ferrovia e da quel momento il flusso dei turisti divenne un torrente. Gli incassi del casinò salirono in verticale. Parallelamente iniziò una formidabile speculazione edilizia. Per acquistare un terreno, un parigino senza mezzi chiese un prestito di 12.000 franchi a un tasso del 100%. L'anno seguente, rivendendo, realizzò un beneficio di 625.000 franchi!

Blanc sopprime il doppio zero alla roulette, come aveva fatto già ad Amburgo, e l'Europa applaudì.

Carlo III, da parte sua, prese una decisione più importante ancora: l'8 febbraio 1869 soppresse tutte le imposte dirette. Da questo momento, Monaco attirò non solo giocatori, ma anche uomini d'affari. L'alta società, soprattutto inglese, accorse a Montecarlo. Lord Brougham stesso, nonostante l'età avanzata, si installò a Cannes: "In una sola settimana, scrisse meravigliato, ho potuto parlare di letteratura con scrittori famosi, di galanterie con le regine dei salotti e dei teatri, di politica con uomini di Stato, di arte con gli artisti più in voga". Un tale successo provocò evidentemente invidie e indignazione: Nizza chiese al governo francese di indire una petizione per abolire i giochi. Le fu risposto che "Ogni Sovrano Regnante è padrone in casa propria". Carlo III affermò pienamente questa sovranità. Fondò l'Ordine di Saint-Charles, donò titoli nobiliari, emise francobolli, batté moneta e ottenne dal Vaticano la fondazione di una diocesi monegasca (distaccandosi da Nizza). La cattedrale dell'Immacolata Concezione rimpiazzò la vecchia chiesa di S. Nicola.

Il 6 settembre 1870, dopo la proclamazione della Repubblica Francese, gli abitanti di Nizza decisero di marciare su Montecarlo e Blanc, spaventato, chiuse il casinò. Alcuni mesi dopo, per ordine del prefetto delle Alpi-Marittime il casinò riaprì l'attività per evitare il fallimento agli alberghi nizzardi, privi di clientela. Blanc versa anche un contributo di 2 milioni di franchi alla Francia, la quale deve dare un indennizzo di 5 miliardi alla Prussia.

Poteva permetterselo visto che nel 1871 aveva accolto più di 140.000 giocatori e il loro numero non cessava di aumentare. L'Imperatore Francesco-Giuseppe, il Principe di Galles, i granduchi russi erano ospiti più o meno regolari. Ora c'erano 35 hotel, ma nessuno all'altezza della clientela più blasonata. Blanc diede incarico a Jacobi di costruire l'Hôtel de Paris: doveva essere il miglior albergo del mondo. Non c'erano limiti di spesa, solo per l'argenteria si spesero 175.000 franchi oro. Charles Garnier, nello stesso tempo, tracciava i piani del futuro teatro dell'Opera, precursore di quello parigino. Nel 1877 alla morte di François Blanc, il casinò incassava 2 milioni di franchi. Sino alla fine della Bella-Epoque, Montecarlo resterà il quartiere generale di principi, milionari e artisti.

Carlo III morì nel 1889 e all'età di 41 anni il figlio salì al trono con il nome di Alberto I. Da un primo matrimonio, durato solo un anno, con Lady Mary Victoria Douglas Hamilton, appartenente alla famiglia di Napoleone III, ebbe il figlio Luigi. Il secondo matrimonio fu con la vedova del duca di Richelieu, l'americana Alice Heine. Il nuovo principe aveva una forte personalità. Dai suoi avi aveva ereditato una gran passione per il mare e per le scienze, in particolare modo per l'oceanografia. Dal 1885, su consiglio del professor Milne Edwards, iniziò una campagna di ricerca su un battello di 200 tonnellate la "Hirondelle I" che lo porterà sui mari del mondo intero.

I risultati ottenuti con mezzi limitati furono così incoraggianti che il Principe, desideroso di estendere il campo delle sue esplorazioni, fece costruire nel 1891 uno yacht, interamente ideato per le ricerche oceanografiche: il "Princesse Alice I". Nel 1897 seguì il "Princesse Alice II", nave ancora più potente, adatta per esplorare i mari artici: con lei arriverà a nord di Spitzberg e traccerà la prima carta batimetrica degli oceani.

Infine ci fu la "Hirondelle II", un'elegante nave in acciaio di 1650 tonnellate, dotata di motori da 2000 cavalli, con laboratori e strumenti scientifici tra i più perfezionati.

Sotto il suo regno, la città frivola dei giochi divenne un luogo di incontri culturali e scientifici. Alberto I, grande costruttore, il 25 aprile 1899 pose la prima pietra del Museo Oceanografico, destinato a ricevere la collezione di animali e di fossili che il Principe aveva portato dalle sue spedizioni. L'edificio fu terminato nel 1910: accoglie un'immensa biblioteca scientifica e il famoso acquario con ottanta vasche che contengono specie provenienti dal Mediterraneo, dall'Oceano Atlantico, dall'Indiano, dal Mare della Cina e dal Mare dei Coralli. Il museo raccoglie più di diecimila specie di conchiglie, i laboratori e gli strumenti di pesca che il Principe aveva fatto scendere sino a 6.000 metri di profondità.

Al museo furono installati una stazione meteorologica, tuttora in funzione, e dei laboratori in cui si continua ancora a studiare la vita sottomarina. Per conservare il risultato delle sue crociere fece costruire il Museo Oceanografico; per farle conoscere fondò a Parigi l'Istituto Oceanografico, pubblicò diverse opere, tra cui "La carriera di un navigatore".

Membro dell'istituto da lui fondato, corrispondente di numerose società scientifiche dell'epoca, legò il proprio nome a quello dei professori Richet e Portier nella scoperta dell'anafilassi, durante la spedizione del 1901 nelle Azzorre e le isole di Capo Verde, luoghi in cui abbonda la fisalia. Questo fragile animale della famiglia dei Celenterati secerne un veleno che ha la proprietà di diminuire l'immunità invece di rinforzarle. Questo fenomeno, le cui applicazioni sono molteplici in batteriologia e patologia, ha preso il nome di anafilassi, che si oppone al fenomeno della profilassi.

Alberto I non si interessò solo del mare. Nel 1902 fondò il Museo d'Antropologia in cui fu raccolto il frutto delle sue esplorazioni paleontologiche e permette di seguire l'evoluzione dell'umanità a partire dal pitecantropo.

Creò il Giardino Esotico, una delle bellezze della città. È un luogo in cui si trovano piante succulenti (piante grasse), originarie di cento luoghi diversi. La flora mediterranea vegeta prosperosa accanto a quella del Messico, dell'Africa e dell'America con effetti bellissimi. Migliaia di visitatori vengono ad ammirare questo sito prodigioso.

Alberto I ricostruì la piazza della Visitazione e fece restaurare il Palazzo del Principe. Fece costruire un porto moderno più profondo e protetto da due lunghe gettate e con un passaggio largo cento metri. Fece scavare un tunnel sotto la Rocca per collegare il porto al nuovo quartiere di Fontvieille, in parte strappato al mare, sul quale si installarono delle industrie (un mulino e una fabbrica di birra).

Gli sport meccanici furono un'altra delle passioni del Principe: nel 1898 si svolse in città un concorso di eleganza, quello delle "auto senza cavalli".

Nel 1911 ebbe luogo il primo Rally automobilistico e nel porto gli idrovolanti e i motoscafi si confrontarono. Due grandi dell'aviazione Santos-Dumont e Rogier tra l'altro effettuarono delle prove.

Le arti non furono dimenticate. L'Opera di Montecarlo, diretta da Raoul Gunsbourg dal 1892 al 1951, accolse i più illustri cantanti, da Chaliapine a Caruso, da Nellie Melba a Felia Litvinne. Vi furono create alcune opere liriche: "La dannazione di Faust" di Berlioz, il "Don Chisciotte" di Massenet, "Il fanciullo e i sortilegi" di Ravel. Nel 1911, Montecarlo divenne un luogo illustre per la coreografia, rifugio della Scuola Imperiale Russa quando Sergei Diaghilev vi installò i suoi "Balletti Russi". Qui si danzarono per la prima volta balletti famosi come "Lo spettro della Rosa", "Petrouchka", e il "Preludio al Pomeriggio di un Fauno".

Il progresso, sotto i suoi molteplici aspetti, trovava il proprio tornaconto alla festa continua dell'élite di una società che giunse al massimo splendore proprio alla vigilia della sua scomparsa. Dai 1.200 abitanti del 1861, la popolazione monegasca era passata a 23.000 nel 1913.

Alberto I era amico di tutti i regnanti di una Europa ancora monarchica, assumendo varie volte un ruolo discreto nella politica internazionale. Per prevenire un conflitto già troppo prevedibile, fondò a l'Istituto Internazionale della Pace. Approvò il 5 gennaio 1911 una costituzione che non diede piena soddisfazione e fu modificata nel 1917.

La Prima Guerra Mondiale esplose e Monaco osservò una stretta neutralità anche se il principe ereditario Luigi combatté a fianco dei francesi coprendosi di gloria sul campo di battaglia. Gli alberghi di Monaco divennero degli ospedali. Era la fine di un'era, la fine di una certa spensieratezza, di una certa follia, propizia a creazioni stupende e di cui Montecarlo fu uno dei simboli più prestigiosi. ∎

Philippe Erlanger

Dinamismo e tradizione

L'anno seguente, in un momento particolarmente critico della guerra, la Francia si preoccupò del futuro del Principato. Il Principe ereditario Luigi a 48 anni era ancora celibe e la sua successione sembrava destinata alla famiglia tedesca Uracht-Wurtemberg, discendente di una sorella di Carlo III. In questo modo i due Stati furono costretti a ridefinire i loro rapporti: il trattato firmato il 17 luglio 1918 fu interinato dalla Conferenza di Versailles.

Parallelamente, il Principe ottenne, da una parte, la revisione degli accordi economici scaduti a causa della svalutazione del franco, dall'altra, si assicurò la salvaguardia della dinastia.

La figlia del Principe Luigi, la principessa Carlotta, fu solennemente adottata a Parigi in presenza di Raymond Poincaré presidente della Repubblica francese e del ministro degli Affari Esteri. Allo stesso tempo fu riconosciuta come erede della Famiglia Regnante.

Nel 1920, la principessa Carlotta sposa il Conte Piero de Polignac, gran signore, tanto per nascita che per l'apertura di spirito.

Conformemente agli statuti che regolano la Famiglia Regnante egli prese il nome e le armi dei Grimaldi. Dall'unione nacquero due bimbi: nel 1921 la Principessa Antonietta e nel 1923 colui che un giorno sarà il Principe Ranieri III.

Altri problemi, molto gravi, sorsero dalla fine della guerra. I granduchi della Belle Époque e le grosse fortune dell'Europa centrale erano lontani. Il numero dei milionari che passavano la loro vita a distrarsi era notevolmente diminuito. Monaco doveva ora adattarsi ai gusti di una nuova clientela.

Subito dopo aver realizzato ciò, si dovette affrontare la grande crisi internazionale che infierì a partire dal 1929, poi la concorrenza dei giochi che divennero legali pure in Francia.

Nel 1922 il Principe Luigi II succedette al padre Alberto I. Sotto il suo regno, il Principato dimostrò ancora una volta la sua grande capacità di adattamento alle circostanze difficili. Non l'aveva fatto continuamente nel corso dei secoli? Durante questo periodo si perforò sotto la Rocca una galleria per migliorare la circolazione, fu fondato l'Ufficio Idrografico Internazionale e soprattutto ci fu il Primo Gran Premio Automobilistico di Monaco, prima corsa in una città che ancora oggi attira decine di migliaia di spettatori.

Benché la SBM (Société des Bains de Mer) abbia creato lo Sporting d'Hiver, la sua importanza diminuì nel corso dell'evoluzione che i tempi moderni esigevano. Nel 1887 i benefici che rappresentavano il 95% delle entrate del Tesoro scesero al 30%. Nel 1936 la SBM divenne una società privata.

Durante il periodo tra le due guerre, il Principato fu capace non solo di evitare gli scogli ma di migliorare la propria economia che rimaneva tuttavia fragile. Durante la Seconda Guerra Mondiale, prima gli italiani e poi i tedeschi occuparono il Principato. Quando gli alleati sbarcarono in Provenza, il Principe Ereditario Ranieri si arruolò nell'esercito francese.

Il suo brillante comportamento, specialmente in Alsazia, gli vale la croce di guerra. Nel 1949, il Principe Luigi II muore. Il Principe Ranieri III sale al trono l'11 novembre (avendo sua madre, S.A.S. la Principessa Charlotte rinunciato ai suoi diritti di successione) e scelse il 19 novembre, giorno in cui si ricorda San Ranieri di Pisa, per celebrare la Festa Nazionale Monegasca. Questo giovane sovrano di 26 anni, sportivo, coltivato, curioso di ogni cosa, manifestò da subito la preoccupazione di dominare i differenti compiti del Governo.

"Uno spirito nuovo introdotto in impiegati anziani ha consacrato principi moderni senza per questo rinnegare la tradizione: c'è un aggiustamento e non un cambiamento; c'è un'evoluzione e non una rivoluzione". Questa frase pronunciata dal Principe Ranieri III al momento della promulgazione della Costituzione del 1962, riassume bene le due idee-forza complementari che lo hanno guidato: dotare lo Stato di moderne strutture e rispettare le tradizioni che ne facevano l'originalità.

Nel 1956, il Principe sposa un'artista americana conosciuta in tutto il mondo per il suo talento ma anche per la sua bellezza, Grace Patricia Kelly. Dall'unione nacquero tre figli: la Principessa Carolina nel 1957, il principe Alberto nel 1958 e la principessa Stefania nel 1965. Questo matrimonio ebbe un'immensa risonanza, soprattutto negli Stati Uniti e contribuì molto al fascino del Principato.

Sotto il regno di Ranieri III, sono state innumerevoli le iniziative in ogni campo: politico, economico, culturale, artistico o sportivo. Visionario, il Principe Ranieri è rimasto fedele alle proprie idee: sino alla fine della sua vita ha instancabilmente operato per assicurare la sovranità del Principato, sviluppare le relazioni con la comunità internazionale, espandere il territorio per accrescere l'economia, diversificare i settori d'attività, preservare l'ambiente e favorire lo sviluppo delle scienze, delle arti, della cultura e dello sport.

Sul piano della politica interna, il Principe Ranieri di fronte al problema costituzionale che non era mai stato risolto in modo soddisfacente dal 1911, il 28 gennaio 1959 decise di sospendere parzialmente l'applicazione della Costituzione, facendone preparare una nuova che fu promulgata il 17 dicembre 1962*. Sempre al passo coi tempi, il Principe Ranieri fece modificare la Costituzione grazie alla legge n° 1249 del 2 aprile 2002**, revisione indispensabile per poter entrare nel Consiglio d'Europa, come desiderava.

Le relazioni con la Francia sono evolute sempre restando amichevoli e cooperative. Nel 1962 la crisi tra Monaco e la Francia, la quale chiedeva un allineamento fiscale secondo il proprio regime, portò agli accordi del 18 maggio 1963. Questi prevedevano l'istituzione di un'imposta diretta sui benefici di alcune società industriali o commerciali, ma mantenevano il regime di esonerazione, introdotto con l'ordinanza del 6 febbraio del 1869, a tutte le società industriali o commerciali che esercitavano la loro attività solo su territorio monegasco e alle persone fisiche sui loro redditi personali. Fanno eccezione le persone fisiche di nazionalità francese che non potevano giustificare, alla data del 13 ottobre 1962, la loro residenza abituale a Monaco negli ultimi cinque anni, e che vennero assoggettate al sistema fiscale francese come se vi avessero il loro domicilio o residenza. Sul piano monetario, uno scambio di lettere con data del 31 dicembre 1998, prevedeva l'introduzione dell'euro a Monaco in sostituzione del franco. Il Trattato del 1918 divenuto oramai obsoleto, fu sostituito dai due Stati con il Trattato del 24 ottobre 2002. Confermando i legami di amicizia e di cooperazione tra Monaco e la Francia, questo trattato "fondandosi sui principi del diritto internazionale e della carta delle Nazioni Unite", stipulava che "la Repubblica francese assicura al Principato di Monaco la difesa della sua indipendenza e della sua sovranità".

Il Principato di Monaco ha rinforzato il suo statuto di Stato sovrano e il suo ruolo all'interno della comunità internazionale. Da una parte il Principe Ranieri ha moltiplicato le relazioni diplomatiche, dall'altra ha incoraggiato l'adesione di Monaco alle più importanti organizzazioni internazionali e ha sviluppato la cooperazione. Membro dell'ONU dal 1993 e del Consiglio d'Europa dal 2004, Monaco aderisce inoltre a più di una dozzina di istituzioni specializzate dell'ONU, a numerose organizzazioni intragovernative e ONG.

Come piccolo Stato europeo, il Principato di Monaco costituisce uno Stato terzo dell'Unione Europea facente parte del territorio doganale dell'Unione ed è un punto di passaggio autorizzato per l'entrata nello spazio Schengen. In applicazione degli accordi con la Francia e di quelli firmati con l'Unione Europea, Monaco ha adottato l'euro e ha il diritto di coniare moneta con le proprie effigi.

Un accordo firmato con l'Unione Europea nel 2003 permette ai prodotti farmaceutici e cosmetici e ai dispositivi medicali fabbricati a Monaco, di essere esportati nell'UE. Infine, a pari di altri paesi terzi, il Principato ha firmato un accordo sulla fiscalità del risparmio nel dicembre 2004 con il quale è imposta una trattenuta alla fonte sugli interessi pagati da banche con sede a Monaco alle persone fisiche residenti in uno Stato membro dell'UE.

Se il soprannome del Principe Ranieri era "Principe Costruttore", era perché aveva capito che guadagnare spazio era vitale per il paese. Grazie a una politica di grandi lavori audaci, egli ha aumentato il proprio territorio di un quinto della superficie, modellato una città moderna, migliorato la qualità di vita e favorito la diversificazione economica. Con il turismo che subiva una mutazione inevitabile passando da una villeggiatura invernale ai soggiorni estivi, egli comprese rapidamente l'importanza di creare un litorale attrattivo. Alla fine degli anni '50, lo spostamento della linea ferroviaria, parzialmente sotto terra, permise di liberare 51.000 m² e aprire un accesso diretto al mare.

La realizzazione del terrapieno del Portier e del Larvotto, lungo il quale fu creata una spiaggia artificiale di 450 metri di lunghezza, permise lo sviluppo di un quartiere dedito alle attività alberghiere e di svago. Sono stati costruiti nuovi alberghi e la Société des Bains de Mer ha edificato sul terrapieno del Larvotto, un complesso turistico che comprende lo Sporting Monte-Carlo, sala prestigiosa inaugurata nel 1974 e nella quale numerosi personaggi internazionali si esibiscono ogni estate, e il Monte-Carlo Bay, albergo a quattro stelle inaugurato nel 2005.

In ogni caso l'operazione la più ambiziosa realizzata dal Principe Ranieri è il terrapieno di Fontvieille: un quartiere di 220.000 m² di superficie edificabile guadagnata al mare, divenuto in pochi anni un polo di attività e di vita dinamico come il leggendario quartiere di Montecarlo. Altro progetto titanico: portare sotto terra tutta la rete ferroviaria e la stazione negli anni '90 ha permesso di guadagnare 4 ettari di terreno. Infine lavori di grande portata come la costruzione, sul terrapieno del Portier, del Grimaldi Forum, un centro congressi ed esposizioni di 35.000 m² su dieci livelli, e la ristrutturazione totale della zona del porto Hercule, con la posa di una diga semi-flottante lunga 352 metri e una contro-gettata, hanno dotato il Principato di infrastrutture all'avanguardia. Il primo per rispondere ai bisogni del turismo d'affari, la seconda per sviluppare il turismo da diporto delle crociere di lusso.

L'estensione del territorio e la politica dei grandi lavori hanno condizionato lo sviluppo economico. Essendosi considerevolmente abbassate dopo la guerra le entrate del Casinò, sino a rappresentare solo il 3,5% del budget dello Stato, il Principe Ranieri ha instaurato una politica di diversificazione dell'economia: turismo, finanza, commercio, servizi, costruzione ed industria sono stati e restano i pilastri dell'espansione monegasca. Con una cifra d'affari in costante evoluzione, un numero di impiegati a partire dalla metà degli anni '90 superiore a quello degli abitanti, con più di 4.000 società, il Principato è diventato un vero centro economico e un bacino di lavoro per la Costa Azzurra. I suoi negozi, le insegne di lusso, una quarantina di banche internazionali, gli alberghi di lusso, la varietà dei ristoranti, il ricco programma di manifestazioni, i numerosi saloni internazionali ne fanno una città dinamica e cosmopolita in cui il buon vivere non è solo per i residenti ma anche per i visitatori. Era il desiderio del Principe Ranieri: rimodellare completamente la città senza farle perdere le sue caratteristiche specifiche.

Sensibile alle problematiche legate all'ambiente, il Principe Ranieri era particolarmente coinvolto nel preservare l'ambiente e fu all'origine di numerose iniziative nell'ambito scientifico. Questo impegno si tradusse sia con l'adesione del Principato ad una serie di accordi di cooperazione tecnica e scientifica che ad azioni internazionali nell'ambito della biodiversità, del clima, della desertificazione…

Presidente, dal 1956 al 2001, della Commissione Internazionale per l'Esplorazione Scientifica del Mediterraneo (CIESM), il Principe Ranieri ha fondato il Centro Scientifico di Monaco nel 1960 e posto le basi per la creazione del Laboratorio Internazionale di Radioattività Marina nel 1961 (ribattezzato in seguito Laboratorio dell'Ambiente Marino). Ha sostenuto inoltre il progetto "RA.MO.GE.", un accordo firmato nel 1976 da Monaco, Francia e Italia, che creava a una vasta zona pilota di prevenzione contro l'inquinamento nel Mediterraneo. Nel 1974 ha emanato una legge prevedendo le disposizioni per la protezione della qualità dell'acqua e dell'aria e ha creato la riserva marina del Larvotto nel 1975.

Nel 1992 egli partecipava al "Summit della Terra" a Rio de Janeiro e creava un Servizio dell'Ambiente in seno al Dipartimento dei Lavori Pubblici, oggi chiamato Dipartimento dell'Equipaggiamento, dell'Ambiente e dell'Urbanistica, traducendo in questo modo la sua volontà d'integrare la nozione di ambiente alle decisioni politiche.

Il Principe Ranieri era sensibile pure alle arti e alla cultura. Ancora una volta le sue iniziative si sono moltiplicate per fare di Monaco una terra d'accoglienza per l'arte sotto tutte le sue forme:

– riabilitazione e creazione di luoghi (Forte Antoine negli anni '50, il Teatro Princesse Grace nel 1981, laboratori d'artisti e sala d'esposizione sul molo Antoine Ier alla fine degli anni '90, il Grimaldi Forum nel 2000);

– apertura di musei (il Museo dei Ricordi napoleonici nel 1970, il Museo Nazionale nel 1972, il Museo della Cappella della Visitazione nel 1995, il Museo dei Francobolli e delle Monete nel 1996, la Collezione privata delle Auto Storiche nel 1993);

– lancio di nuove manifestazioni (Concerti del Palazzo del Principe nel 1959, il Festival Internazionale della Televisione nel 1961, il Festival Internazionale dei Fuochi d'Artificio nel 1966, il Concorso Internazionale di Bouquet nel 1968, il Festival Internazionale del Circo nel 1974, Primavera delle Arti nel 1984, Monaco Dance Forum nel 2000…)

– creazione di nuove enti (la Fondazione Principessa Grace nel 1964, la Fondazione Principe Pierre di Monaco nel 1966, la Direzione degli Affari culturali nel 1966, l'Orchestra Filarmonica di Montecarlo nel 1980 che sostituisce l'Orchestra Nazionale dell'Opera di Montecarlo, i Balletti di Montecarlo nel 1985.

Il Principato offre un programma artistico e culturale degno di una grande capitale con balletti, concerti, opere, spettacoli teatrali, conferenze, colloqui, esposizioni… altrettanti spettacoli e manifestazioni per il successo del paese come desiderava il Principe Ranieri.

Lo sport, già all'onore con il Rally e il Gran Premio di Formula 1 di Monaco, ha conosciuto una crescita vigorosa con l'organizzazione dell'Open di Tennis di Montecarlo, diventato alcuni anni dopo il Masters Series Monte-Carlo, del Meeting d'Atletica Herculis, del Jumping di Monaco o ancora del Meeting Internazionale di Nuoto. L'importanza dello sport agli occhi del Principe Ranieri si è vista nella costruzione di infrastrutture di qualità come il Centro Nautico Ranieri III o lo Stadio Louis II, inaugurato nel 1985. Con una capacità di 20.000 persone, comprende un terreno da calcio in cui si possono seguire le prodezze della A.S. Monaco FC, una pista di atletica, una sala omnisport e una piscina olimpionica.

Non c'è settore in cui il progresso non abbia ricevuto un'impulso particolare e in cui il prestigio di Monaco non si sia affermato durante il lungo regno del Principe Ranieri.

Una nuova era

Il 6 aprile 2005, il Principe Ranieri III moriva dopo 56 anni di regno. S.A.S. il Principe Ereditario Alberto, preparato da lungo tempo alla carica di principe regnante, succedeva al padre all'età di 47 anni.

Dopo gli studi negli Stati Uniti, S.A.S. il Principe Alberto II, diplomato in Scienze Politiche, ha seguito una formazione di gestione finanziaria e di marketing nel corso di numerosi stage in seno a grossi gruppi internazionali. Occupatosi sin da giovane degli affari dello Stato, è Ambasciatore per il Principato all'ONU e nei numerosi viaggi ufficiali all'estero. Ha assicurato attivamente la presidenza di molte associazioni culturali, artistiche e umanitarie.

Emerito sportivo, S.A.S. il Principe Albero II è stato particolarmente presente alle diverse manifestazioni sportive sia locali che internazionali.

Il 12 luglio 2005, dopo tre mesi di lutto, S.A.S. il Principe Alberto II pronunciava un discorso di salita al trono nel quale gettava le basi di un regno che desidera collocato sotto il segno dell'etica, dell'umanesimo, dell'ambiente e dei grandi principi che hanno determinato il successo di Monaco: diversità dell'attività economica, unità nazionale e politica, apertura sul mondo.

Sul piano politico, una tappa importante è stata compiuta nelle relazioni franco-monegasche con la firma, l'8 novembre 2005 in un incontro col Presidente francese Jacques Chirac, di una convenzione che sostituisce quella del 1930, in cui si riconosce l'accesso dei monegaschi a quei posti di alti funzionari tra cui quello di Ministro di Stato finora riservati alla Francia. Per sviluppare la politica internazionale del paese, S.A.S. il Principe Alberto II ha effettuato numerosi viaggi all'estero, il particolare modo all'ONU, affinché la voce del Principato fosse maggiormente ascoltata.

L'impegno di S.A.S. il Principe Alberto II in favore dell'ambiente si è manifestato durante il suo primo anno di regno in due grandi avvenimenti: la spedizione scientifica al Polo Nord nell'aprile 2006, sulle tracce dell'avo, il Principe Alberto I, e la creazione, il 27 giugno 2006, della Fondazione Alberto II dedicata allo sviluppo di programmi in favore della preservazione della terra.

La presentazione nel luglio 2006 di un ambizioso progetto di urbanizzazione sul mare illustra la preoccupazione del Principe Alberto II di assicurare la prosperità monegasca per mezzo di progetti di largo respiro mirati a dinamicizzare e diversificare l'attività economica. Questa estensione sul mare di circa 12 ettari, sulla destra del Portier, dovrà realizzarsi rispettando scrupolosamente l'ambiente e dovrà vedere il giorno nel 2015.

Avendo accettato il secolo millenario senza rinunciare alle proprie tradizioni, Monaco offre un modello completo di dinamismo mediterraneo nell'alone dorato della sua leggenda.

---

* La Costituzione fissa l'organizzazione del governo e dei Poteri Pubblici, regola i loro rapporti e consacra le libertà e i diritti riconosciuti ai Monegaschi e agli stranieri. Monarchia ereditaria e costituzionale, il Principato di Monaco è uno "Stato di diritto" dove il potere esecutivo dipende dalla sovranità fondamentale del Principe. Il Governo, nominato dal Principe e sotto la sua alta autorità, è esercitato da un Ministro di Stato assistito da tre Consiglieri.

Il potere legislativo e finanziario è esercitato congiuntamente dal Principe e dal Consiglio Nazionale. Il parlamento monegasco è composto da diciotto membri eletti per cinque anni con suffragio universale diretto dai cittadini maggiorenni di nazionalità monegasca da oltre cinque anni. L'iniziativa e la sanzione delle leggi dipendono dal Principe, la delibera e il voto dal Consiglio Nazionale. Il Parlamento non ha il potere di fare cadere il governo, ma vota le leggi e il bilancio nazionale preparato dallo Stato.

Il potere giudiziario appartiene al Principe che ne delega il pieno esercizio alle Corti e ai Tribunali, incaricati di rendere giustizia nel suo nome ma in tutta indipendenza.

Monaco forma un solo comune, amministrato da una municipalità composta da un sindaco e consiglieri designati dal Consiglio Comunale tra i 15 membri eletti a suffragio universale per quattro anni. Il Comune ha il compito principale di occuparsi dell'interesse urbano proprio della città.

** La riforma costituzionale sottolinea un certo numero di punti:

– Le regole in materia di successione dinastica stipulano che la successione al trono avviene "per discendenza diretta e legittima del Principe regnante per ordine di primogenitura con priorità maschile allo stesso grado di parentela".

– I poteri del Parlamento sono estesi anche in materia di politica estera: alcuni trattati non possono essere ratificati senza il consenso degli eletti.

– Sul piano elettorale, il metodo di scrutinio del Consiglio Nazionale è ormai misto (maggioritario e proporzionale) e il numero di consiglieri nazionali passa a 24.

– La maggior età si è abbassata a 18 anni al posto dei 21 precedenti.

– La disposizione relativa alla trasmissione della nazionalità è modificata, la sola trasmissione per padre è abrogata.

– Le associazioni non hanno che a dichiarare la loro esistenza senza chiedere il consenso.

– L'articolo 35 prevede l'alienazione dei beni dello Stato.

– Le Ordinanze sovrane provenendo dalla Famiglia Sovrana, sono dispensate dalla deliberazione nel Consiglio del Governo.

Un po' di storia

Monaco all'Internazionale

Il 5 ottobre 2004, S.A.S. il Principe Alberto ha guidato la delegazione di Monaco a Strasburgo per la cerimonia ufficiale di adesione del Principato al Consiglio d'Europa, come 46° Stato membro di questa Organizzazione.

Nell'aprile 2006 S.A.S. il Principe Alberto II, partendo dalla base russa di Barneo, percorrendo 120 km con una slitta trainata da cani, raggiunge il Polo Nord. Questa traversata è stata l'occasione per rendere omaggio al suo trisavolo, il principe Alberto I di Monaco, pioniere dell'oceanografia moderna, che nel 1906 si è impegnato allo Spitsbergen nell'arcipelago delle Svalbard, nella più riuscita delle sue quattro campagne di esplorazione artica. Il raid di S.A.S. il Principe Alberto II è stato di supporto a una campagna destinata a sensibilizzare l'opinione mondiale ai rischi planetari, a breve termine, legati al riscaldamento globale e al pericolo dell'inquinamento di origine industriale.

Nel giugno 2006, S.A.S. il Principe Alberto II ha creato la Fondazione Principe Alberto II dedicata alla protezione dell'ambiente. Questa incoraggia una gestione sostenibile ed equa delle risorse naturali e pone l'Uomo al centro dei progetti. Sostiene l'attuazione di soluzioni innovative ed etiche in tre aree principali: i cambiamenti climatici, la biodiversità e l'acqua.

Nel gennaio 2009, S.A.S. il Principe Alberto II ha intrapreso un viaggio scientifico di tre settimane in Antartide. Vi ha visitato numerose stazioni scientifiche e ha raggiunto il Polo Sud in compagnia dell'esploratore Mike Horn. Un film è tratto da questo viaggio "Antartide 2009 avvertimento alla terra", presentato ai residenti del Principato nel mese di aprile del 2009.

Il principe e la politica interna

S.A.S. il Principe Alberto II mostra particolare preoccupazione per lo sviluppo economico del Principato in uno spirito di etica e trasparenza. Si impegna in una politica di infrastrutture e di grandi lavori che permettono l'apertura di cantieri come il nuovo ospedale (Centre Hospitalier Princesse Grace), la realizzazione di strutture collettive (liceo alberghiero, nuova scuola media) sui terreni liberati dalla vecchia ferrovia e il lancio di numerose operazioni immobiliari di edilizia sociale e uffici.

Varie iniziative sono state intraprese al fine di promuovere l'attività economica, rendendo più trasparente il funzionamento delle imprese pur mantenendo un elevato livello di etica:
– creazione dello statuto di S.A.R.L.,
– introduzione nel diritto penale monegasco della frode fiscale,
– introduzione del principio generale della responsabilità penale delle persone giuridiche,
– adozione di dispositivi di controllo contro il riciclaggio di denaro, la criminalità organizzata e la corruzione.

S.A.S. il Principe Alberto II si sforza di condurre nel suo paese una politica esemplare in materia ambientale che favorisca lo sviluppo del trasporto pubblico, dei veicoli ecologici, delle energie rinnovabili e di edifici di alta qualità ambientale.

Nel campo dei diritti umani, nei primi anni del regno di S.A.S. il Principe Alberto II, hanno visto il giorno alcune importanti modifiche legislative, tra le quali:
– l'introduzione e la regolamentazione del fermo di polizia, la determinazione del regime giuridico delle intercettazioni telefoniche, la ristrutturazione e la razionalizzazione delle procedure di custodia cautelare e la riorganizzazione dei procedimenti in contumacia,
– una maggiore tutela giuridica dei singoli, dei loro dati personali e della vita privata nell'ambito dello sviluppo esponenziale delle nuove tecnologie,
– la riaffermazione del principio della libertà di espressione dei media e l'organizzazione di un regime di responsabilità nel contesto del rispetto dei diritti e delle libertà fondamentali della persona e dell'ordine pubblico,
– l'ammodernamento della legge sull'istruzione (integrazione dei bambini disabili) e una maggiore tutela dei diritti del bambino,
– l'introduzione del principio della libertà di associazione e di vari testi sulla trasmissione della cittadinanza per perfezionare l'uguaglianza tra uomo e donna.

Matrimonio e figli

Il 23 Giugno 2010, con una dichiarazione ufficiale, S.A.S. il Principe Alberto II annuncia il suo fidanzamento con Charlene Wittstock, una nuotatrice sudafricana con la quale ha una relazione dal 2006. Il loro fidanzamento è annunciato dal Palazzo del Principe il 23 giugno 2010. Il matrimonio civile è celebrato il 1° luglio 2011 ed il matrimonio religioso il giorno seguente.

Il 30 maggio 2014, S.A.S. il Principe Alberto II di Monaco e sua moglie Charlene annunciano ufficialmente l'attesa di un figlio per la fine del 2014. Nel mese di ottobre 2014 si conferma che S.A.S. la Principessa Charlene attende due gemelli. Il 10 dicembre 2014, S.A.S. la Principessa Charlene mette al mondo due gemelli, una femmina e un maschio:
– S.A.S. la Principessa Gabriella di Monaco, nata il 10 dicembre 2014, Contessa di Carladès,
– S.A.S. il Principe Jacques di Monaco, nato il 10 dicembre 2014, Principe Ereditario, Marchese di Baux.

Texte de Philippe Erlanger / Traductions : Colin Norris, Mostyn Mowbray, Faye Buckley, Maria Cristina Scappi

Photographies : Italo Bazzoli, Gianluca Scappi, Luca Sassi, Sylvie Ruau.
À l'exception des suivantes :

p. 7	Archives du Palais Princier (A.P.P.) / A. M. Turello
p. 8	A.P.P. / G. Luci
p. 9	*en haut :* Way Press Internationnal *au centre et en bas :* A.P.P. / G. Luci
p. 10	A.P.P.
p. 11	*en haut :* A.P.P. / F. Blomquist *au centre et en bas :* A.P.P.
p. 12	A.P.P. / Eric Mathon
p. 13	A.P.P. / G. Luci
p. 14	A.P.P. / G. Moufflet
p. 15	*en haut :* A.P.P. / C. Franch *en bas :* A.P.P. / G. Luci
p. 16	A.P.P. / E. Mathon
p. 17	*en haut et au centre :* A.P.P. / C. Gallo *en bas :* A.P.P. / E. Mathon
p. 18 à 23	Philip Ducap
p. 25	*en haut :* SCI Odéon
p. 28 à 30	Philip Ducap
p. 32	Philip Ducap
p. 33	*en bas à gauche et au centre :* Philip Ducap *en haut à droite et en bas :* B. Boucher
p. 34-35	Philip Ducap
p. 36	*au centre à droite :* A.P.P. / C. Gallo *en haut :* B. Boucher
p. 40, 41	Philip Ducap
p. 44	*en haut :* Nouveau Musée National / J.-B. Blanchy *en bas :* Nouveau Musée National / S. Guillemin
p. 45	Nouveau Musée National
p. 46	*à droite :* The Estate of Francis Bacon / MB Art Collection *à gauche :* C. Freire - MB Art Collection
p. 47	Fondation Francis Bacon
p. 48 à 51	Jardin Exotique
p. 52	Philip Ducap
p. 53	*en haut et au centre :* Mus. océano. / M. Dagnino *en bas à gauche :* Mus. océano. / Vinaj
p. 54-55	Mus. océano.
p. 56	Philip Ducap
p. 57	*en haut :* Musée des Timbres et des Monnaies *en bas :* Musée Naval
p. 60	Ballets de Monte-Carlo / L. Philippe
p. 61	*en haut :* Ballets de Monte-Carlo *en bas :* Opera de Monte-Carlo
p. 63	Orchestre Philharmonique de Monte-Carlo / E. Mathon
p. 64-65	A.P.P.
p. 70	SBM / S. Darrasse
p. 71	*en haut :* SBM / Dovifat *en bas :* SBM / Nike
p. 72	SBM
p. 73	*en haut à gauche :* SBM / P. Villard *en bas à gauche :* SBM / E. Kabik *à droite :* SBM / S. Danna
p. 78	*en haut à droite :* SBM / Liegeois *en bas à droite :* SBM / J.-M. Bernard
p. 82-83	Philip Ducap
p. 86	Fondation Albert II de Monaco
p. 87	*en haut :* Fondation Albert II de Monaco / R. Seitre *au centre à gauche :* F. Latreille *au centre à droite et en bas :* Fondation Albert II de Monaco
p. 88	A.P.P. / S. Darrasse
p. 89	*à gauche :* A.P.P. / E. Mathon *en haut à droite :* A.P.P. / S. Darrasse *en bas à droite :* A.P.P. / G. Luci
p. 90	Grimaldi Forum
p. 91	*en haut :* Grimaldi Forum / Barclay *au centre et en bas à droite :* Grimaldi Forum *en bas à gauche :* Grimaldi Forum / Villers
p. 92	Monaco Yacht Show
p. 93	*en haut :* Jumping International / S. Grasso
p. 94	*en haut :* Yacht Club de Monaco / MC-Clic
p. 95	*en haut :* Yacht Club de Monaco / Ameller *au centre et en bas :* Monaco Boat Service - Riva / F. Rastrelli
p. 96	*en haut à droite :* SDAU *en bas à gauche :* SDAU *en bas à droite :* Jeury
p. 98-99	Philip Ducap
p. 100	*en bas à droite :* ACM / M. Alesi
p. 101	*à gauche au milieu :* ACM / M. Alesi
p. 107	*en haut :* ACM / Lillini
p. 117-118	SBM / L'Heritier
p. 120-123	Grimaldi Forum
p. 127	Fairmont Monte Carlo
p. 128	*en haut :* Philip Ducap *au centre :* SBM
p. 129	*en haut :* SBM / P. Behar *en bas :* SBM
p. 130-133	SBM
p. 134	Hôtel Métropole Monte-Carlo
p. 135	Le Meridien Beach Plaza *en bas :* Hôtel Port Palace
p. 136-137	Philip Ducap
p. 142	*en haut à droite :* M. Gander Cransac
p. 143	M. Gander Cransac
p. 148	*encas à droite :* Association Sportive de Monaco Football Club
p. 150	*en haut :* Philip Ducap
p. 152	Philip Ducap

Édité et distribué par : ÉPI s.a.m.
(Éditions & Promotions Internationales)

Athos Palace - 2, rue de la Lüjerneta
BP 632 - 98013 Monaco cedex
Tél. +377 97 97 60 00
Fax +377 97 97 60 30
info@epi.mc - www.epi.mc

RCI 90S02574 Monaco
ISBN 2-915482-01-2
Dépôt légal 3e trimestre 2015

Treizième édition

Imprimé en C.E. en août 2015 - *14084*